일본인의
자서전

이 도서의 국립중앙도서관 출판예정도서목록(CIP)은 서지정보유통지원시스템 홈페이지(http://seoji.nl.go.kr)와
국가자료공동목록시스템(http://www.nl.go.kr/kolisnet)에서 이용하실 수 있습니다.
(CIP제어번호 : CIP2015015910)

일본인의
자서전

사에키 쇼이치 지음 * 노영희 옮김

日　本　人　の　自　伝

한울
아카데미

NIHONJIN NO JIDEN
by Shoichi SAEKI

ⓒ Shoichi SAEKI 1974, Printed in Japan

Korean Translation copyright ⓒ 2015 by Hanul Publishing Group

All rights reserved. Korean edition is published by arrangement
with Shoich SAEKI

이 책의 한국어판 저작권은
저작권자와의 독점계약으로 도서출판 한울에 있습니다.
저작권법에 의해 보호를 받는 저작물이므로
무단전재와 무단복제를 금합니다.

추천의 글

원로 일문학자 노영희 교수가 도서출판 한울에서 『일본인의 자서전(日本人の自傳)』(1974, 講談社)을 번역 출간하면서 나에게 추천의 글을 부탁했다. 마침 같은 출판사에서 『한국의 자서전』을 공저로 출간하게 된 인연도 있어서 거절하지 못하고 여기 약간의 생각을 적어서 축하의 뜻을 펴고자 한다.

이 책은 일본 자서전 연구를 개척한 도쿄 대학 대학원 비교문학 연구과의 주임 교수이기도 했던 사에키 쇼이치(佐伯彰一) 교수의 역작이자 일본 자서전 연구의 결정판으로 문고판까지 출간되고 『근대 일본의 자서전(近代日本の自傳)』까지 이어지는 저서이다. 일본 근대사를 대표하는 인물 후쿠자와 유키치(福澤諭吉), 우치무라 간조(內村鑑三), 막부 시대의 아라이 하쿠세키(新井白石)부터 여류 자서전과 가부키(歌舞技) 배우의 글 등을 포괄하는 일본 자서전론의 명저로 높이 평가된 자서전론이다. 해박한 인물론과 예담(藝談) 형식의 자서전으로 인물을 평가해 일본 문화를 종합적으로 읽을 수 있는 일본론의 고전으로 추천할 만하다.

이 책을 번역한 '감대' 노영희 교수는 도쿄 대학 대학원 비교문학 비교문화 과정에 유학하여 저자 사에키 교수의 자서전 문학론을 직접 강의로 접했을 뿐 아니라 노 교수 스스로 일본 근현대 소설의 사소설(私小說)적·자전적 특성을 논한 논문으로 학위를 받은 분이어서 이 번역을 잘 소화하고 있다고 생각된다.

'글을 마치며'에서 잘 밝혀주고 있듯이 이 책은 일본 사람의 '자아문제(自我問題)', '자아상황(自我狀況)'이라는 자아의 이미지 및 자아관, 자의식을 밝히고 그 자아의식의 구실과 이 자의식이 만들어낸 역할 등에 깊이 주목하고 있다. 그러나 무엇보다도 저자가 자서전을 '작품'으로 받아들인다고 하는 데 주목할 필요가 있다. 그것은 『근대 일본의 자서전』에서 현저한 경향이지만, 근대 이후 일본 소설이 자서전화했다는 사정과 관련이 있다. 말하자면 일본 소설의 자전화(自傳化)라는 '사소설'의 문제와 이어지고, 작가들이 만들어낸 '자아상황(自我狀況)'과 관련되어 있다.

이야기가 길어지지만 『한국의 자서전』을 제자인 김일환 교수와 공저로 출간 준비 중이어서 노 교수의 작업과 함께 '한울 자서전' 시리즈로 출간하게 될 기대가 크다. 감대 노영희 교수께나 도서출판 한울께나 모두 평생 신세만 지면서 살아온 사람으로 그 신세를 조금이라도 갚을 기회라고 생각하여 불두착분(佛頭着糞) 몇 마디 쓰자니 노 교수와 만난 인연이 얽혀 있다.

일본에 도착한 뒤에야 안 일이지만, 1980년 4월 1일 나는 노 교수와 같은 비행기로 도쿄의 공항에 내렸다. 유머가 많은 노 교수는 이 일을 두고 "선생님은 비즈니스 칸에……"라며 미소를 짓지만, 노 교수가 유학길에 오르는 날 나는 도쿄 외국어대학 객원교수로 부임하며 같은 비행기를 탔다. 그 후에도 도쿄 대학 고마바 캠퍼스와 같은 지도교수로 히라카와 스케히로(平川祐弘) 선생 댁에서 자주 만났다. 특히 히라카와 교수의 역저인 동양문고 판 『마테오 리치』 세 권을 완역해내셨고, 가토 슈이치(加藤周一)의 명저(名著) 『日本文學史序說』을 공역한 인연은 적지 않다.

 노 교수는 특히 한국문학 번역원의 일어 번역 자문위원으로 한국에서 번역되는 일본 책의 모든 상황을 심사 평가하는 작업에 오래 참여하여 온 번역 정책 전문가로, 퇴임 기념으로 번역하신 이 『일본인의 자서전』은 노 교수의 교직과 학문 생활을 요약하는 자전적 결과물이라 생각하여 존경과 함께 추천의 글로 드린다.

2015년 5월
동국대학교 명예교수 긴내 김태준

옮긴이의 글

"나는 누구인가?" 혹은 "나란 무엇인가?"라는 물음은 사람으로서 가장 근원적 질문이라 할 터이며 이런 철학적 물음의 문학적 형식이 자서전이라 할 것이다. 자서전이란 문학 양식을 처음 창안한 사람은 18세기의 영국 역사가 기번(Edward Gibbon, 1737~1794)[1]이라고도 하고, 혹은 18세기 프랑스의 사상가 루소(J. J. Rousseau, 1712~1778)의 『고백(Les Confessions)』으로부터라고 하여 근대적 자각의 산물이라 할 것이다. 한국문학에도 일찍부터 자전적 글이 있었고, 지금은 누구나 자서전을 쓰는 '자서전의 시대'가 되어 자서전은 가장 대중적 문학 장르가 되었다고 할 만하다.

일본문학 전공자로서 내가 자서전에 관심을 가지게 된 것은 1980년 도쿄 대학 대학원 비교문학 비교문화 연구과정에 유학하면서부터이다. 이 때 대학원 주임교수이기도 했던 비교문학의 대가 사에키 쇼이치 교수는

---

[1] 영국의 역사가. 1776~1788년에 『로마제국쇠망사(The History of the Decline and Fall of the Roman Empire)』 전 6권을 완성했다.

『일본인의 자서전(日本人の自傳)』이란 저서를 텍스트로 '자서전론'을 강의했는데, 일본 근대소설 전공자인 나에게는 동서양을 넘나드는 비교문학자의 이 자서전 강의가 버거우면서도 감명 깊은 행운의 기회였다. 특히 사에키 교수는 일본 사람이 사소설(私小說)을 좋아하게 된 것은 뜻밖에도 자신을 이야기하는 것을 즐기는 민족적 기호가 영향을 미친 것이 아닐까 하는 의견에 이르렀다고 했다.

비교문학이나 자서전에는 초학자였던 나는 이 '사소설'을 자서전 장르와 관련하여 생각하는 사에키 교수의 소설관에 놀랐지만, 영문학자로 비평가이기도 했던 그의 명강의를 접할 수 있었던 행운을 미소 지어 회고한다. 나의 유학 첫해이기도 했던 1980년은 사에키 교수가 도쿄 대학에서 정년을 앞둔 마지막 해였는데, 틈틈이 번역해놓은 사에키 교수의 자서전론을 나의 정년을 앞두고 출판에 부치니 이 또한 인연일 터이다.

이제 강단을 떠나야 할 시점에 이르러 스스로 삶을 자주 뒤돌아보면서 나 자신의 생애의 한 흔적으로 이 책을 출판사에 넘긴다. 그간 오래 묵혀놓았던 원고 뭉치와 번역 자료들을 다시 정리하면서 우연히 유학 초기에 처음 읽고 공부하던 이 일본인론을 나의 정년 기념으로 번역 출간하게 된 인연이 새삼스럽다. 저자 사에키 교수와의 인연을 헤아리며, 한 서툰 한일비교문학자의 퇴임을 스스로 돌아보며, 한일·일한 사이의 평화가 세계 평화로 널리 퍼지기를 갈구하며.

2015년 초여름
옮긴이 감대 노영희

차 례

추천의 글　5

옮긴이의 글　8

제1장　공(公)적인 것, 사(私)적인 것　13
제2장　나(私)를 말하는 근거　35
제3장　성(聖)과 속(俗)　55
제4장　원형(原型)과 독창(獨創)　77
제5장　'속'된 자아의 매력　97
제6장　속된 자아를 지탱하는 것　117
제7장　무사적인 자아의 형태　135
제8장　아버지의 이미지　153
제9장　무사적 에고이즘의 계보　177
제10장　대호사가(大好事家)의 자아구조　205
제11장　여류 자서전의 환상　235
제12장　연기자의 자의식　259

글을 마치며　285

제1장 공(公)적인 것, 사(私)적인 것

처음부터 나약함을 인정하고 자백하는 것은 안타까운 일이지만 어쩔 수 없다. 하여간에 자서전이 상대이므로 어쩔 수 없다. 나도 가능한 한 숨김없이 정직하게 말하고 싶다.

일본인의 자서전이라는 제목은 실로 너무 멋있고 너무 어마어마해 기가 죽는다. 이렇게 참으로 포괄적이고 욕심을 부린 대단한 간판을 내건 이상, 적어도 일종의 일본인의 자서전 역사를 쓸 만큼의 준비가 되어 있을 것이리라. 일본인이 이제까지 써온 가능한 한 많은 자서전을 각 시대에 걸쳐서, 또 여러 분야에 걸쳐서 쓴 사람을 망라하고 총체적으로 보여줄 예정이지만, 그런 준비가 되어 있느냐고 반문하면 부끄러울 따름이다.

아무리 허세를 부려보아도 그렇다고 대답하기는 어렵다. 게으름뱅이인 나에게는 힘든 큰 사업인 데다가 간판도 너무 당당한 것을 인정하지 않을 수 없다. 일본인의 자서전이라는 큰 주제를 하여간에 대강이라도 종합적으로 파악하기에는 나는 능력도 준비도 너무 불충분하다. 공들여 수집하면 상당한 숫자에 이를 각종 다양한 자서전을 적어도 4, 5년 걸려서 전부 읽는, 그것도 속속들이 파 읽어내는 집중력과 끈기가 원칙적인 대전제로 있지 않으면 안 될 것이지만, 현재 나에게는 그런 여유도 마음 자세도 결여되어 있다.

이 주제를 위해 최근 다시 읽은 책 중 한 권에 폴 덜레이니(Paul Delany)의 『17세기 영국의 자서전(British Autobiography in the 17th Century)』(1969, London)이라는 책이 있다. 덜레이니는 미국 학자인데 제목처럼 '17세기'로 한정된 자서전 연구를 위해 그가 읽은 자서전의 수는 대강 200권이 넘는다고 적혀 있다. 더욱이 그 반수가 간행되지 않은 고본(稿本, 원고를 묶은 책)이라고 하니, 그만큼 한층 더한 노력과 면밀함을 요구하는 큰 작업이라 나는 자신을 되돌아보며 점점 부끄러워질 수밖에 없다.

그러면 왜 깨끗하게 포기하지 않는가 하면, 하나는 자서전이라는 장르가 현재의 나에게는 재미있어서 견딜 수 없기 때문이다. 닥치는 대로 읽고 술집을 순례하는 것처럼 계속 끌려서 쫓아간다. 가부라키 기요카타(鏑木清方, 1878~1972)의 『지나온 세월의 기록(こしかたの記)』을 읽으면, 히라쓰카 라이초(平塚らいてう, 1886~1971)[1]의 『태초에 여성은 태양이었다(元始, 女性は太陽であった)』도 읽게 된다. 하세가와 뇨제칸(長谷川如是閑, 1875~1969)[2]의 『어느 마음의 자서전(ある心の自叙伝)』을 읽으면 싱가포르에서 유곽을 경영했다는 무라오카 이헤지(村岡伊平治, 1867~1943)가 쓴 『자서전(自傳)』이란 것도 보게 된다. 아라이 하쿠세키(新井白石,

---

1 여성운동의 선각자. 잡지 《청탑(青鞜)》을 창간하여 여성해방운동과 여성참정권 운동을 추진했다.
2 평론가이며 저널리스트. 자유주의적인 문명비평가로 알려져 있다.

1657~1725)가 쓴 『오리타쿠시바노키(折りたく柴の記)』의 힘찬 느낌에 기가 죽고 그 선명한 묘사력에 놀람과 동시에, 가와카미 하지메(河上肇, 1879-1946)[3]의 입맛이 다셔지는 소설가 같은 묘사력과 정성 들인 빈틈없는 모습에 약간 물러서면서도 빨려들어 간다. 『후쿠옹 자서전(福翁自傳)』[4]을 다시 읽는 김에 거의 대조적인 가쓰 고키치(勝小吉, 1802~1850)의 『몽취독언(夢醉獨言)』과 대조하며, 또 같은 동양문고에 들어 있는 인연으로 그 『호쿠에쓰 설보(北越雪譜)』의 저자인 에치고(越後) 태생의 스즈키 보쿠시(鈴木牧之, 1770~1842)[5]의 『야직초(夜職草)』도 읽어보는 식이다.

대개 무질서한 잡독(雜讀)과 난독(亂讀)으로 일관되어 연구와는 거리가 멀고, 멋대로 만보(漫步)하고 골라 먹는 것과 비슷하다. 올바른 탐구라고도 부를 수 없음에 틀림없다. 그러나 이런 취향에 맡겨 난독을 계속하는 동안에 저절로 나름대로의 자서전 감각이란 것이 만들어졌고, 나아가서는 일본인의 자서전에 관해서 부족하지만 어떤 이미지가 만들어졌다. 여기에 어떻게 해서든지 대강의 형태를 부여하고 싶은 마음이 있다.

그렇게 생각하고 둘러보니 자서전론, 자서전 연구라는 것이 의외로 부족했다. 내가 아는 한 일본인의 자서전을 계통적이고 총괄적으로 파

---

3 경제학자. 마르크스주의 경제학의 보급에 열중했다. 저서로 『자본론입문(資本論入門)』이 있다.
4 1898년부터 1899년까지 ≪시사신보(時事新報)≫에 연재한 후쿠자와 유키치의 자서전.
5 에도 시대의 문인. 눈이 많은 고장의 생활을 기록한 『호쿠에쓰 설보』는 민속자료로 평가가 높다.

악하려는 작업은 거의 이루어지고 있지 않았다. 일본문학자 쪽에서도, 문예비평가 쪽에서도 이런 식의 작업은 전혀 찾아볼 수 없었다. 뜻밖의 빈틈이라는 형태로, 또 어떤 맹점처럼 완전히 누락되어 있다. 이상하다면 이상한 이야기이다. 일본문학사를 몇 권 펼쳐 보아도, 또 자세한 연구서 목차를 들여다보아도 자서전과 관련되는 항목은 전혀 보이지 않는다. 자서전 그 자체가 빠져 있는 것은 아니다. 몇 가지 실례를 든 것처럼 매력적인 자서전은 이미 상당한 수에 이르고 있다. 다만 문학사에서, 특히 문예비평 영역에서도 다분히 정통 취급을 받지 못하고 있다. 아니 한구석의 사생아 취급이라고 하기보다 처음부터 무시당해왔다는 것이 실상이다.

첫째로 이것은 아까운 이야기이다. 스즈키 보쿠시가 쓴 『야직초』를 읽으면, 이렇게 부지런하고 게으름을 부리지 않고 힘써 일하는 성격에다가 전혀 위선의 냄새를 느끼게 하지 않는 에도 시대 상인 겸 학자, 그리고 지방생활자라는 인간상은 많은 수에 이르는 에도 시대의 소설 속에서도 전혀 발견할 수 없는 것이 아닐까란 생각이 든다. 이하라 사이카쿠(井原西鶴, 1642~1693)[6]가 쓴 조닌물(町人物)[7]의 성공담, 치부담(致富談) 등에 등장하고 있는 타입과는 전혀 다르다. 그렇다고 해서 통인(通人)[8],

---

6 에도 전기의 하이카이 작가(俳人), 희극 작가, 우키요(浮世) 소설 작가. 세태와 인정을 날카롭게 관찰하여, 이야기 문학의 전통을 깨고 근세 소설 사상에 하나의 획을 그었다. 41세 때 『호색일대남(好色一代男)』을 쓴 이후 10년간 왕성한 작품 활동을 했다. 『호색일대남』 등의 호색물과 『무도전래기(武道傳來記)』 등의 무가물(武家物)이 널리 알려져 있다.

7 에도 시대에 도시에 사는 상인을 주로 그린 작품.

8 세상의 일과 인정에 통달한 사람.

풍류인(粋人)⁹ 같은 틀에도 완전히 일치하지는 않는다. 상인으로 참으로 진지하게 가업에만 열중하면서, 그 사이에 눈[雪]의 실태와 눈 고장의 생활지(生活誌)로서 그만큼 자세하게 총망라하고, 게다가 색채 풍부한 『호쿠에쓰 설보』를 완성한 태도는 에도 시대 소설가의 관찰 안목에 완전히 빠지게 한다. 게다가 1824년 54세의 보쿠시가 완성한 『야직초』는 특별히 소설적인 묘사를 포함하고 있는 것도 아닌데, 이 가식이 없는 소박함에다 더욱이 어딘가 집요하고 일관된 단단함이 담긴 조닌 학자의 진심을 참으로 가까이에 느끼게 한다. 지방생활자다운 촌스러움이 행간에 저절로 피어오르는 것 같아서 일종의 무거운 압박감을 느끼면서도 당시의 북쪽 지방 시골마을의 변함없는 생활의 질서와 리듬을 배후에서 느끼지 않을 수 없다. 이러한 질서와 리듬에 거의 완전히 자신의 몸을 맞추어 적응시키면서, 그 사이에서 단순히 풍속을 지키는 것이라 하기엔 잘 납득되지 않는 끈질길 정도의 개성적인 저력이 감돌고 있다.

나는 중년 전후부터 현재에 이르도록, 다음 날의 일은 전날에 준비하고 다음 달의 일은 전달에 융통해, 할 수 있는 만큼 해두는 버릇을 고치기 어려운데, 참으로 사람의 마음은 얼굴과 같아, 그 기질을 받은 것이 같은 사람이 없다고 성인도 말씀하신 대로이다. 나는 초로의 나이가 될 때까지는 접대 등 손님 향응으로 삼경에 이르러 길을 떠나더라도, 직접 방과 부엌, 응접실까지 촛대의 초를 그대로 켜두고, 도코노마(床の間)¹⁰의 족자부터 떼기 시작

---

9 근세 후기 에도 시대 조닌의 생활 전반에 걸친 미의식인 수(粋 인정이 통하고, 이해가 빠르며, 유흥에 숙달된 사람)에 통달한 사람.
10 일본식 방의 윗자리에 바닥을 한층 높게 만든 곳.

해서, 위의 돗자리를 바꾸어 깔고, 혹은 배접한 종이까지 쓸어, 돗자리 가장자리 위에 다시 깔고, 부엌 쪽은 밥상과 그릇, 술잔, 벼루 뚜껑, 그밖에 흩어져 있는 것을 다음 날 아침 하녀가 씻도록 각각 처리해두면, 그들은 억지로 하게 되고, 날이 밝을 무렵 지쳐서 잠들면, 나는 누구에게도 굳이 상관하지 않고, 혼자서 몰입해서 빠짐없이 정리하지 않으면 마음 편히 잘 수 없다. 반드시 이런 일을 자손들이 알아서 하라는 것이 아니라, 다만 덧붙여서 말할 뿐이다.

보쿠시 스스로 '버릇을 고치기 어려운데'라며, '혼자서 몰입해서'라고 되돌아보고 있다. 자랑하는 것도 아니고 자조하는 것도 아니다. 어쩔 수 없는 자신의 기질의 근본을 냉정하고 정확하게 파악하고 있는 호흡이 저절로 느껴진다. 조금 편협적이라고 느끼면서도 역시 '빠짐없이 정리하지 않으면 마음 편히 잘 수 없다'고 하는 무엇이 마찬가지로 이 인물을 몰아대, 그 정도로 세밀하고 상세하게 눈의 생태를 관찰하게 하고 묘사하게 했음에 틀림없다. 독자로 하여금 어느 사이엔지 그렇게 납득시켜 버리는 개성적인 리듬이 이 자서전에 숨 쉬고 있는 것이다.

그러나 단순하게 개성이라든가 자질이라고 단정해버리는 것도 속단에 지나지 않을 것이다. 이전에 마야마 세이카(眞山青果, 1878~1948)[11]가 선명하게 그린 다키자와 바킨(瀧澤馬琴, 1767~1848)[12]의 지극히 소심

---

11 소설가이며 극작가. 독자적인 역사관에 의한 중후한 역사극을 발표했다. 대표작으로 『원록충신장(元祿忠臣藏)』이 있다.
12 에도 후기의 희극 작가. 권선징악과 인과응보사상을 기조로, 웅대한 구상과 유려한 문체로 낭만적이고 전기적인 독자적 이상세계를 그렸다. 대표작품으로 『팔견전(八犬

한 몸가짐, 그의 『일기(日記)』에서 볼 수 있는 조상의 제삿날, 축제일 일반에 걸쳐 예민한 배려를 하면서 지인과 이웃 사람들과의 교제에도 빈틈없이 신경을 쓰는 삶과 일맥상통하는 것을 느낄 수 있다. 주변의 일들을 무엇 하나 가볍고 느긋하게 다루지 않는다. 모든 것을 생각대로 만족할 만큼 '정리하지' 않으면 견딜 수 없는 일종의 편집증 같은 생활태도는 바킨의 경우에는 한층 노골적으로 나타난다. 주위나 타인을 대하는 귀찮을 정도의 고려가 실은 동시에 바킨에게는 본능적인 자기방어이고, 이른바 표면화된 자아고집일 수밖에 없다. 외견상의 소심함은 실은 그대로 바킨의 고집스러운 자아와 이어지고 있다. 수동적이면서도 실은 벌거벗은 자아의 노출과 다름이 없는 것이다. 그 정도로 거대한 작품을 당당하게 계속 쓰며 한결같았던 지속력, 집요한 의지력과 같은 뿌리로 통하고 있다. 그 점은 일종의 결과론으로 『팔견전(八犬傳)』[13], 『춘설궁장월(椿說弓張月)』[14]의 작가라는 점에서 본 유추이고 당연한 상식을 되풀이한다고 비웃을지도 모르지만, 여기서 말하고 싶은 것은 보쿠시와 바킨에게 공통된 일종의 사소한 일에 구애되는 버릇 속에 일본인의 성격의 일면, 아니 적어도 에도 시대 일본인의 생활태도가 표출된 것을 알 수 있지 않을까 하는 점이다. 과연 두 사람의 유별난 개성 특유의 에너지이고 지속력임에는 틀림없지만, 그 드러나는 방법이 묘할 정

傳)』이 있다.
13 무로마치 시대의 난소(南總) 사토미(里見) 집안의 흥망을 배경으로, 인・의・예・지・신・충・제・효의 여덟 가지 덕목을 주장한 팔견사가 활약하는 이야기. 1814~1842년 간행.
14 호겐(保元)의 난 뒤에 오시마(大島)로 유배된 미나모토노 다메토모(源爲朝)가 섬에서 탈출하여 오키나와로 건너가서 류큐(琉球)의 왕이 되는 이야기. 1807~1811년 간행.

도로 같은 형태를 취하고 있다. 자서전을 읽는 즐거움은 여러 가지 생생한 개성을 접할 수 있는 것인데, 단순하게 개성 환원에 멈추지 않는 넓이가 발생한다. 일본인에게 '나'의 존재나 형태라는 문제로 들어가는 절호의 비상구를 여기저기서 발견할 수 있다.

아주 소극적으로 말해도 이런 소재와 계기를 놓치는 것은 참으로 안타깝기 그지없다.

물론 방대한 수에 이르는, 게다가 대부분이 근면하고 열심인 일본문학자 여러분이 일본인의 자서전이라는 테마에 결코 손을 대지 않았던 점에는 몇 가지 이유와 고려가 있었음에 틀림없다. 단순한 누락이나 태만이라는 간단한 이유는 아닐 것이다. 이와나미 출판사에서 출판한 『일본고전문학 대계(日本古典文學大系)』에 『오리타쿠시바노키』 외에, 마쓰나가 데이토쿠(松永貞德, 1571~1653)[15]의 『대은기(戴恩記)』, 스기타 겐파쿠(杉田玄白, 1733~1817)[16]의 『난학사시(蘭學事始)』를 수록한 한 권이 있고, 그 월보에 나카무라 유키히코(中村幸彦, 1911~1998)가 「근세의 자서전 문학(近世の自傳文學)」이라는 제목의 글을 실었다. 이들 세 권의 책을 "만일 일괄해서 말한다면, 역시 '근세 자서전 문학집'이라는 이름이 적합할 것이다. 그러나 '문학'이라는 문자에는 약간 저항을 느끼는 분위기도 있을지 모른다"고 나카무라는 글을 시작하고 있다. 왜냐하면

---

15 에도 초기의 하이쿠 작가이며, 가인. 하이카이에서 내려오는 분방함과 비속함을 빼는 것을 주장하고 하이카이 장르를 확립했다. 저서로 『신증대쓰쿠바집(新增大筑波集)』이 있다.

16 에도 중기의 난의(蘭醫: 에도 시대에 네덜란드 의학을 공부한 의사를 일컫는 말). 1774년 『해부도표(Anatomische Tabellen)』를 번역한 『해체신서(解體新書)』를 간행했다.

근세에 이르러 각 장르마다 각각 새로운 전개를 보여주며 지난 세대와 스스로를 구분하는 분명한 특색을 보이기 시작했다. 이를테면 시에서는 중세적인 렌가(連歌)17를 대신해서 하이카이(俳諧)18가 출현했고, 희곡에서는 노(能)19, 교겐(狂言)20을 대신하여 가부키(歌舞伎)21와 조루리(淨瑠璃)22가 등장했고, 또 산문문학에서도 여러 가지 근세 소설이 등장하기 시작했다. 그런 눈부신 움직임 속에서 "자조성(自照性) 문학이라고 불리는 일기와 기행 종류만이 명확한 변형 전개를 보이지 않는 것 같다"고 나카무라는 말하고 있다.

근세에도 많은 일기와 기행이 남아 있고, 사실을 전하는 것으로서의 흥미는 당연히 갖고 있지만, 문학적으로 보면 유형적으로 뛰어난 것은 드물다. 문학사에서는 두세 권을 빼고 무시하는 것이 관습으로 되어 있는 것도 어쩔 수 없다.

---

17 렌가는 와카(和歌)의 위 구와 아래 구를 붙이며 즐기는 여기로 시작하여 중세의 대표적인 시가 형식이 되었다. 5·7·5의 첫 구에 대해서 7·7의 구를 붙이고, 다시 5·7·5의 제 3의 구를 붙여서 50구, 100구를 계속하는 경우도 있다.
18 서민시의 한 양식으로 협의로는 하이카이 렌가의 줄임말이고, 광의로는 순수한 렌가에 대해 해학과 기지를 특색으로 하는 하이카이 렌가를 말한다.
19 무로마치 시대에 간아미(觀阿彌)와 제아미(世阿彌) 부자에 의해서 대성된 예능.
20 무로마치 시대에 간아미와 제아미 부자에 의해서 대성된 예능.
21 일본의 대표적인 극의 하나. 1603년경 이즈모노 아쿠니(出雲阿國)를 중심으로 하는 가부키가 만들어지고, 1688에서 1704년 사이에 연극으로 확립되었다. 일본인의 연극적 표현법의 모든 면을 지니고 있다.
22 일본 전통음악 중 이야기물의 하나로 샤미셴 반주로 이루어진다. 에도 시대가 되어서 인형조루리로 발달되었다.

대부분의 경우 균형 잡힌 판단력을 보이는 이 박식한 학자의 의견에 귀를 기울이지 않을 수 없다. 일본문학사에서 자서전 문학을 무시하는 것은 결국 당연히 어쩔 수 없는 이야기일지도 모른다. 분명히 문학적 표현의 어떤 형식, 어떤 장르가 일단 확립되면, 짧은 동안에 보급되고 만연되어 '수많은' 아류 작품이 나오는 것은 어느 나라나 어느 시대에도 볼 수 있는 경향이지만, 특별히 일본의 경우에 현저한 현상이다. 단일 언어와 단일 민족의 균질성 문화의 탓일까? 그 보급과 모방하는 속도와 이르는 범위와 넓이에 관해서는 세계문학사에서 으뜸가는 것으로 말할 수 있을 것 같다. 일단 어떤 스타일, 양식이 만들어지면, 이후에는 오직 일정한 틀 안에서 약간의 변화, 미묘하게 세련된 방향으로 관심과 노력이 집중되는 경향이 있다. 그래서 질릴 정도의 아류작품, 형태만이 갖추어진 진부한 것이 범람하게 된다. 예전의 와카(和歌)나 하이쿠(俳句)부터 현대의 소설, 수필, 여행기의 각 장르에 이르기까지 그러한 보기는 곧 떠오른다. 그 숫자의 '대단함'. 게다가 그 대부분이 대강의 수준에 이르고 있는 점에서는 일본인은 세계에서 드문 문학적 국민이라고 자부할 수 있을 것이다. 그것은 문학이 일찍이 폭넓게 보급되었다는 지반뿐 아니라, 문자 그 자체에 대한 주물 숭배(呪物崇拜)와 가까운 뿌리 깊은 애호와 집착이 작용하고 있다고 생각되는데, 한편으로 이런 양식과 형태에 대한 애착은 반드시 문학 장르에만 한정되지 않는 특색일 것이다. 이를테면 노(能)나 가부키, 회화의 경우에도 양식화에 대한 손질과 그 지속에 대단한 힘을 쏟아온 것을 인정하지 않을 수 없다.

 이야기가 약간 샛길로 빠진 것 같은데, 내가 말하고 싶은 것은 말하자면 뒷길에서 이 논점과 이어져 있는 것이다. 결국, 세계에서도 드물게 형태와 양식을 좋아하는 일본인에게 자서전은 어떤 이유인지 아직 유형화되지 않은 소수의 문학적 매체에 속한다. 게다가 정통으로 인지되지 못하고 문학사에서 무시되어온 이유도 있겠지만, 동시에 유형에서 빠져나와 형태에 빠져들지 않는 무쇠, 원광(原鑛)의 반응과 매력을 듬뿍 갖추고 있다. 나카무라의 전반적인 견해에 귀를 기울이는 것은 내가 의기소침하지 않고 오히려 자서전 연구를 하게 하는 격려의 목소리가 되었다.

게다가 나카무라는 여지없이 자서전을 잘라서 버리고 있는 것은 아니다. 일본 근대문학사에서 자서전에 대한 무시를 "어쩔 수 없다"고 인정하는 한편 "그러나 근세에도 자기를 말하는 문학은 역시 있었다"며 대강 두 종류의 계통을 지적하고 있다. "하나는 사물에 대한 감정소회를 때때로 표현한 책 종류로, 다자이 순다이(太宰春台, 1680~1747)[23]의 『독언(獨言)』, 마쓰다이라 사다노부(松平定信, 1758~1829)[24]의 『화월초지(花月草紙)』 등"으로 이런 종류가 일찍이 나온 것은 형식상 『쓰레즈레구사(徒然草)』[25]의 영향을 받은 것이 많고 작가들도 당대풍(當代風)으로 문학이라고 의식하고 쓰고 있었던 것이다.

여기서 한마디 하자면 자서전적인 저작이라고 해도 이런 부류의 것

---

23 에도 중기의 유학자. 오규 소라이(荻生徂徠, 1666~1728)에게 배움. 저서로 『경제록(經濟錄)』과 『변도서(弁道書)』가 있다.
24 에도 후기의 다이묘(大名). 그림과 노래에 뛰어났다. 간세이(寬政) 개혁을 단행했고, 호를 라쿠오(樂翁)라 했다. 저서에 『우하인언(宇下人言)』 등이 있다.
25 1530~1531년에 요시다 겐코(吉田兼好)가 지은 수필집. 서단과 243단의 본문으로 이루어져 있으며, 자연(自然)과 인사(人事), 설화, 처세술 등 작가의 미의식이 잘 드러난 중세의 대표적인 수필집이다.

은 내 관심에서 약간 벗어난다. 나카무라가 말한 것처럼 "『쓰레즈레구사』의 영향을 받고", "당대풍으로 문학이라고 의식하고 쓴" 점이 오히려 내 관심을 동결시키고 멀어지게 한다. 결국, 유형화의 정도와 경사가 그만큼 현저하게 너무나 '문학' 냄새를 풍긴다. 유형을 고려하고 의지함과 형태의 즐거움이 너무 현저하게 번뜩인다.

나카무라가 들고 있는 두 번째 유형은 "생애 어떤 시기나 어떤 사건 끝에 회상 형식으로 자기를 중심으로 과거나 그 사건이나 관계자를 말하는 책 종류로 라이 슌스이(賴春水, 1746~1816)[26]의 『자이쓰 기사(在津紀事)』, 다키자와 바킨의 『나중을 위한 기록(後の爲の記)』 등"으로, 게다가 "데이토쿠(貞德), 하쿠세키(白石), 겐파쿠(玄白)의 세 사람이 각기 가인(歌人), 유학자(정치가), 과학자로서 중요한 역사적 역할을 감당한 과거와 현재를 기록해놓은 이 세 사람"도 이 속에 들어 있다고 한다. 나카무라는 그 뒤에 다시 메이지(明治, 메이지 시대, 1868~1912) 이후도 언급하며 "유명한 후쿠자와 유키치(福澤諭吉, 1835~1901)[27]의 『후쿠옹 자서전』, 다오카 레이운(田岡嶺雲, 1871~1912)[28]의 『수기전(數奇傳)』, 다야마 가타이(田山花袋, 1872~1930)[29]의 『도쿄의 30년(東京の三十年)』과 정치가들의 회고록" 등의 보기를 들어 "일본에서 자서전 문학의 종류를 연구 대상으로 삼는 사람이 있어도 좋을 것으로 생각한다"고 쓰고 있

---

26 에도 시대(중·후기)의 유학자. 라이 산요(賴山陽, 1780~1832)의 아버지.
27 메이지 시대의 계몽가, 사상가. 게이오(慶應) 대학 설립자. 실학과 독립자존을 주장한 『학문의 권유(學問のすすめ)』 등의 저서가 있다.
28 문예사회 평론가. 잡지 《청년문(靑年文)》을 창간하여 사회문학을 제창했다.
29 소설가. 자연주의 문학을 주장하고 제창했다. 작품으로 『이불(蒲団)』 등이 있다.

다. 이 또한 내 귀에는 격려의 말로 울려 퍼졌고 내 관심과 공감은 이 두 번째 부류 쪽으로 기울어지는데, 동시에 이 분류는 자서전 문학으로서는 약간 너무 거대한 보따리로 잡다한 것이 지나치게 들어갔다는 인상을 받았다. "자기를 중심으로 과거나 그 사건이나 관계자를 말한다"고 규정되어 자신의 생애를 되돌아보고 그 의미를 물어보려는 지향과, 오히려 사건을, 다른 사람들을 그리려는 지향이 그대로 이어져 있다. 이런 점에 구애되는 것은 서양의 자서전에 관해서 논하는 사람은 첫 번째의 이른바 고백형과 후자의 이른바 회고록이라는 구별을 거의 자명한 전제로 말하고 있기 때문이다. 자서전에 내면형과 외면형이 있어 일찍이 아우구스티누스(Aurelius Augustinus, 354~430)[30]의 『고백(Confessions)』을 원천으로 루소의 『고백』에 이르는 전자의 흐름에 대해서, 카이사르(Gaius Julius Caesar, BC 100년경~BC 40년경)[31]의 『갈리아 전기(Commentarii de Bello Gallico)』[32]쯤부터 시작해서 현대의 처칠과 드골의 회상록에까지 이어지는 후자의 흐름이 있다. 군인, 정치가, 외교관을 중심으로 하는 행동자(行動者), 실무가(實務家) 들이 쓴 이런 종류의 회상록은 여러 시대나 국가에 걸쳐서 모두 열거할 수 없을 것이다. 물론 이 구별은 어디까지나 정도의 문제로 내성적인 사람, 안으로 향해서 자문하는 사람과 행동하는 사람, 밖으로 향해서 자기를 주장하는 사람이라는 식으로 분명하

---

30 초기 기독교의 교부(敎父). 신플라톤파 철학과 기독교를 통합해서 중세사상의 기초를 만들었다. 저서로 『신국론(神國論)』 등이 있다.

31 고대 로마 공화정 말기의 정치가. 갈리아 원정 뒤에 대립을 이룬 폼페이우스를 타도하고, 기원전 47년에 정권을 장악했다. 구빈(救貧)정책과 율리우스 역제(曆制)를 단행했으나 브루투스 등 공화파에게 암살당했다.

32 BC 58~BC 51년의 카이사르의 갈리아 원정기.

게 자르는 것은 곧잘 기계적인 구별에 빠지고 말 것이다. 그럼에도 불구하고 카이사르와 아우구스티누스와는 너무나 차이가 있고, 17~18세기 영국과 프랑스에서 특히 심했던 사건 중심, 타자중심의 회고록과 루소의 『고백』은 분명히 다른 세계에 속한다. 물론 내성과 행동, 자기탐구와 자기주장과는 근본적으로는 분명히 이어져 있어 각각 미묘하게 얽혀 있고 서로 영향을 미치고 있다. 행동을 완전히 배제한 순수한 내성을 생각하기 어렵듯이, 어떤 수준이거나 자기탐구와 완전히 관계가 없는 자기주장이라는 것도 약간 백치 같은 예외라고 칭해야만 될 것이다. 그럼에도 불구하고 서구의 문맥에 입각해서 바라보고 생각하는 한 고백과 회상이라는 이 구별과 대조는 꽤 명확하게 타당하다고 인정하지 않을 수 없다.

나카무라 유키히코의 문장에는 이런 구별이 전혀 언급되어 있지 않다. 이 점을 나는 우선 의심스럽게 생각했다. 그러나 사실은 어떻든 간에 누락이나 소홀함에서 온 단순한 수준의 이야기는 아닌 것 같다. 월보(月報)용으로 쓴 단문이라고는 해도, 나카무라 유키히코는 참으로 신중하고 주도면밀한 학자로 즉흥적인 착상인 말이나 분류를 가볍게 말할 사람은 아니다. 문제는 아마도 견해보다는 대상 그 자체의 차이에서 발생된 것인지도 모른다. 일본에서는, 적어도 메이지 이전의 일본에서는 공적 생애나 사건을 다룬 회상록은 거의 쓰이지 않았다. 아라이 하쿠세키의 『오리타쿠시바노키』, 마쓰다이라 사다노부의 『우하인언(宇下人言)』 등의 보기는 오히려 드문 예외라고 해야만 될 것이고, 도쿠가와 대대로 장군(막부 시대의 실권자)은 물론이고 다이로(大老)[33]와 로추(老中)[34] 등 현장의 정치가들 중에도 회상록을 남긴 사람은 전혀 보이지 않는다. 써야만 하는 일, 적어도 후세에 독자의 입장에서 써주었으면 하는 일이 결여된 것은 아니었다. 이를테면 하쿠세키를 심하게 배척하고 파면시키고 그가 실행한 모든 개혁을 거의 모두 한숨에 파기해버린 8대 장군 요시무네(德川吉宗, 1684~1751) 자신의 손으로 만일 회상록을 남겼다면, 『오리타쿠시바노키』와의 대비라는 점만으로도 얼마나 흥미진진한 읽을거리가 되었을까? 그러나 이것은 공허한 몽상에 지나지 않는다. 또 그 악명 높은 다누마 오키쓰구(田沼意次, 1719~1788)[35], 사다노부의 바로 전에 여러 가지 적극적인 정책을 실행하고 대단한 악평을 받았지만, 그 정책 자체는 꽤 개명적(開明的)이고 개방적이기도 했던 그 배짱 센 사람이 그 나름대로 '변명(辨明)'의 자서전을 써서 남겼다면 사다노부의 『우하인언』과 문자 그대로 드라마틱한 대결의 상태가 되었음에 틀림없지만, 이 또한 호사가의 백일몽에 지나지 않는다. 물론, 여러 제약이 존재할 것이고 유럽형의 근대적인 정치 생활을 기준으로 일본의 에도 시대, 또 그 이전의 경우를 직접 예상하는 일은 위험한 유추라고 할 만하다. 그러나 하여간에 스스로의 공적인 생애를 되돌아보며 그 기록을 남긴다고 하는 유럽적인 습관은 일본에서는 성립하지 않았다. 자기변호나 도회(韜晦)이든 자기선전이든, 하여간에 스스로 직접 관여한 공적 사건을 둘러싸고 자신의 입장과 역할을 동시대를 위해서, 후세를 위해서 분명히 해둔다는 방식은 일본에서는 일반화되지 않았다. 꽤 풍부한 문필 재능을 가

---

33 도요토미와 도쿠가와 시대의 무가(武家)정치에서 집권자를 보좌했던 최고직명.
34 에도 막부에서 장군에 직속되어 정무를 총괄하고 다이묘를 감독하던 직책.
35 에도 중기 막부의 중신. 장군 도쿠가와 이에시게(德川家重)와 도쿠가와 이에하루(德川家治)의 소바요닌(側用人)이 되어 정권을 독점하고 적극적 정책을 단행했다.

진 행동자의 경우조차도 자기표현은 다른 방향으로 향해지기 일쑤였다.

일의 선악을 갑자기 주장하려는 것은 아니다. 도대체 이 차이는 단순히 정치생활의 비근대성이라는 외적 조건만으로는 다 설명할 수 없다. 가인(歌人) 가와다 준(川田順, 1882~1966)[36]이 편집한 『전국시대 와카집(戰國時代和歌集)』(1943)이라는 책이 태평양전쟁 중에 나와서, 오닌의 난(應仁の亂)[37]의 주역인 야마나 소젠(山名宗全, 1404~1473), 호소카와 가쓰모토(細川勝元, 1430~1473)를 비롯해 우에스기 겐신(上杉謙信, 1530~1578), 다케다 신겐(武田信玄, 1521~1573), 또 도요토미 히데요시(豊臣秀吉, 1536~1598), 도쿠가와 이에야스(德川家康, 1543~1616)부터 시바타 가쓰이에(柴田勝家, 1522~1583), 삿사 나리마사(佐佐成政, ?~1588) 등에 이르기까지, 대강 우리의 귀에 익숙한 전국시대 장군은 거의 빠짐없이 이 가집에 등장한다. 물론 애독하기에 알맞은 가집이라고 할 수는 없고, 대부분은 그 작가의 이름과 그 공적 생애와 사건의 연상 덕분에 겨우 읽을 수 있을 정도의 평범한 와카를 나열한 것에 지나지 않는다. 그러나 하여간에 모두가 대강 모양을 갖춘 노래를 짓고 있다. 자기표현이나 어떤 절실한 내적 토로라고 하기보다는 이른바 기호이고 예의의 일부분에 지나지 않는다고 생각하면서도, 여러 가지 피비린내 나는 사건, 때로는 용맹 과감하고 때로는 교활하고 잔인한 군사적인 행동모습을 배후에 중첩시키면서 읽어가노라면 일종의 묘한 혼란에 빠지게 된다. 도대체 이들

---

36 다이쇼 시대와 쇼와 시대의 가인. 고전을 연구해서 『사이교(西行)』 등의 저작을 남겼다.

37 무로마치 말기 1467년에서 1477년까지 교토(京都)를 중심으로 일어난 대란. 이 대란 이후 막부는 세력이 약해졌다.

의 와카는 그들 자신에게는 무엇을 의미한 것일까? 특히 공적인 행동자로서의 그들과 이런 시적 제작은 그들의 내부에서 도대체 어떻게 이어져 있는 것일까?

이를테면 오닌의 대란의 두 장본인들은 "끊어질 듯한 바위 밑동의 물에 그림자 비쳐 연보랏빛 제비꽃 피어 있네. 호소카와 가쓰모토" 또 "칠석날 저녁을 기다리다 지쳐서 홀로 잠자리에 드니 밤은 깊어가네. 야마나 소젠"이라고 태평하게 읊고 있다. 각각 노래를 읊은 시기와 사정은 안타깝게도 설명되어 있지 않지만, 뒤의 것은 「칠석에 사랑을 기다리다(七夕待戀)」라는 제목이고 앞의 것도 비슷한 것이리라. 오닌의 난이라는 대단한 파괴, 큰 동란과는 아무런 인연도 없다. 그러나 단숨에 강제로 양자를 결부하고 싶어 하는 이쪽이 너무 성급하고 너무 단순할지도 모른다. 대동란에 불을 지핀 사람인 것과 이들 판에 박은 듯이 부드럽고 아무렇지도 않은 서정적인 감회를 적는 것은 전혀 다른 심리적인 차원의 움직임으로 훌륭하게 양립할 수 있을 것이다. 그 정도의 모순을 '유혈로 더럽혀진 손'이라고 꾸짖는 것은 우리 근대적인 감상에 지나지 않는다고 해도 어쩔 수 없다.

그러나 그 반면, 이들 전국시대의 거친 행동자들의 노래를 몸에 맞지 않는 언어의 유희, 공허하고 내용이 없는 교양의 장식이라고만 단정할 수는 없다. 이를테면 우에스기 겐신이 읊은 "들에 엎드린 갑옷 소매도 방패 끝도 모두 흰빛을 띤 아침의 흰 눈"이라든가, "그대도 또 풀베개와 저녁 구름 참새 들판에 지저귀누나"라든가, 다시 "극락도 지옥도 끝은 아리아케(有明)의 달의 마음에 걸리는 구름이 없네"라고 읊는다. 이를테면 첫 번째 노래가 가가(加賀)에 침입한 오다 노부나가(織田信長, 1534~1582)의 군세를 격침하고, 에치젠(越前)의 호소로기(細呂木) 지방에 이르러 야영했을 때의 노래라고 알게 되자, 저절로 만추, 초겨울 무렵의 북쪽 지방의 아직 눈이 쌓이지 않은 희미한 설경이 떠오름과 동시에, 전쟁을 눈앞에 두고 일종의 상쾌한 흥분을 느끼고 있는 무장의 내면까지도 느낄 수 있는 기분이 된다. 겐신에 얽힌 연상에서 오는 예상과 이해도 작용하고 있는지 모르지만, 아직 첫눈 같은 가벼움으로 어두움을 동반하지 않은 설경이 상대와의 첫 전투를 앞에 둔 겐신의 마음의 상태와 여유 있는 긴장과 같은 심적 상태와 완전히 어울려서, 밖의 풍경이 그대로 이른바 객관적 상관물이 되어 있는 느낌이다. 독립된 뛰어난 노래라고는 할 수 없어도 자기표현의 한 방법으로서의 역할을 충분히 수행하고 있다고 인정해도 좋을 것이다.

이 한 수에 보이는 직절(直截)한 것, 상쾌한 것, 더러움 없는 것에 대한 분명한 취향은 49세로 사망한 겐신의 사세(辭世)로 전해지는 세 번째 노래의 '구름 없는' 맑은 아리아케의 달의 이미지로 자연스럽게 이어져서 우리들의 감상과 공감을 쉽게 해주고, 게다가 두 번째 노래는 간신히 새로운 미지의 토지로 출진(出陣)하는 것을 좋아하고 '풀베개'의 여정이 뜻밖에 마음에 들었던 것 같은 무사의 감수성을 솔직하게 전해준다.

이들 겐신이 지은 노래를 나는 특히 바람직한 것으로 받아들이고, 그곳에 나 나름대로의 겐신의 상(像)을 그려내는 즐거움을 맛보기도 한다. 이런 이유로 이들 노래는 겐신이라는 개성의, 넓은 의미로 자서전적인 저작으로 불릴 수 있을지도 모르겠다. 하나의 생생한 감수성과 유기적인 일관을 갖춘, 이른바 표현의 주체를 읽어낼 수 있다. 그러나, 그래서 아직 조금 전의 의문이 되살아난다. 과연 에치젠 지방의 설경을 읊고 '마음에 걸리는 구름'도 없는 죽음의 감회를 읊고 있는 겐신 내면에, 군사적인 행동자이자 예리한 공격형의 책략가로서의 그와 자연과 풍경에 대해서 생생한 반응을 보이는 이른바 서정가로서의 그와의 사이에 노골적인 모순과 분열은 존재하지 않는다고 일단은 말할 수 있다. 이들 노래에 관한 한 일종의 통일이 표현적으로 이루어져 있다고 말할 수 있을지 모른다. 그러나 어디까지나 '일단은'이고 '일종의 통일'이다. 이들 노래의 감상자 쪽에서 전기적, 역사적 배경을 보충해서 읽어낼 뿐만 아니라 그곳에 읊어진 것은 어디까지나 사적인 감회에 그친다. 공인으로서의 행동과 결의는 버려져 다른 영역에 봉해져서, 그의 서정적인 감회를 흔들고 움직이는 것이 용납되지 않는다.

이것은 이른바 골수까지 서정시라는 단카(短歌)의 본질을 무시한 트집이라고 할지도 모른다. 또 여기에서 감수성의 분열을 파악하려고 한다면 분명히 근대주의적인 딱딱함이라고 꾸중을 들어도 어쩔 수 없을 것이다. 여기에 있는 것은 소박한 분업과도 비슷한 양분(兩分)이다. 인간의 영위를 공과 사 두 세계로 딱 구분해 의심하지 않는 시원스러운 각오와도 비슷하다. 무사로 행동하고 가인으로 감회를 말한다. 군사적인 행동가로서의 계략과 걱정과 피비린내 나는 추억은 노래의 세계에는 관련이 없다. '카이사르의 것은 카이사르의 것으로' 노래의 세계에서 행동자인 척할 필요도 없고 행동의 세계에서 서정에 빠질 필요도 없다. 행동과 서정에는 각각 어울리는 장소와 시간이 있다.

따라서 여기에 갑자기 가치판단을 가져와서 어떤 재단을 시도하려는 계획은 없다. 다만 이런 공사(公私)의 양분은 일본의 경우 그 유래, 연원이 아주 오래되어 거의 성스러운 '제도(institution)'를 이룬 점을 말하고 싶은 것이다. 겐신의 경우는 이 양분된 행동과 서정이 오히려 상쾌하게 나누어짐으로써 오히려 서로 대치하면서 저절로 단단하고 기분 좋은 긴장을 만들어내는 것 같은, 드물게 보는 행복한 실례이다.

이를테면 다음과 같은 두 수를 읊을 때 나는 기괴한 충격을 맛보지 않을 수 없다. "죽은 사람이 남긴 눈물 가는 곳도 모르고 사라져 가네"와 "일본에 또 중국도 손에 넣어 풍요로운 세상을 만날 수 있을는지"의 두 수. 이 노래의 지은이는 도요토미 히데요시로, 앞의 노래에는 "정월 16일에 히데요시가 지난밤 꿈에 왕자가 없어서 고타쓰 위에 눈물이 고인다고 읊었다"는 노랫말이 있고, 요도기미(淀君, 1569~1615)[38]가 낳은 세자 스루마쓰(鶴松)를 잃은 다음 해의 노래이다. 뒤의 노래는 말할 필요도 없이 1592년 조선 공격을 개시한 해에 지은 노래이다. 히데요시의 이 두 수는 언뜻 보면 이미 공과 사의 구별은 의미가 없는 듯이 보인다. 호탕하고 순수한 히데요시답게 스스로의 감정이 가는 대로 단숨에 읊어내 공과 사, 행동과 서정의 벽을 쉽사리 초월했다고 말할 수 있을 것 같이 보인다. 그러나 겐신의 노래에 보이는 상쾌한 살아 있는 개성의 숨소리는 여기서는 들리지 않는다. 히데요시라는 서명을 없애면 앞의 것은 죽은 아이를 추도하는 어머니의 탄식과 구별하기 어렵고, 뒤의 것은 또 태평스럽게 자신의 전성기를 기리는 여느 서민의 태평한 읊조림과 별 차이가 없다. 모두가 참으로 사적이고, 너무나 사적인 감회이다. 정치적이고 군사적인 무시무시한 실행자, 독재자로서의 어두움도 무거움

---

38 도요토미 히데요시의 측실.

도 여기서는 완전히 사라져 있다. 히데요시를 향해서 자세하고 솔직한 자서전을, 공적 생활과 사생활의 양면을 포함한 종합적인 기록을 남겨야만 한다고 주문하는 것은 문예비평가의 멋대로인 잠꼬대에 지나지 않는다. 그러나 이 두 수의 노래를 함께 읽어 오직 사적인 감정의 표현에 접할 때, 역시 놀라서 멈춰 서지 않을 수 없다. 요도기미에게 보낸 예의 유명한 솔직하고 단순한 연애편지 등과 함께 생각하면, 이 대실행가의 '나의 존재'에 관해서 친근함과 끝없는 거리감이 뒤섞인 구별할 수 없음에 일종의 기괴하고 불안정한 생각에 뒤흔들리게 된다.

일본인에게 '나'는 한 가지 방법으로는 알 수 없는 어려운 문제이다. 쉬운 도식화로 길을 만드는 것은 허용되지 못할 것이다. 오로지 자서전을 통해서 이 미로를 파고들 예정이 처음부터 와카라는 옆길로 빠져버린 것 같은데, 이 공과 사라는 문제는 나름대로 예상하자면 근대에 이르러 사소설의 성립과 전개에도 그대로 이어진다. 일본인의 나를 파악하는 데 빠트릴 수 없는 근원적인 요인을 이루고 있다. 처음부터 구애되지 않을 수 없었던 이유이지만, 다른 한편으로 서구를 일본과의 대비에서 너무 단순화하는 것은 피해야만 한다. 서구 쪽에서는 공과 사의 관계는 그렇게 복잡한 요인을 이루지 않았던 것 같은데, 그 대신에 성(聖)과 속(俗)이라는 어려운 난제가 등장한다. 앞에서 이름을 든 덜레이니가 연구한 바로는, 영국에서 '자서전의 세기'라고 할 만한 17세기에 우선 많이 나타난 것은 오직 성스러운 것에 관계된 종교적인 번민과 회심에 집중하는 아우구스티누스형의 자서전 쪽이었다. 그런 종류의 자서전이야말로 17세기 영국에서는 쉽게 표현을 인정받을 수 있는 이른바 일정한 채널에 연결된 공적인 큰길을 이루고 있었다. 일본에서 공적이 아닌 서정의 평범성과 대응되는 것은 서구 쪽에서는 오히려 이런 종류의 성스러운 자서전이라는 형태였다. 세속적인 자서전은 공적인 성스러움이라는 무거운 짐의 틈새를 비집고 간신히 밀어제치듯이 가까스로 나타난 것이다.

  공과 사, 성과 속이 서로 섞이고 얽힌 십자로는 참으로 복잡한 미로를 이루고 있다. 서구와 일본과의 비교, 다시 시대적 요인을 포함하여 생각하기 시작하면 풀릴 것 같지도 않은 미궁(迷宮)에 빠지게 된다. 성은 오직 사적인 것처럼 보이지만 공적인 큰길과 이어진다. 한편으로 일본에서는 세속적이고 사적인 정념이 일찍이 나를 표현하는 공적인 정도로 인정되어, 그 위치는 거의 흔들리지 않았던 것처럼 보인다. 믿을 수 있는 지도도 찾지 못한 불안함에서 이 뒤얽힌 미로 속에서 우선 버티지 않으면 전진할 수 없는 듯하다.

제2장 나(私)를 말하는 근거

도대체 왜, 무엇 때문에 인간은 자서전 따위를 쓰는 것일까? 사람들을 부추겨서 자서전 제작으로 향하게 하는 것은 도대체 어떤 충동, 욕망일까?

이런 질문은 현대에는 너무나 당연해서 새삼스럽게 꺼낼 필요도 없는 것처럼 들릴지 모른다. 자기표현 혹은 자의식과 그 발현, 정착의 욕구라고 하면 그것으로 충분하다. 자기표현은 무엇을 위해? 따위의 되묻기를 주저하게 된다. 자기표현은 현대에는 거의 살아가는 일과 동의어로 보이고, 이것을 의심하는 인간은 이상한 사람으로 취급받을 것이다. 자기표현의 정통성은 이미 현대인의 상식으로 되어 있다. 아니 이미 자기현시(自己顯示)라는 병이 우리를 뼛속부터 갉아먹기 시작하고 있는지도 모른다.

그러나 이 현대적인 대전제에 근거해서 먼 과거를 구분할 수는 없다. 이것은 어디까지나 현대의 상식 — 적어도 좁은 의미로의 근대적이고 서구적인 사고에 지나지 않는다. 우리는 어느 사이에 의식하지 못하고 루소와 프랭클린(Benjamin Franklin, 1706~1790)[1]의 그림자 아래 살고 있다. 갑자기 자기표현, 자기탐구라고 할 것이 아니라 오히려 루소와 프랭클린의 그림자로부터 몸을 멀리 피해서 볼 필요가 있다. 우선 현대적인 안경을 벗고 선입관 없이 과거와 만나도록 노력해야만 된다.

일반적으로 자서전이라는 말은 서구에서도 극히 새로운 것인 듯하다. 영어의 autobiography가 처음으로 사용된 것은, NED(New English Dictionary, 옥스퍼드 영어사전의 옛 명칭)에 따르면 1809년이라고 한다. 일본어의 경우는 분명히 확인할 수 없지만 아마도 『후쿠옹 자서전』(1899) 정도가 가장 오래된 보기가 아닐까? 그 '초판서문' 안에 "게이오 의숙(慶應義塾) 안에서는 서양 학자 중에 종종 스스로의 전기를 쓰는 예가 있는 것을 본받아, 전부터 후쿠자와 선생이 자서전을 저술하기를 바라고 절친하게 그것을 권유한 사람도 있었는데"라고 쓰여 있어서, 처음부터 모델이 서양의 자서전에 있었던 것을 알 수 있다.

『후쿠옹 자서전』이 나오기 4년 전에 우치무라 간조(內村鑑三, 1861~1930)[2]가 쓴 『나는 어떻게 기독교인이 되었는가(余は如何にして基督信徒となりし乎)』(1895)가 나왔다. 『How I Became a Christian』이라고 영어로 쓴 이 회심의 기록은 분명히 종교적인 자서전이고, 그 모델은 아마도 버니언(John Bunyan, 1628~1688)[3]의 『은총 넘쳐서(Grace Abounding)』와 조지 폭스(George Fox, 1624~1691)[4]의 일기, 또 아우구스티누스의 『고백』,

---

1 미국의 정치가, 과학자, 출판업자. 미국 독립선언서 기초위원을 지냈고, 주불공사로 미불동맹과 파리조약 체결에도 외교적으로 활약했다.
2 사상가, 종교가. 무교회주의 기독교의 창시자. 잡지 ≪성서연구≫를 창간했다.
3 영국의 종교가이며 이야기 작가. 풍부한 상상력과 간결하고 소박한 문체로 깊은 신앙심을 표현했다.

나아가서 신약의 바울 서간집 속에서 찾을 수 있을 것이다. 그래서 자서전이라는 명칭에 반드시 구애받을 필요는 없으며, 영국의 경우는 'autobiography' 이전에 'life narrative written by the author himself', 'memoirs', 'biography by self', 'history by self' 등의 말이 쓰였다고 한다. 앞에서 나는 '자서전'이라는 명칭에 구애받지 않고 자유롭게 다루었다. 단, 명칭이 불확정하고 다양함은 실은 그대로 문학 장르로서 불안정하고 정통성의 인지가 부재하다는 사정과 이어진다는 점을 잊어서는 안 된다.

자서전은 참으로 오랫동안 정체불명의 장르였고, 쉽게 공적으로 간행할 만한 성질의 것이 아니었다. 17세기 영국에서도 200종에 이르는 자서전의 대부분은 고본(稿本)인 채로 남아 있다는 점은, 이미 덜레이니의 책이 가르쳐주었다. 메이지 이전의 일본의 가쓰 고키치의 『몽취독언』, 스즈키 보쿠시의 『야직초』, 하쿠세키나 야마가 소코(山鹿素行, 1622~1685)[5]의 자서전적 작품에 관해서도 사정은 마찬가지이다. 공개를 목표로 하거나 예상하지 않고 계속 썼다는 점에서는 사적인 일기와 같은 계열이지만, 과거의 이른바 공인되지 않은 문학 장르로 받아들일 때, 그 밑바닥에 작용하는 동기와 충동이라는 것을 새롭게 인식하지 않을 수 없다.

도대체 무엇을 목표로 어떤 동기와 충동에 휩싸여서 이들 자서전 작가들은 계속 글을 썼을까? 단순한 기록 욕심일까? 후세를 향한 자기정당화, 역사에 흔적을 남기고 싶은 불후에 대한 욕구에 몰린 것일까? 그렇지 않

---

4 영국의 종교지도자. 독특한 종교체험과 지도력을 갖추고 신앙운동을 이끌었다.
5 에도 시대의 유학자이며 병학자(兵學者).

으면 과거의 추억을 그리워하고 다시 맛보고 싶다는 동기에서일까?

자서전의 필자는 대개는 노인이다. 지금 열거한 일본의 예를 보자면, 『나는 어떻게 기독교인이 되었는가』를 썼을 때의 우치무라 간조는 34세로 예외적으로 젊었지만, 후쿠자와 유키치는 65세, 가쓰 고키치는 41세, 스즈키 보쿠시는 54세, 아라이 하쿠세키는 59세 무렵이었다. 이 점에 관해서는 참으로 노골적이고 솔직한 이야기꾼이자 르네상스 이탈리아의 돌출한 행동자이며 예술가인 벤베누토 첼리니(Benvenuto Cellini, 1500~1571)[6]가 한 유명한 말이 있다.

어떤 계급의 사람이라도, 적어도 미덕 혹은 그것에 가까운 행위를 한 인간은 참으로 선량한 의도에 대해 자각이 있다면 모두 펜을 들고 스스로의 전기를 써야만 될 것이다. 그러나 이런 훌륭한 계획에 착수하는 것은 40세가 된 뒤의 일로, 그 이전에는 안 된다. 그런데 나는 현재 자서전을 쓸 마음이 되었다. 그것은 이제 58세나 되었고, 이 피렌체에서의 과거 수많은 재난을 기억해내고, 게다가 이제까지처럼 악운에 휘둘릴 일도 없고, 동시에 전에 없이 건강하게 되었고 기분도 밝아졌기 때문이다. 즐겁고 아름다운 추억 ― 또 지금 생각해도 몸이 떨릴 정도로 용케도 이제까지 살아올 수 있었다는, 신의 자비로 이렇게 편하게 계속 살아왔다고 생각하지 않을 수 없는, 두려운 재난의 기억이 생생하게 눈앞에 떠오른다. 이런 감상 아래 나는 자신의 생애를 쓸 결심을 한 것이다.

6 이탈리아의 조각가이며 공예가. 르네상스 시대 말기에 궁정 작가로 활약했다.

그늘이 없는 향일파(向日派)인 첼리니는 자랑스럽게 추억에 빠져 모두 털어놓듯이 계속 이야기를 한다. 분명히 듣는 사람을 의식하고 자주 쾌활하게 허풍 이야기에도 다가가지만, 한편으로 거칠어 보이는 현실감각의 관록과 즉물성은 유지되어 있고, 그가 자주 저지른 싸움과 결투 이야기도, 동침했던 창부와 귀여워한 미소년의 풍모도, 제작 과정의 고심담도, 그 모두가 그의 도도한 말투에 휩싸여서 격류처럼 다가온다. 괴테(Johann Wolfgang von Goethe, 1749~1832)[7] — 뒤에 그 자신이 『시와 진실(Dichtung und Wahrheit)』을 쓰기에 이르는 이 위대한 자아의 소유자가 직접 몇 년에 걸쳐서 번역하고 주석까지 붙여서 출판한 것도 당연하다고 수긍할 만한 대단할 정도의 박력과 생생함이자, 도대체가 기죽을 줄 모르는 사내가 정면으로 돌파한 자기긍정의 노래이다. 추억하는 일이 그대로 과거를 재생시키는 일과 중첩되어 있다. '나는 어떤 일도 후회하지 않는다'는 것이 단순히 신조가 아니라 그대로 살이 되고 행동이 된 느낌이 있다. 자아가 그대로 통과한 밑바닥을 가진 이런 자서전에는 동기도 이유도 있는 것이 아닐 것이다. 나는 이렇게 살았다고, 완전히 온몸을 내던져 오면 그대로 물러설 수밖에 없다. 그러나 이런 특이한 자기긍정파는 얼마 뒤에 카사노바(Giovanni Giacomo Casanova, 1725~1798)[8]의 『회상록(Histoire de ma vie)』, 나아가서는 프랭크 해리스(Frank Harris, 1856~1931)[9]의 『내 생애와 연애(My Life and Loves)』[10]와 헨

---

7 독일의 시인이며 소설가, 극작가. 『젊은 베르테르의 슬픔』, 『파우스트』 등의 대표작이 있다.
8 이탈리아의 문학가, 모험가, 엽색가. 전 유럽을 여행하면서 파란만장한 삶을 살았다.
9 미국의 소설가.

리 밀러(Henry Miller, 1891~1980)[11]의 두 『회귀선』[12], 『섹서스(Sexus)』 등에서 같은 종류의 혈통을 발견하기는 하지만, 이것 역시 예외적인 별종이라고 할 만하다. 말하자면 천의무봉(天衣無縫)의 자기중심주의로 이것을 일반적인 기준으로 삼을 수는 없다.

안나 R. 바라는 미국의 자서전 연구가가 있는데, 그녀는 자서전을 쓰는 동기와 이유를 네 종류로 분류하고 있다고 한다. 첫째로 자기연구, 둘째로 자손과 후예를 위해서, 셋째로 종교적인 증언으로, 마지막으로 즐거움을 위해서나 과거를 추억하기 위해서라는 네 가지이다. 참으로 반듯한 여류학자다운 분류임에 틀림이 없지만, 이것을 소개해준 덜레이니가 비평하고 있는 것처럼 너무나 피상적이고 외면적이라서 가치가 없다고 무시할 수는 없다. 분명히 그가 말하고 있는 것처럼 이들 네 가지 항목은 자서전 작가들이 스스로 표명하고 있는 '목적'이고 '의도'로 이것들이 과연 실제의 동력으로 작용했는지는 의심스럽다. 그러나 처음부터 필자들의 주장을 의심하고 접근하는 것은 어떨까? 표면적으로 내세운 '목적'은 모두 수상하다. 깊숙이 숨겨진 것이야말로 중요하고, 이것을 벗겨내야 한다는 태도야말로 어쩌면 너무나 근대적인 루소 이후의 편견일지도 모른다. 그렇게 생각하기 시작하면 자서전의 필자들의 주장과 묘사의 모든 것을 일일이 처음부터 의심하고 보지 않으면 안 될 것이다. 그들이 그리는 것과 주장하고 있는 것 모두가 그럴싸한 구실이며

---

10 해리스가 세기말 영국 명사들의 사생활을 폭로한 회상기.
11 미국의 소설가. 1930년 파리로 가서 『북회귀선』을 출판함으로써 작가로서의 명성을 얻었다.
12 『북회귀선』과 『남회귀선』을 말한다.

단순한 표면상의 명목에 지나지 않고, 원래의 목적은 사소한 자기정당화이며 자손과 타인, 또 후세에 자신을 잘 보이려는 자기선전일 뿐이라는 이야기가 될 것이다. 자서전에 대한 충동과 자서전 욕망이란 것은 결국은 화장(化粧), 자기장식의 욕망으로, 많은 경우 늙어서 행동이 중단된 인간의 보상으로서의 만족이자 이미 끝나가고 있는 스스로의 생애에 대해서 자신의 손으로 바치는 약간 시기상조의 송덕비(頌德碑), 즉 자기가 만든 훈장에 지나지 않는다고.

혹은 이와는 반대로, 그야말로 루소 식으로 내면의 모든 추함과 과오를 남김없이 도려내어 폭로해 마지않는 것처럼 보이는 경우조차도, 이 또한 반대로 자기현시욕이 아니면 자신을 폄하하고 비하해 보는 일로 오히려 쾌감을 느끼는 피학(被虐) 취미의 발로에 지나지 않는다고 규정하는 일도 가능할 것이다.

그러나 이런 선명하게 구분하려는 사고와 양파 껍질을 벗기듯이 차례로 벗겨서 끝까지 도달하려는 태도 자체가 실은 좁은 시간적인 지방(地方)근성은 아닐까? 개인이라는 존재를 만물의 기준으로 간주하고, 개인적인 욕망이야말로 모든 계기라고 구분하려는 태도로, 그 자체가 너무나 근대적인 편견은 아닐까?

분명히 자서전 작가만큼 거짓말쟁이는 적다고 할 수 있다. 그들의 주장에는 의식과 무의식의 왜곡이 수없이 섞여 있을 수밖에 없다. 자아의 진실이라는 것은 사막을 여행하는 사람들 앞에 나타난 오아시스의 신기루 같은 것으로, 그 환영에 끌려서 자서전의 필자도 독자도 열심히 계속 걸어가지만, 아무리 가도 환영은 결국 환영으로, 결국 도달은 불가능할지도 모른다. 에드거 앨런 포(Edgar Allan Poe, 1809~1849)[13]가 쓴 것처럼, 알몸의 혼이 노출된 기록이라는 것은 쓰는 순간에 페이지가 활활 타오를 수밖에 없을지도 모른다.

자서전 작가가 할 수 있는 일, 제공할 수 있는 것은 자아 그 자체, 최대한의 진실과 핵심이라기보다는 자아에 관한 몇 가지의 이미지일 것이다. 제임스 올니(James Olney)라는 미국의 자서전 연구가는 그의 책에 'Metaphors of Self'라는 제목을 붙이고 있다. 분명히 자서전이 우리에게 주는 것은 자아의 이미지이고 메타포(metaphor: 은유)이다. 그러나 우선 그가 정착시켜 제공하려는 이미지와 메타포를 솔직하게 받아들이는 것이 독자로서의 현명한 태도가 아닐까? 스스로의 과거의 숨김없는 재현이어야 할 자서전에도 저절로 필자의 원망(願望)이나 동경이 들어가는 것은 자연스러운 이야기일 것이다. 스스로에 입각하면서, 동시에 어느 사이에 스스로를 초월하려고 한다. 탐구와 재발견이라는 작업 속에 어느 사이엔가 초월과 창조라는 원망이 섞인다. 이렇게 있었던 과거를 회고하는 사이에 그렇게 있었으면 했던 환상이 들어가게 된다. 물론 때로는 무의식의 자기기만이, 때로는 의식적인 미화, 영광화(榮光化)까지도 작용하게 될 것이다. 이런 움직임에까지 이쪽이 그대로 같이할 의리는 없다. 그러나 처음부터 의심과 적발하려는 자세로 굳어져서, 이른바 요소적인 환원으로만 취급하지 않았으면 한다. 오히려 그들이 파내고 만들어내려고 노력하는 자아의 이미지가, 메타포가 어떤 방향을 향하고 어떤 성질의 것인지를 확인하는 쪽이 중요하다. 그들이 목표로 하

---

13 미국의 시인, 소설가, 비평가. 신비적이고 탐미적인 소설을 주장했다. 과학소설과 추리소설에 뛰어났다. 대표작으로 『검은 고양이』, 『어셔가의 몰락』 등이 있다.

고 원하는 방향도 또한 그들의 본질의 일부인 것이다.

　이렇게 보면 자서전의 작가가 스스로 보기를 들고 주장하고 있는 '목적'이라는 것도 완전히 무시하고 부정할 것은 아닐 것이다. 때로는 단순한 구실과 외견상의 간판이라는 것도 많이 생길 것이다. 그러나 언제나 그렇다고 규정지을 수는 없다. 그래서 미국의 꼼꼼한 여류 자서전 연구가가 정리해 보인 네 가지 분류도 간단하게 버리지 않는 편이 현명할 것이다. 그녀가 든 네 가지 항목은 일종의 무목적(無目的), 무상(無償)의 행위와 유용성, 어떤 효용을 목표로 하는 것의 두 가지 방향으로 나눌 수도 있을 것이다. 결국 첫 번째의 자기연구와 네 번째의 과거를 추억하는 즐거움은 전자에 속하고, 세 번째의 종교적인 증언과 네 번째의 자손과 후예를 위한다는 것은 후자에 포함된다. 그리고 자서전의 작가들의 주장을 믿는 한 후자의 효용과가 의외로 많다.

　현재 우리의 상식적인 견해로 보자면 자서전의 이런 '효용'과 '목적'은 어쩐지 인연이 멀고 참으로 수상하게 비친다. 종교적인 증언이라는 것은 원래 우리와 친숙하기 어려운 입장이고, 대개의 현대인은 자손과 후예를 믿지 않는다. 기껏해야 아이와 손자들이라는 현재 존재하는 형태 밖에 자손이라는 것을 실감할 수가 없게 되었다. 가계(家系)라는 말, 자자손손이라는 말은 완전히 죽은말에 가깝다. 그러나 과연 과거에도, 근대 이전에도 그랬을까? 메이지 이전에도, 또 유럽의 17세기에도 분명히 그랬었다고 단정할 수 있을까? 예를 들어보자.

　나 같은 바보스러운 인간은 이 세상에도 그다지 없을 것이라고 생각한다. 따라서 손자와 증손자를 위해서 이야기해주는데, 참으로 불법자, 바보의 경계로 삼는 것이 좋다. 나는 첩의 아들로, 어머니가 아버지의 마음에 들어서 어머니 안에서 태어났다. 그것을 큰어머니(본처)가 떠맡아서 유모가 길러주었는데, 개구쟁이 때부터 나쁜 일만 해서 어머니도 난처했다고 한다.

이렇게 참으로 솔직하고 거짓 없는 글로 피카레스크 소설[14]의 주인공 같은 소행을 계속 이야기하는 『몽취독언』의 가쓰 고키치는, 그 서문에도 맺음말에도 "자자손손 모두 내가 하는 말을 들어야 한다" 또 "남자다운 사람은 결코 내 흉내를 내지 않는 것이 좋다. 손자나 증손자가 생기면 꼭 이 책을 보이고 몸의 계율로 삼는 것이 좋다. 지금은 쓰는 것도 부끄럽다"고 되풀이해서 말한다. 이것은 방탕하고 무뢰함을 천성으로 지낸 것 같은 이 인물의 경우 노년에 마음이 약해진 것일까, 그렇지 않으면 세상의 습속이나 양식에 대한 외관상의 타협일까?

"42세가 되어서 처음으로 인륜의 길 한편은 주군에게 복종하는 일, 부모를 잘 모시고 또한 처자와 하인에 대한 인애(仁愛)의 길이라 조금 알게 되니 이제까지의 소행이 두려워졌다. 잘 읽고 음미해야 한다. 자자손손까지"라는 그의 자서전의 맺음말을, 후회한 혹은 후회를 가장한 탕아가 외관상 도덕가인 체한다고 보아야 하는 것일까? 도덕적인 반성은 우선 그만두고라도 그가 마치 주문처럼 되풀이하는 '자자손손'이라는 문구는 그저 변덕스러운 상투적인 것일까?

이를 분명하게 단정하기는 어렵다. '자자손손'이라는 가계의 연속성은

14 악한(惡漢) 소설. 16세기 스페인 문학에서 발생한 피카로(picaro, 악한)를 주인공으로 하는 생애 이야기로 유럽 소설에 큰 영향을 미쳤다.

우리는 실감하기도 곤란한 이미 실질(實質)을 잃어가고 있는 관념이고 이미지이다. 고키치의 이런 태도를 덜 자각된 위선으로 단정하기는 참으로 쉽다. 그러나 도대체 '남자다운 사람은 결코 내 흉내를 내지 않는 것이 좋다'고 말을 맺는 이 인물의 시원스러운 말투 속에서 위선의 냄새를 맡기는 어렵다. 여기에는 종교는 조금도 영향을 드리우고 있지 않다. 죄 의식이란 것은 고키치와는 전혀 인연이 없는 이야기이다. '죄'라는 말은 그의 자서전에 몇 군데 등장할 뿐이지만 그것은 이를테면 다음과 같은 문맥에서이다. "나는 평생 무법적이고 바보스러운 행동을 하며 세월을 보냈지만, 아직 하늘의 죄도 받지 않았다고 보이고, 무슨 일 없이 42년 동안 이렇게 지내고 있는데, 몸에 한 군데도 상처를 입은 적이 없다." 밖에서 덮쳐오는 '하늘의 죄'이고, 그것은 웬일인지 자신은 전혀 '받지 않았다'고 한다. 게다가 이 말에 바로 이어서 "옷은 대부분 남이 안 입는 외국제와 그밖에 좋은 것을 입고, 단 것을 좋아했으며, 평생 유녀를 불러서 충분히 놀며 지냈는데, 요즈음에 이르러 드디어 인간답게 되어서 예전의 일을 생각하니 소름이 끼칠 것 같다"라고 고키치는 말하고 있다.

그럴 때 이 42세의 사내를 내면에서 지탱하고 있던 것은 무엇이었을까? 하고 싶은 대로 살아왔고 저절로 집착을 떨쳐버린 초로의 은거자의 세련된 멋이라고 할 수 있을까? 연보를 보면 고키치는 그 2년 전부터 몸을 망쳐서 오랫동안 누워 있거나 했다. 그런데서 온 마음의 약함이란 것도 있었을 것이다. 아들 린타로(麟太郞)는 이미 21세로 믿을 수 있는 후계자를 얻었다는 안심감도 작용했음에 틀림없다. 5세 무렵부터 앞을 가리지 않는 심한 싸움질을 은거하기 전년까지 되풀이했고, 14세에는 훌쩍 교토 방면으로 도망쳐서 몇 개월 동안이나 거지생활을 했으며, 또

관청의 공금 200냥을 훔쳐내어 요시와라(吉原: 에도 막부에 의해 공인된 유곽)에 놀러 갔고, 또 3년간이나 집 안에 감금되었다는 망나니 무사가 도대체 어떤 이유로 평생을 되돌아보며 기록을 남길 마음이 되었을까? 그 사이의 경위와 분명한 동기는 고키치 자신은 말하지 않았다. 마치 피카레스크 소설 같은 건조한 즉물적인 필치로 스스로의 소행을 기록해 갈 뿐이지만, 그 말투나 상태는 첼리니풍의 노골적인 에고이즘이나 이야기하는 것 자체에서 오는 도취감과는 현저하게 다르다. 오기나 높은 콧대, 생각하면 곧 실행해버리는 충동성 등 몇 가지 공통점은 보이지만, 끝없이 넘쳐흐르는 듯한 첼리니에 비해서 이쪽은 띄엄띄엄 아무런 함축도 없이 내던지듯이 멋없이 일화(逸話)를 되풀이해 가는 것이다. 게다가 계속 읽어가는 동안에 일종의 움직이기 어려운 리얼리티가 만들어지는 것은, 이 여봐라는 듯하는 과장담의 자기만족도 아니고 그렇다고 해서 새삼스럽게 자학적인 자기비하도 아닌, 일종의 묘한 균형이 유지되어 있는 탓일 것이다. 자신을 멀리 떨어져서 바라보는 건조한 눈의 거리감과 꾸밈없는 생생한 즉물성과의 사이가 긴장을 유지하면서도 균형을 잃지 않는다.

자신의 생을 말하면서 어딘가 인형극 같은 먼 허무함이 있다. 생생함이 있으면서도 끈적거림이 없고, 배후의 어딘가에 허무감 비슷한 것이 흐르고 있다. 이를테면 아내의 이야기는 거의 등장하지 않지만, 「여난검난(女難劍難)」이라는 부분에서 이런 잊을 수 없는 일화와 만난다.

내가 야마구치(山口)에 있을 때인데, 어떤 여자에 홀려서 곤란한 일이 있었는데, 그때 내 아내가 '그 여자를 받아들이자'고 말해서 부탁했더니 '나에게 시간을 달라'고 하기에 '왜 그러느냐'고 했더니, '여자 집에 내가 가서, 분명히 받아들이겠지만, 그쪽도 무사이니까, 인사를 잘못하면 내가 죽고, 받아들일 테니까'라고 했다.

바람피운 이야기를 하더라도 이런 놀랄 만한 이야기를 아무렇지도 않게 이야기한다. 그때 아내에게 단도를 넘겨준 채로 이 태평한 남편은 밖으로 놀러 갔다가 친구에게 "여난(女難)을 당할 얼굴(相)이 심하다"라는 말을 들었고, 점쟁이도 "검난(劍難)이 있는데, 사람들이 많이 다치겠어"라는 말을 하기에 사정을 고백한다.

대단히 놀라서 점점 친절하게 의견을 내주었고, 아내는 정실(貞實)이라며 '앞으로는 정을 주게나'라고 여러 말을 하기에, 생각해보니 내가 잘못 생각한 것이라서 저녁나절 집으로 서둘러 왔더니, 노인에게 딸을 안겨서 오타니(男谷)에 보내고 아내는 유언장을 쓰고 집을 나서는 참에 도착하여 겨우 막아서 아무 일도 없었지만, 이제까지 가끔 아내의 도움을 받은 일도 있었다.

참으로 염치없이 자신의 정부의 시중까지 아내에게 시키려는 전형적인 봉건적 남편의 이야기이지만, 모든 필요 없는 장식과 정서가 배제되어 있어서 번쩍이는 효과를 내고 있다. 태평스러운 남편이 문득 정신을 차리고 갑자기 당황하는 모습과, 전혀 질리지도 않고 방탕자로 있는 남편에 대해 드디어 인내의 한계를 넘어선 아내의 자포자기적인 결의가 슬픔과 함께 분명하게 떠오른다. 특별하게 그리지 않았는데, 아니 그리고 않았기 때문에 오히려 생생하게 살아 있다. 이하라 사이카쿠의 단편에라도 나올 법한 간결하고 선이 날카로운 드라마틱한 묘사인데, 더욱 소박하고 솔직하고 그래서 인상이 깊다. 에도 말기의 방탕자인 하급무사 부부의 실상이 갑자기 가까이에 다가온다. 역시 소설이 아닌 자서전 장르의 하나의 장점이라고 할 수 있을 것이다.

그런데 이런 더할 나위 없이 솔직한 자서전을 가츠 고키치가 쓰게 된 원동력은 무엇이었을까? 그를 너무나 무관심한 초탈자로 취급해서는 안 될 것이다. 「동양문고」판의 편자인 가쓰베 미타케(勝部眞長, 1916~2005)가 분명하게 지적하고 있듯이, 고키치는 평생 한 번도 취직을 못했다. 실의한 가난한 집 출신이고 그 때문에 불평불만은 자서전 여기저기에 넘쳐 있다. 직업을 갖고 싶어 여러 행동을 되풀이하지만 잘되지 않았다. 그 우울함과 분노가 그로 하여금 연이은 피카로적인 행동을 하게 하는 계기가 되었다고 할 수 있다. 그러나 그러한 반항심과 원망이 그의 자서전 자체의 원동력이 되었다고는 할 수 없다. 에도 출신답게 체념을 잘하는 점도 들 수 있지만, 자신의 행동을 타인의 일처럼 내던지고 멀리서 바라보고 있는 점이 있다. 노인의 되풀이되는 말이나 자만하는 이야기 냄새는 모두 제거되어 있다. 여기에 정착되어 있는 것은 분명히 윤곽이 뚜렷한 자아의 하나의 이미지이고, 개성이 선명한 메타포의 각인이라고 해도 좋지만, 어딘가 담담하고 경쾌함을 띠고 있다. 결국 외부에 대한 자기주장도 없고, 하물며 신(神) 앞에 선 알몸의 자아와도 인연이 멀다.

내가 말하고 싶은 것은 이렇다. 이런 가쓰 고키치에게 '자자손손'은 뜻밖에 안정감이 좋은 몸 둘 곳이고, '잘 읽고 음미해야 한다. 자자손손까지'라는 그의 맺음말은 문자 그대로 받아들여야 할 진실한 말이 아니었을까. 세상을 향해 알몸의 자아를 내보이려고 한 것은 아니라는 뜻에서는 분명히 '독백'과 다름없지만, 그렇다고 해서 모두로부터 단절된 고독한 자아의 호소나 신음은 아니었다. 그는 '자손'이라는 독자를 믿고 '자손'을 위해, 단적으로 솔직하게 스스로의 행동을 기록해두려고 생각했다. 자신의 피를 약간씩 이어받고 태어난 사람들이기에 자신과 비슷한 방자한 어리석은 짓을 저지르지 않는다는 보장이 없다. 내 자신은 이렇게밖에 살 수가 없었다. 참으로 먼 길을 우회한 무용한 생애였고, 또 하고 싶은 대로 한 편한 삶이기도 했지만, 하여간에 모든 것을 있는 대로 써서 남긴다. 가능하면 내 흉내는 내지 않는 것이 좋다. '손자와 증손자가 생기면 꼭 이 책을 보이고, 몸의 계율로 삼는 것이 좋다.' 가쓰 고키치의 이 중얼거림을 억지로 붙인 도덕가 태도라고 받아들여서는 안 된다. 이 남자의 자서전적인 고백은 이런 호소 혹은 신뢰로 유지됨으로써 비로소 가능한 밑바닥의 것이 아니었던가? 스스로의 생애 중에 그는 아무런 의미도 가치도 발견할 수가 없었다. 그렇다고 해서 실의의 불만을 토로하며 주위와 부딪치려고 한 것도 아니다. 물론 종교적인 회심의 고백도 아니고, 이야기하는 그 자체 속에 추억을 재생, 추체험(追體驗)하는 동안에 도취를 느끼는 말투와도 멀다. 이런 자아의 이미지의 정착에는 '자손'이라는 독자와 받아들이는 사람의 존재가 필수적인 것이 아니었을까? 17세기 영국처럼 성스러운 자서전, 종교적인 고백이라는 선례나 선행자 없이 갑자기 세속적인 자서전으로 들어간 나라에서는 이러한 상상의 독자, 상상의 효용이 한층 중요한 발상의 역할을 했다고 생각된다.

『야직초』를 쓴 스즈키 보쿠시는 거의 모든 점에서 가쓰 고키치와는 대조적인 인물이었다. 나이는 보쿠시 쪽이 28세 위로 딱 한 세대 전의 인물로, 그 자서전도 『몽취독언』의 약 20년 전에 쓰였다. 그러나 이런 차이 이상으로 신분과 직업, 생활한 토지, 생활태도부터 성격, 직업에 이르기까지 너무나 차이가 난다. 신세를 망가트린 불량 주인인 고키치에 비해서, 보쿠시는 정직하고 근면한 지방 상인이고 가업에 힘을 쏟아 그것을 번성시키는 한편, 열심히 지방생활을 관찰한 실천가로 『호쿠에쓰 설보』, 『아키야마 기행(秋山記行)』 등 보기 드문 선구적인 일을 해냈다. 고키치를 만약 실의에 빠진 쓸모없는 사람, 무용한 터프가이인 유랑자라고 부른다면, 보쿠시는 성공한 실천가이자 이중 삼중으로 유용한 사람임에 틀림없다. 그리고 이 두 사람의 자서전은 그 말투부터 내용까지 이런 두 사람의 기질과 삶의 태도의 차이 그대로 다르다.

그런데 이 두 사람에게 기묘할 정도로 같은 점이 단 하나 있다. 자서전 집필의 목적과 적어도 표명된 것으로 본 의도라는 점이다.

…… 올 정월 15일과 16일 이틀 밤, 우리가 노느라고 밤을 지새우고, 문득 가는 세월 오는 세월을 생각하며 갑자기 붓을 들기 시작하고, 인간 50 전후로 70은 드문 수명을 누리면서, 아직 예전의 성벽과 버릇으로, 낮에는 여러 일을 하고 밤에는 등불 아래서 삼경도 마다 않고, 평생의 그 여러 일을 생각나는 대로, 자손의 기념으로 남기려고, 본래 공부도 짧고 재주도 없는데, 옆에 간단한 사전과 초보 운(韻)의 단 두 권의 책을 놓고 이 자찬을 쓰고 …… .

이렇게 보쿠시는 「자서(自序)」에서 쓰고, 다시 다음과 같이 약간 지루할 정도로 이 점을 강조하고 있다.

이것은 자손들의 것으로 등불이 어둡다고 해도, 적어도 몇 년 몇 월 며칠의 망자가 남긴 수필과, 내가 죽은 뒤 세상까지도 장지문의 초배지나 쓰레기통에 버리지 말고, 적어도 해마다 한 번은 반드시 읽어서 자신의 마음을 깨우치는 것은, 복을 쫓고 선한 일을 하는 것보다 큰 공덕이다. 한편으로는 가정을 정돈하고, 그 몸을 다루는 매개가 되고, 자손 반드시 행운이 있을 것이다. 마치 외국 사람의 잠꼬대를 하는 아버지라고 중얼거리지 마라. 이렇게 언문으로 글자를 붙이는 것은 손자나 증손과 증증손의 여자아이들까지 쉽게 보게 하기 위함이다.

'자자손손'으로 남겨 전하는 '기념'으로 자손의 교훈을 위해서라는, 보쿠시의 적어도 주관적인 목적에는 추호도 의문의 여지가 없다. 이것이 결국은 이 사내의 집념이고 자기주장이다. 『설보(雪譜)』의 출판에 계속 문제가 생겨도 기죽지 않고 꺾이지 않고 견디어내어서 염원을 달성했다는 보쿠시와 참으로 어울려, 집요하고 면밀한 자아의 이미지라고 주장하는 것은 충분히 가능할 것이다. '자손의 기념'이라는 것은 이 인물에게 하나의 구실이고 가면에 지나지 않는다. 우연히 1824년에 '55세'를 맞이해서 자서전을 쓸 기회를 맞은 인물의 잠시 몸에 두른 임시변통한 의상에 지나지 않는다. 요컨대 그 의상과 그 가면에 숨겨진 집요하게 굽히지 않는 자아의 모습, 이를테면 "나 같은 것도 어떻게든지 살고 싶다"고 한 시마자키 도송(島崎藤村, 1872~1943)[15] 식의, 언뜻 보기에는 수

---

15 메이지 시대의 시인이며 소설가. 낭만적인 시인으로 근대시의 여명을 열고, 자연주의 대표적인 작가가 되었다. 일본 자연주의 소설의 대표작인 『파계(破戒)』를 남겼다.

동적이면서 실은 강한 자아주장의 빠른 출현을 보아내야 한다고 주장할 지도 모른다.

실은 나 자신도 이렇게 매듭짓고 싶은 유혹을 느낀다. 지금의 인용에서도 알 수 있듯이 하여간에 이 인물의 체취는 꽤 강하고 끈질긴 형태를 취하면서, 끝까지 말하지 않고는 못 견디는 필력에는 범상치 않은 것이 담겨져 있다. 그러나 한편으로 이 인물의 자아의 뿌리가 '조상'에서 '자손'으로 이어지는 연속성 속에 깊이 뿌리내리고 있는 점을 빠트릴 수 없다. 그에게는 이를테면 빅토리아 시대의 성공한 실업가를 생각하게 할 정도의 대단한 교훈(잔소리) 버릇이 있다는 것을 알 수 있는데, 그것조차 다음과 같은 형태를 취하고 있다.

무가사원(武家寺院)의 사가(社家) 혹은 도회의 호화주택과는 달리, 이런 벽촌은 조닌 농부가 백 년, 이백 년 대대로 부유하게 상속되는 것은 극히 드물다. 그 이유를 곰곰이 생각해보니 조상에 상응하게 재산을 만드는 데는 대부분은 추위와 더위를 무릅쓰고, 천신만고해서 찢어진 옷을 걸치고, 거친 음식을 먹고, 조금도 방탕한 짓을 하지 않고, 이것이 조상의 영혼을 기쁘게 하는 일, 복을 따르는 공양과 마찬가지, 둘째로는 자손에게 세상을 편하게 하는 일이 아닐까?

또 다음과 같이 되풀이하고 있다.

내가 집안을 일으킨 망부(亡父) 보쿠스이(牧水) 거사의 업적, 할아버지 기우에몬(儀右衛門) 거사의 모습을 추도하고, 한편으로는 조상과 자손의 이름까지 부끄럽지 않도록 언제나 마음을 쓰고, 주제넘을지도 모르지만, 내 평생의 천성도 합해서 세상살이(世業)를 첫째로 즐거움을 뒤로하고, 이를테면 나처럼 손으로 하는 일을 하지 않더라도, 방탕을 근신하고 교만하지 않으면 조상을 빛내고 자손을 편안하게 할 수 있지 않을까?(여기서 '손으로 하는 일'이라고 일부러 말한 것은 그가 솜씨가 좋고 세공을 하는 것을 좋아해서 평생 만들어낸 '크고 작은 상자'류의 손재주 분량'의 자세한 일람표까지 자서전에 덧붙이고 있을 정도이다.)

이것은 건실하고 꼼꼼한 에도 시대 인간의 평균적인 일상의 도덕률, 따라서 판에 박힌 상투어로 받아들일지도 모른다. 분명히 스즈키 보쿠시는 철저한 실천주의자였다. 그가 말하는 '세상살이'에도 '즐거움'으로 삼은 글쓰기에도 언제나 실천에 집착해서 벗어나지 않았다. 그 자서전에도 때로는 멋없이 느껴질 정도로 공상적인 요소나 허황한 부분은 모두 배제되어 있다. 그러나, 그렇다면 하나의 자아로 완전히 현세적인 충족태도를 보였는가 하면, 도저히 그렇게는 단정할 수 없다. 일이 있을 때마다 오직 '조상의 영혼'과 뒤에 이어지는 '후손'을 끌어들이지 않을 수 없었다. 게다가 이상하게도 이 정도로 소심한 태도를 드러낸 보쿠시의 자서전에서 위선의 냄새는 전혀 느낄 수 없다. 교훈 버릇은 있어도 참으로 솔직하게 고백하고 있다. 19세 때 이니히코(伊彌彦)에 참배하러 갔다가 돌아올 때 이즈모사키(出雲崎)의 싸구려 여관에서 "평생 한 번 유녀를 사게" 된 경위도, 또 그의 연보에 이어서 한층 눈에 띄는 것은 거의 심할 정도라고 할 이혼 경력인데, 그 사정과 인연도 모르는 체하지 않는다. 이혼을 계속 하면서도 계속 아내를 맞이하기를 멈추지 않아, 과연 "그 나이에도 음사(淫事)가 깊다"는 이야기를 들은 것 같은데, 그런 소문도 묵살하지 않고 다루고 대강의 변명을 한 다음 "계속 마음에 맞는 측실(側室)을 얻는" 노년의 행복함까지도 적고 있다. 이것은 앞에 말한 면밀하고 집요한 기록 습관이겠지만, 역시 그것뿐이라고 할 수 없다. '후손'을 위해서 자신의 있는 그대로의 모습을 남기려는 이유를 빠트릴 수 없다. 이 인물에게 신불혼효(神佛混淆)도 더 말할 필요가 없는 이상한 종교의식에 관해서는 이제 언급할 여유가 없지만, 보쿠시에게 성스러운 것이자 유일한 초월적인 동기는 '조상의 영혼'과 '자손'을 잇는 연속성이었다. 너무나 대조적인 가쓰 고키치와 그를 이어주는 고리는 '자손'을 위한다는 연속성의 장에서 비로소 숨김없이 편하게 자아를 그리고 정착했다는 한 점에 있다고 거듭해서 강조하고 싶다.

제3장 성(聖)과 속(俗)

일본에는 수가 적은 '성(聖)' 쪽의 자서전, 종교적인 고백의 보기로 누구나 먼저 떠올리는 것은 우치무라 간조가 남긴 『How I Became a Christian』일 것이다.

언뜻 보기에 이것은 참으로 정통적인 종교적 자서전으로 비친다. 제목이 보여주듯이 기독교로 개종한 회심(回心)의 이야기이고, 동양의 한 이교도가 어떻게 해서 영적인 자각을 이루어냈는가가 그 중심 테마임에 틀림없다. 'Out of My Diary(나의 일기에서)'라는 부제가 말해주듯이 일기에서 인용한 것이 많이 삽입되어 있어, 특히 17세기에 청교도가 즐겨 쓴 신앙 일기와의 깊은 관련을 엿볼 수 있다. 게다가 본격적인 영혼의 자서전이자 유럽의 정통적인 양식을 따른 절도 있는 고백서라는 인상을 받는다. 기리시탄(切支丹)[1] 시대를 우선 별도로 한다면 유신 이후 기독교와 처음 접촉한 이래 대강 20년 정도로, 얼마나 빠르고 멋진 성과인가 하고 놀라지 않을 수 없다. 유럽의 기독교가 오랫동안 연마해서 드

---

[1] 전국시대 말에서 에도 시대를 통해서 로마 가톨릭 계통의 교회나 그 신자를 말한다.

디어 제 것으로 만든 성스러운 자서전이란 형태까지 재빨리 받아들여지고 주체적으로 섭취되었다. 참으로 전념한, 참으로 혜민(慧敏)한 소화라고 찬탄하는 것이 솔직한 태도일지도 모른다.

그러나 나처럼 말 그대로의 이교도, 믿음이 없는 사람의 눈에는 이 신앙고백서는 일종의 아말감처럼도 비친다. 아말감이라는 말투가 너무 자극적이고 예의를 벗어난 표현이라면, 이중의 모티브를 가진 책이라고 말을 바꾸어도 좋다. 성스러운 모티브, 신을 부르고 호소한다는 것과 또 다른 모티브가 계속 울려 퍼지고 있다. 이 고백서의 처음 발단부터 거의 이상한 강렬함으로 이 곡조가 독자의 귓전에 다가오는 것이다. 중심 모티브 사이에 때때로 섞이는 약간의 불협화음이라는 것은 아니다. 도대체 어느 쪽이 중심인지 알 수 없을 정도로 집요하고 압도적인 볼륨으로 계속 높게 울리고 있다.

이 책의 '서문'에서 갑자기 첫머리부터 꺼낸 것은 이런 일화이다. 우치무라 자신의 미국 유학 중의 체험인데, 참으로 무뚝뚝하고 거의 도전적인 투로 이야기하고 있는 것이다. 참고로 우치무라가 미국으로 간 것은 1884년 11월이고 귀국은 1888년 5월로, 이 미국 체재 기간은 거의 3년 반에 이른다. 1884년은 모리 오가이(森鷗外, 1862~1922)[2]가 독일 유학을 떠난 해로, 오가이는 1862년에 태어났고 우치무라는 1861년생으로 두 사람은 겨우 한 살 차이로 완전히 같은 세대이다. 이 기묘할 정도의 부합된 일치는 두 사람의 유학 기간에까지 이르고 있어 유학 출발뿐 아니라

---

2 소설가, 번역가, 평론가, 군의. 잡지 ≪스바루(スバル)≫와 ≪시가라미소시(しがらみ草紙)≫를 창간하여 근대일본문학 확립에 공헌했다. 대표소설로 「기러기(雁)」와 「무희(舞姫)」가 있다.

귀국한 해까지 같은 1888년으로 일치하고 있다. 그리고 우치무라의 최초의 저서『기독교 신자의 위안(基督信徒のなぐさめ)』이 나온 것이 1893년으로, 오가이의 「무희(舞姬)」, 「순간의 기록(うたかたの記)」, 번역소설과 희곡 등을 수록한『미나와슈(美奈和集)』가 출판된 바로 다음 해에 해당된다. 결국 모두가 3년 이상에 걸친 외국생활을 거쳐온 '신귀국자(新歸朝者)'가 쓴 작품이고, 각각 미국 체험, 독일 체험이라는 문화적인 충격의 거의 직접적인 소산으로 공통의 각인을 띠지 않을 수 없었다. 우치무라의 종교적인 자서전, 『나는 어떻게 기독교인이 되었는가』가 간행된 것도 『기독교 신자의 위안』[아마도 보이티우스(Anicius Manlius Severinus Boethius, 480~524)의 『철학의 위안(De consolatione philosophiae)』에서 시사를 받은 제목으로, 신귀국자에 어울리는 서양 냄새가 풍기는 멋진 이름이라고 할 수 있다]의 바로 다음 해로 거의 같은 시기, 같은 상황에서 만들어진 작품이었다. 그런 관점에서 다시 되돌아보면, 언뜻 보기에 전혀 대조적이고 인연이 없는 두 언덕에 서 있는 존재와 같이 비치는 우치무라와 오가이 사이에도 뜻밖의 몇 가지 공통점이 떠오른다. '신귀국자'로서의 전투적인 계몽가, 서양 소개자로서의 자세와 행동, 결국 동시대의 어느 일본인보다도 유럽 혹은 구미의 정통 사상, 문화에 나야말로 이어져 있다는 강한 자신, 그러나 그와 함께 구미에 대해서 한 걸음도 뒤지지 않으려는 강한 투혼의 내셔널리즘, 어디까지나 대등한 입장을 가지고 나아가서는 도전까지 하려는 적극적인 자기주장의 자세와 실천. 물론 이 두 사람이 서구의 정통으로 우선 받아들일 수 있는 것은 한쪽은 기독교, 한쪽은 자연과학으로 대조적으로 달랐고, 또 타고난 낭만주의자라고 할 수 있는 뜨거운 주체성파이자 빠져드는 실천파인 우치무라와, 내성적인 객관주

의자라고 할 만한 끝없이 깨인 안목으로 혼자 멀리 서 있는 것을 좋아한 오가이와는 대단한 차이가 있었다. 그래서 이것은 역사의 우연, 아이러니한 일치라고 할 수밖에 없을지 모르지만, 이 양자의 적어도 20대, 30대에 놓인 문화적인 위치와 수행한 역할에 너무나도 비슷한 점이 있어서, 기질과 생활, 표현상의 스타일에서의 현저한 차이를 넘어서 문화적 반응의 자세에서 공통된 유연(類緣)이 떠오른다. 일본에서는 서구적인 정통의 전적인 계승자이자 대변자처럼 행동하면서, 동시에 비서구인으로서 자립의 입장에서 그 뿌리가 있을 장소를 분명히 하려고 노력하지 않을 수 없었다. 그리고 그때 양자의 무사적인 것에 대한 억누르기 힘들 만큼의 혈연적인 친근감.

그러나 지금은 우치무라의 자서전 첫머리의 일화로 돌아가야만 한다. 1884년 봄, 자비로 미국 유학을 계획한 우치무라는 우선 펜실베이니아주의 엘윈 주립 백치원(白痴院)에서 간호사로 일하다, 얼마 안 있어 다음 해에 매사추세츠 주의 애머스트 칼리지(Amherst College)로 옮겼다. 니지마 죠(新島襄, 1843~1890)[3] 이후 일본 유학생과는 각별하게 인연이 깊은 이른바 청교도적인 뉴잉글랜드의 중핵이라고 할 만한 대학이었는데, 우치무라는 니지마의 소개로 입학해 총장인 J. H. 실리(Julius Hawley Seelye)라는 지인을 얻어 강한 자극과 영향을 받으며 신학 전공의 결의를 굳히고 다시 코네티컷 주의 하트퍼드 신학교(Hartford Seminary)에 진학한다. 그러나 여기서의 전문 신학교육과 목사양성 이른바 직업교육 과정에 갑자기 실망하고 환멸을 느껴 겨우 4개월 만에 퇴학하고 귀국의 결의

---

3 교육가. 도시샤(同志社) 대학의 창시자. 기독교 정신에 입각한 교육 사업에 공헌했다.

를 굳혔다고 했다. 그런 그 자체가 대단히 드라마틱하고 변화무쌍한 미국 유학 과정이 그의 자서전의 중핵을 이루고 있는 데, 첫머리의 일화라는 것도 그의 유학 중의 경험과 관련된다.

3년 반 동안의 미국 체재 중에 그는 자주 종교적인 집회에 초대받아서 이야기를 하게 되었는데, 그때 "회의 회장 혹은 여자 회장"이 반드시 꺼내는 말은 "15분 안에 이야기하라"는 조건이었다. 그것은 결국 "훌륭한, 어느 훌륭한 박사가 나머지 시간을 채울 예정이니까"라고 우치무라는 재빨리 빈정거리는 주석을 넣는 것을 잊지 않는다. '신귀국자'다운 미국식의, 무례한 미국 유머의 일종이라고도 할 수 있지만, 종교적인 고백의 「서문」으로는 참으로 전투적이고 조소적인 태도가 노골적이다. 처음부터 거칠게 가시를 곤두세운 고슴도치 같은 분위기가 있다. 도대체 '15분 안에' 무엇을 이야기하면 좋을까 하고 물으면, 판에 박은 듯이 "어떻게 해서 개종했는지를 이야기해주면 좋다"고 말했다. "기독교와 접촉한 이후 내 영혼에 일어난 놀랄 만한 변화"를 어떻게 '15분 안에' 이야기해야 될지? 우치무라는 그렇게 질문을 받을 때마다 당황했다. 그러나 하여간에 "기독교도인 청중에게 이교도의 개종이라는 것은 호기심의 대상이라고는 하지 않더라도 일종의 놀라운 일에는 틀림이 없고, '어떻게 우상을 불 속에 던지고 복음에 의지하게 되었는가'에 대한 생생한 설명을 나에게 요구한 것도 진실로 무리가 아닐 것"이라고, 우치무라는 일부러 덧붙이고 있다. 결국 신랄한 풍자라고 해야 될 것이다.

'15분 안에' 도저히 이야기할 수 없던 것을 지금에야 천천히 이야기하려고 하는 이른바 이야기를 꺼내기 위한 실마리에 지나지 않지만, 미국의 호기심 많고 건방진 청중 앞에 마치 신기한 동물처럼 끌려 나갔다는 분노와 울분의 상처가 들여다보이는 부분이 있다. 우치무라의 투지와 상처받은 자존심의 아픔이 생생하게 전해져 온다. 미국인 쪽의 일견 호의적이고 친절한 듯해도 실은 우쭐한 자기만족에 대해서 일침을 놓지 않고는 견딜 수 없는 초조함과 분노와 같은 것이, 일찍이 이 책의 첫 쪽부터 뭉게뭉게 피어오르는 듯하다.

　이 경건한 종교적인 고백은 실은 동시에 일종의 반발과 원망의 책이었다. 내적인 신앙일기임과 동시에 20대 중반에 일찍이 외국에 휘몰린 인간의 문화적 충격의 기록이었다. 참으로 드라마틱한 계기를 충분히 내부에 포함한 자서전이지만, 이것이 과연 내적이고 종교적 드라마일지 그렇지 않으면 오히려 문화사적인 드라마의 개인적인 구체적 예라고 해야만 되는지 간단히 결정할 수 없다. 물론 내적인 개종 과정과 이질의 문화적 충격의 여향(餘響)과 이 양자가 얽혀서 메아리를 치는 곳에 우치무라 자서전의 독특한 매력과 강점이 존재한다고 보는 견해도 있을 것이다. 그러나 실은 이러한 말투는 이 경우에 약간 겉치레에 지나지 않는다. 세계 최초의 본격적인 『고백』의 작가, 아우구스티누스는 북아프리카의 누미디아(Numidia)[4] 출신으로, 순수한 로마인도 아니고 이스라엘 사람도 아니라는 벗어난 위치가 그의 내적 편력 과정에 독특한 분위기를 만들고 있다. 로마 문화에 대해서 이방인으로서 바깥쪽에 설 수 있었음과 동시에 기독교에 대해서도 원래 한 명의 이교도로 접할 수밖에 없었다. 한 걸음 한 걸음 이에 다가가면서도, 쉽사리 전면적으로 용해될 수가 없다. 미묘한 우여곡절에 가득한 과정을 취할 수밖에 없게

---

　4 기원전 3세기부터 북아프리카에 있던 왕국. 현재의 알제리에 해당하는 위치에 있었다.

되어서, 이러한 말하자면 먼 길을 돌아가는 굴곡이 아우구스티누스 자서전에 일종의 두툼한 육감을 부여하고 있는 것처럼 느껴진다.

우치무라의 자서전에는 이런 완만하고 미묘하게 뒤얽힌 굴곡의 맛은 결여되어 있다. 아우구스티누스 식의 끈질긴 되풀이를 통한 집요한 육감은 보기 힘들다. 우치무라에게는 갑자기 마구 돌진을 감행하는 것 같은 느닷없는 성급함이 있고, 일단 돌입해서 자기 것으로 만든 진지(陣地)에서 우람찬 호령, 비판을 하는 것 같은 취향이 그 내적 고백에도 감돌고 있다. 물론 하나는 나이라는 점이 있고, 또 기질의 차이도 무시할 수는 없을 것이다. 『고백』을 쓴 아우구스티누스는 이미 40대 중반이었다고 한다. 이에 대해서 『나는 어떻게 기독교인이 되었는가』를 쓸 때의 우치무라는 아직 30대 전반으로, 자서전으로서는 이례적으로 젊은 나이에 썼다. 게다가 이 나이로는 당연한 일이기도 하지만, 이 시기의 우치무라는 자신이 지나온 길을 조용히 되돌아보고 자신의 신앙의 발자취를 분명히 다시 되짚어 보려는 경지에서는 아마도 먼 곳에 있던 점을 빠트려서는 안 될 것이다.

이 자서전이 출판되기 2년 전에 그는 갑자기 교직을 그만두고 문필생활로 들어갈 결심을 굳히고 있었다. 어떤 연보에는 1893년 무렵에 "빈곤과 싸우면서 문필생활로 들어가다"라고 되어 있고, 교직에 대한 결별도 거의 충동적인 행위처럼 느껴진다. 이해 2월에 겨우 처녀작인 『기독교 신자의 위안』을 막 출판한 풋내기 문필가가 확실한 목적 따위 세울 수 있을 리가 없다. 유명한 '제일고등중학교 불경사건'이란 것이 발생한 것은 그 전전해인 1891년 1월이었다. 당시 30대에 막 들어선 우치무라는 이 학교의 '촉탁교원'으로 고용되어 얼마 안 되었을 때였는데, '교육

칙어(敎育勅語)'⁵ 봉대식장에서 조서에 경례를 하지 않은 사건이다. 우상숭배를 인정하지 않는 기독교인으로 당연한 행동임에 틀림없지만, 이것이 갑자기 세상의 커다란 반향을 불러일으켜서 전국적으로 대사건이 되었다고 한다. 하여간에 우치무라는 즉각 해고를 당하게 되고 그 직후 폐렴에 걸려서 중태에 빠졌을 뿐 아니라, 그 간병 피로와 마음고생으로 결혼 2년째 신혼인 아내가 병으로 쓰러져서 얼마 뒤에 죽게 되었다. 나쁜 조건이 너무나 많이 합해져서 거의 멜로드라마 같다고 할 정도의 위기가 도래한 것이다.

작가를 파멸형과 조화형으로 구별할 수 있다면, 종교가에게는 이 구별이 한층 분명한 형태로 맞아떨어짐에 틀림없다. 기질적으로 낭만주의자인 우치무라는 분명히 전자에 속하는 종교가로, 예를 들어 그보다 5세 연상인 우에무라 마사히사(植村正久, 1858~1925)⁶, 또 같은 해 태어나고 삿포로(札幌) 농학교 시대부터 친구였던 니토베 이나조(新渡戶稻造, 1862~1933)⁷ 등의 조화형과는 선명한 대조를 이루고 있다. 물론 스스로 의식적으로 계획한 것은 아니라도 로맨틱한 기질은 저절로 드라마틱한 사건과 상황을 불러일으키지 않을 수 없을지 모른다. 하여간 이 '불경사건' 직후의 우치무라의 직력(職歷)의 뒤를 쫓기만 해도 외부나 주변에서

5 1890년 메이지 천황 이름으로 발표된 교육에 대한 칙어로 신민(臣民)도덕과 신민교육을 기본방침으로 삼아서 일본인의 인격형성에 중요한 영향을 미쳤다. 전후 1948년 일본 국회에서 실효(失效)를 확인했다.

6 목사이며 신학자. 도쿄 신학교를 창설하여 신학자를 양성했다. 실제로는 우치무라보다 3년 2개월 정도 먼저 태어났다.

7 교육자이며 농정학자. 도쿄 여자대학 초대학장을 지냈으며, 국제연맹 사무국 차장 등을 역임하여 국제평화에 힘썼다. 실제로는 우치무라보다 1년 반 늦게 태어났다.

덮쳐온 위기에 덧붙여서 스스로 자신을 궁지에 몰아넣지 않고는 있을 수 없는 듯한 일종의 신들린 사람의 그림자가 떠오른다. 우치무라 자신도 건강을 해쳐서 전지요양(轉地療養)을 하는 동안 오사카 다이세이 학관(泰西学館)에 교사로 초청을 받았으나 반년도 되기 전에 사직해 버린다. 다시 구마모토(熊本)에 있는 영어 학교에도 갔는데 여기서도 4개월이 못 되어 다시 사직한다. '불경사건'의 충격이 너무 강해서 끊임없이 불안정한 기분에 휩싸였을 것이라고 받아들여지지만, 원래 타인이 지휘 관리하는 조직 속에서 장단을 맞추며 일을 해가기에는 우치무라의 자아가 너무 강렬했다고 생각하는 편이 타당할 것이다. 그렇다고 해도 이때의 우치무라의 행동과 결의는 최악의 시기에 굳이 위험한 벼랑으로 일부러 나아가려는 기분을 느끼게 한다. 자신의 퇴로를 자기 손으로 끊어 버린 다음 적진으로 돌격하는 대담한 지휘관을 생각하게 하는 면이 있다. 로맨틱한 자기파괴 충동이라고 하면 너무 말이 지나칠지도 모르지만, 물러설 수 없는 마지막 장소에 자신을 밀어 넣는 일에서 오히려 강렬한 삶의 보람을 맛보고자 하는, 자기극화(劇化)로 기울어짐을 인정하지 않을 수 없을 것이다.

　우치무라가 처녀작인 『기독교 신자의 위안』을 다 쓴 것은 바로 이 시기였고, 그해에 '빈곤과 싸우면서 문필생활로 들어'간 것이다. 이런 사정을 모르고 이 『위안』의 목차를 바라본 독자는 「제1장 사랑하는 사람을 잃었을 때」부터 「조국 사람들로부터 버림받았을 때」, 「기독교 교회에서 버림받았을 때」, 「사업에 실패했을 때」, 「빈곤이 다가올 때」라고 이어진 제목을 보고 작가의 너무나도 과장된 드라마틱한 몸짓에 눈살을 찌푸릴지도 모른다. 그러나 이들 제목은 당시의 우치무라에게는 공상상의 과장된 재난이 아니었다. 오히려 문자 그대로의 솔직한 자기표현, 아니 사소설(私小說)에 가까운 것이었다. 아내를 잃었을 때 불경사건으로 직장을 쫓겨났을 뿐 아니라, 주변에서 '국적(國賊)'이라고 불리며 기독교인의 공감이나 원조도 받지 못하고, 계속해서 직장을 잃고 빈곤으로 빠져들어 갈 당시의 우치무라의 실생활이 거의 그대로 작품 속에 포함되어 있다.

의사가 내 몸을 보고 흥분제와 수면제를 권한다. 그렇지만 무엇이 상처받은 마음을 고칠 수 있겠는가? 친구는 전지여행을 권한다. 그렇지만 산천은 지금은 나의 적이고, 철리적(哲理的) 차가운 눈으로 죽음을 배우고 생각을 바꾸려고 하지 않고, 목사의 위로도 친구의 권고도 지금은 원한을 만들어낼 뿐, 나는 거친 곰처럼 되어 '사랑하는 사람을 나에게 돌려달라'고 말할 수밖에 없다.

위 문장의 레토릭은 고풍스럽고 비유는 너무 소박하다고 하더라도, 여기에서 이야기하고 있는 것은 우치무라 자신이 직접 부딪친 체험이고 고뇌이다.

더욱 "이 책은 저자의 자서전이 아니고, 저자는 고통 받는 기독교 신자를 대표해서 몸을 불행의 극점에 두고, 기독교의 원리로 스스로 위로하려고 노력한 것이다"라고 우치무라는 「자서(自序)」에서 양해의 말을 붙이고 있다. 자신의 체험을 자세하게 되짚어 쓰기보다는 이것을 보편화하고 그 의미를 묻고, 또 괴로움을 이겨내는 방법을 추구하고 있는 것은 분명하다. 그러나 출발점은 우치무라가 맛본 고통과 고난에 있었고,

여기에서 자기표현은 그 자신의 현실적인 체험 속에 깊이 뿌리내리고 있다. 게다가 스스로 추구하기보다는 "괴로운 일이 또 내 위에 쌓였다"고 마치 옛 노래처럼 계속 고난 속으로 빠져가고 부딪친다. 참으로 문자 그대로의 고난의 인생이었다고 할 만하다.

이것은 종교적인 고백으로서는 꽤 위험한 지점이 아닐까? 이미 인용한 「자서」 속에 "몸을 불행의 극점에 두고"라는 주목할 만한 구절이 있다. 또 "고통 받는 기독교 신자를 대표해서"라고 우치무라는 쓰고 있다. 이것은 거의 낭만주의적인 자아의 인간, 자서전적인 표현자의 입장이고 심리가 아닐까? 일종의 심리체험이나 생활실험과 가깝다. 스스로를 자진해서 극한적인 지점에 두고 보는 것이다. 그곳에는 허구의 의식이 있고, 거의 '연기'적인 것조차 인정할 수 있을지 모른다. '고통 받는 기독교 신자'라는 역할을 자신이 맡아서 '극점'까지 밀어붙여 보려고 한다. '사랑하는 사람을 잃었을 때', '조국 사람들로부터 버림받았을 때', '빈곤이 다가올 때' 등 여러 '극점'에 두고 스스로를 시험하려고 하는 충동이고 실험이다.

물론 향하는 목표는 이들 '극점'의 종교적인 돌파이고, 물론 고난을 신앙으로 극복하는 것이다. 종교적인 해탈과 구제라는 큰 목표가 선명하게 앞에 걸려 있다. 이 당시의 우치무라가 특별히 애독한 17세기 영국 청교도 존 버니언 식으로 말하자면, 이들 고난의 실험은 그대로 『천로역정(天路歷程)』과 다름이 없다. 주인공 '기독교도'의 편력이 '실망의 진흙탕'과 '죽음의 계곡'을 빠져나가 결국은 '천국'에 이르는 것처럼, 우치무라가 생생하게 그려내는 상실과 배척, 실패와 빈곤 등의 모든 고난은 영적인 구제를 향한 길과 통하고 있다. '흥분제와 수면제' 복용을 의

사가 권유한 고뇌도, 다음과 같은 축복된 결말에 이른다.

나는 내가 사랑하는 것을 잃고 더욱이 조국도 우주도 — 때로는 거의 신도 — 잃었다. 그러나 다시 이를 회복하자 조국은 한층 사랑을 더하고, 우주는 한층 아름답고 장엄함을 더하고, 신은 한층 가깝게 느껴졌다. 내 사랑하는 사람의 육체는 잃었고 그의 마음은 내 마음과 합해졌다. 어찌 생각했으랴 진정한 배합(配合)은 오히려 잃어버린 뒤에 있다는 것을.

전 6장으로 이루어진 『기독교 신자의 위안』은 1막마다 해피엔드로 끝나는 6막의 우의극(寓意劇)과 비슷하다. 분명히 한편으로는 참으로 정통적인 신앙서와 다름없지만, 막마다 반복과 함께 연극적인 웅변으로 다가가고, 자기극화의 정도가 강화되는 것을 느낄 수 있다. 이것은 낭만주의적인 자기확대 방법이고, 스스로의 문제와 고뇌를 가공의 인물과 상황에 부여함으로써 그로부터의 탈출과 해방을 계획하는 자전적인 작가의 방법 그대로가 아닌가? 『베르테르(Die Leiden des jungen Werthersl)』에서의 괴테, 『만프레드(Manfred)』와 『차일드 해럴드(Childe Harold's Pilgrimage)』에서의 바이런(George Gordon Byron, 1788~1824)과 거의 합치되는 것이 아닐까? '베르테르'는 죽었지만 괴테는 죽지 않았다고 일컫듯이, 우치무라도 또한 스스로의 고뇌의 허구적인 확대와 심화의 문학적인 정착을 도모함으로써 탈출과 재생을 추구한 것은 아닐까?
  이 점은 우치무라 자신도 알아차리고 있었다. 적어도 만 30년이 지나서 이 시기를 돌아다본 63세의 우치무라 눈에는, 자신의 책의 이러한 문학적 특징이 분명히 비치고 있던 점은 점에 의심할 여지가 없다.

1923년 신판에 부친 서문(「회고 30년」)에서 우치무라는 '기독교 문학'이라는 말을 쓰고 있다. "지금부터 30년 전에 일본에서 일본인의 기독교 문학이라는 것은 없었다고 한다. 만일 있었다고 한다면, 그것은 구미 기독교 문학의 번역이었다. 일본인 자신이 기독교에 관해서 독창적인 의견을 내려는 것만큼 외람된 행위가 있느냐고 생각되고, 감히 이 일을 하는 사람은 없었다"고 우치무라는 쓰고, 그 무렵 교토(京都)에 있는 그를 찾아온 "미국의 학교에서 나와 동급생이었던 미국인 아무개"와의 이야기를 유머러스한 말투로 소개하고 있다. "자네는 지금 무엇을 하고 있는가"라고 묻기에 "저술에 종사하고 있다"고 대답하자, 상대는 다시 되풀이해서 "무엇을 번역하고 있는가"라고 물었다고 한다. 그래서 우치무라가 "나는 내 사상을 저술하고 있다"라고 내뱉자 상대는 "'정말로'라고 할 뿐이었다"고 적고 있다.

참으로 인상적인 일화이고 우치무라다운 선명한 말투이다. 바로 그 뒤에 "참으로 당시의 미국 사람(지금도 역시 마찬가지이다)의 일본 기독교 신자에 대한 태도는 대개 이와 같은 것이었다"고 덧붙이지 않을 수 없는 곳에, 앞서와 같은 우치무라의 지기 싫어하는 혼이 약동하고 있는데, 이때 특히 주목을 끄는 것은 오히려 이에 이어지는 한 구절이다.

그리고 이와 같은 때에 구미의 선생에게 의지하지 않고, 곧바로 일본인 자신의 신앙적 실험 또는 사상을 말하려고 한 것은 참으로 대담한 기획이었다. 그런데 나는 신의 도움으로 두려워하면서 이 일을 감행했다. 특히 무엇보다도 문학을 싫어했던 나의 일이라서, 미(美)로 아무것도 할 수 없었던 것은 물론이다. 나는 다만 마음속에 타오르는 생각에 휩쓸려서 어쩔 수 없이 붓을 잡았던 것이다.

『기독교 신자의 위안』을 우치무라 자신이 분명히 일본 최초의 '기독교 문학'이라고 단정하고 '신앙적 실험'이라는 말을 쓰고 있다. 물론 '실험'이라는 말에는 우치무라 특유의 의미가 포함되어 있어, 이것을 곧 어떤 목적 혹은 저의가 담긴 실생활상의 모험, 결국은 낭만주의적인 연기성(演技性)과 동일시해서는 안 될 것이다. '실험'이 곧 문학적 허구로의 권유, 또는 허구를 위한 장치라고 보아서도 안 될 것이다. '신앙적 실험 또는 사상'과 나란히 바꾸어 말하듯이, 우치무라에게는 실험이란 실행으로 사상을 검증해 보이는 것일 뿐이다. 그는 결벽하면서 성급한 실천주의자였고, 지행합일론자에 가까웠다. 그에게 소중한 것은 이른바 신증(身證)으로, 귀찮은 교의적인 탐구는 아니었다. 그 점에서는 미국의 대담한 생활실험가 소로(Henry David Thoreau, 1817~1862)[8], 『월든 — 숲의 생활(Walden)』의 작가와 기질적으로나 표현력의 질에 있어서나 서로 통하는 것이 아주 많다. 또 박물학, 자연연구라는 구체적이고 즉물적인 분야에 일관해서 강한 관심을 보이고, 또렷하고 애매함이 없는 명석한 새로운 타입의 산문을 창시한 사람이었다. 모두 종교적인 경건함을 지닌 사람이면서도, 명석하게 보며 행동하는 일에 끌려서 신비적인 경지와는 거의 인연이 없었다. 우치무라가 생애 일관한 '믿음의 사람'이고, 특히 1916~1917년 무렵부터는 그리스도 재림설에 열중해 활

---

8 미국의 사상가, 문학가. 월든 호반에서 오두막을 짓고 자연의 계시를 받으며 산 2년 2개월간의 실험적인 생활을 정리한 『월든-숲의 생활』이 있다.

발한 전국 운동을 시작한 일도 널리 알려져 있다. 그러나 내가 보는 한 우치무라는 참으로 정열적인 자기표현가였고 참으로 힘이 넘치는 설교가였더라도, 그 본령은 일관된 신증인(身證人), 명석한 논증인다운 면에 있으며, 환시가(幻視家)나 초월적인 비전을 가진 사람은 아니었다. 『기독교 신자의 위안』과 같은 해에 우치무라가 지은 저작에 『구안록(求安錄)』이 있다. 『나는 어떻게 기독교인이 되었는가』와 함께 이 세 권의 저서는 그의 내적 고백의 3부작이라고 할 만하다고 나는 생각하는데, 『구안록』의 속표지에 다음과 같이 러스킨(John Ruskin, 1819~1900)[9]의 문구가 인용되어 있는 것에 주목해야 된다.

곰곰이 생각할 때마다 내 마음에 그 각인이 깊어지는 것을 느끼는 결론은 이렇다 — 인간의 영혼이 이 세계에서 이룩할 수 있는 최대의 사업은 무엇인가를 보는 것이자 스스로 본 것을 솔직하게 말하는 것이다.

우치무라도 또한 '보는 것'에 계속 끌린 사람이었고 '본 것을 솔직하게 말하는 것'에 전력을 다한 사람이었다. 그러나 그가 '본' 것은 신비가나 환시가의 비전은 아니었다. 러스킨이 '보았다'고 믿은 미와 진실을 융합해서 합체시킨 예술적이고 시각적인 이미지와는 다르다고 하더라도, 언제나 어떤 신증(身證)에 의한 사실과 명제였지 놀랄 만한 초월적인 보는 자의 비전은 아니었다.

이 러스킨의 말과 상대하듯이 "입을 벌리고 내장을 보이는 석류인가"

---

[9] 영국의 비평가, 사상가. 미술비평으로 『근대화가론(The Modern Painters)』을 남겼다.

라는 마쓰오 바쇼(松尾芭蕉, 1644~1694)[10]의 하이쿠 한 수가 첫 쪽에 인용되어 있는 것은 우리를 순간 놀라게 하지만, 충분히 납득할 수 있는 진실이다. 이 참으로 구상성(具象性)이 선명한 노래 한 수는 그대로 우치무라 자서전 3부작 전체의 에피그래프(epigraph)라고 해도 좋다. '입을 벌리고 내장을 보이는' 일이야말로, 실로 당시의 우치무라가 계획한 바가 아니었을까? "구미(歐美)의 선생에게 의지하지 않고, 곧바로 일본인 자신의 신앙적 실험 또는 사상을 말하려고" 했을 때의 우치무라의 염두에 있었던 것은 바쇼가 읊은 이 '석류'의 이미지가 아니었을까?

'입을 벌리고 내장을 보이는 석류'라는 이미지가 내적인 자기성찰, 신을 앞에 두고 하는 신앙고백의 이미지로는 너무나 이교도적이고 자연적이라고 주장할 자격은 나에게는 물론 없다. 오히려 "객관적인 상관물"이라는 T. S. 엘리엇(Thomas Stearns Eliot, 1888~1965)[11]의 유명한 문구를 차용하고 싶을 정도로 우치무라의 심경과 동기와 꼭 어울리는 상징미 풍부한 이미지라고 생각되고, 이렇게 적절한 하이쿠를 한 수 찾아낼 수 있는 점에 우치무라의 발군의 시적 재능이 저절로 나타나고 있다고 감탄하지 않을 수 없다.

"무엇보다도 문학을 싫어했던 나의 일이라서"라고 우치무라는 말했다. 62세 때 한 그의 말에는 이상한 예감 같은 것이 작용하고 있었다. 그것은 이렇게 말한 것이 1923년 2월 일로, 이해에 드라마틱한 '배교자(背敎者)' 사건이 이어서 발생했기 때문이다. 먼저 이해 5월 오사나이

---

10 에도 전기의 하이카이 작가. 하이카이를 혁신한 쇼풍(蕉風)을 완성시켰다.
11 영국의 시인, 비평가. 새로운 기법의 주지적인 시로 현대시의 혁신을 추진했다. 1948년 노벨 문학상을 받았고, 대표작으로 『황무지(The Waste Land)』가 있다.

가오루(小山內薰, 1881~1928)¹²가 「배교자」라는 제목의 자서전적인 장편을 신문에 연재하기 시작했다. 오사나이는 전에 우치무라의 열성적인 제자였고, 우치무라에게서 떨어져나간 사건이야말로 이 소설의 주제임에 틀림없다. 그 당시의 일기에 "참으로 기분 나쁜 사건이다. 배교자는 오사나이 군 한 사람에 그치지 않는다. 일본의 모든 문사와 철학자, 젊은 정치가 등은 배교자라고 보아도 지장이 없다. 나에게서 배운 많은 문학자와 법학자, 그리고 이학사(理學士) 등은 아주 적은 수를 제외하고 모두 배교자가 되었다"고 쓰고 이 신문의 구독을 끊었다고 한다. 더욱이 한층 극적인 사건은 그 두 달 뒤에 일어난 아리시마 다케오(有島武郎, 1878~1923)¹³의 동반자살 사건이었다. 아리시마는 같은 삿포로 농학교의 후배였을 뿐 아니라 "남들도 나도 그가 내 뒤를 이어서 일본에서 독립된 기독교를 전하는 사람이 되지 않을까 생각할 정도였다"고 우치무라 자신이 쓰고 있다. 그만큼 우치무라가 받은 충격은 강해서, "아리시마가 이번에 일으킨 사건을 좋다고 생각하는 내 친구는 이번에 단연코 나와 절교했으면 한다. …… 이것은 개인 사이의 문제 또는 감정 문제가 아니다. 신앙상의 큰 문제이다"라고 격한 말투로 일기에 적고 있다. 우치무라의 시각에서 보면 아리시마뿐 아니라 한번은 그에게 다가온 적이 있었던 시가 나오야(志賀直哉, 1883~1972)¹⁴도 마사무네 하쿠초(正宗白

---

12 신극운동의 선구자. 소설과 희곡 창작에도 공적을 남겼다. 대표 희곡 작품으로 『아들』이 있다.

13 소설가로 시라카바(白樺)파의 중요한 멤버였다. 사상성이 풍부한 작가로 『어떤 여자』와 『카인의 후예』 등의 작품을 남겼다. 1923년 45세의 나이에 유부녀인 하타노 아키코(波多野秋子)와 가루이자와(輕井澤) 별장에서 동반자살했다.

14 소설가. 강렬한 자아의식과 청결한 감성에 의한 정치(精緻)한 리얼리즘 문학을 확립했

鳥, 1879~1962)[15]도 분명히 배교자로 비쳤음에 틀림없다. 그래서 문학은 그에게 무엇보다 피해야 할 위험한 유혹자로 자신의 품에서 신앙의 자식들을 계속해서 꾀어 가고 빼앗아 가는 사악한 뱀과 같은 존재였다. 오사나이와 아리시마 사건 이전부터 이러한 생각은 우치무라의 내부에서 숨 쉬고 있었기에 '무엇보다도 문학을 싫어한다'라는 그의 말은 갑자기 한 준비 없는 말은 아니었다.

그럼에도 불구하고 ─ 이런 대단히 뿌리 깊은 문학 혐오에도 불구하고 ─ 우치무라 자신의 발상도 표현도 그 행동까지도 문학적으로 거의 낭만주의적인 자아의 소유자에 가까웠다. 물론 우치무라는 자신의 작품을 '문학'이라고 스스로 인정했을 때도 '기독교 문학'이라고 한정하고 있다. 그러나 이 한정만으로 과연 일의 결말이 날 것인가? '종교와 문학'이라는, 특히 불신자에게는 참으로 복잡한 난제. 에드거 앨런 포의 『큰 소용돌이(A Descent into the Maelstrom)』와 같은 위험 수역으로 분수도 모르고 진입하려는 것은 아니다. 다만 한 사람의 이교도, 불신자의 '문학적' 실감으로서 우치무라의 자서전적 저작은 '성'스러운 별세계의 분위기가 희박하다. 종교적인 고백으로서보다 오히려 낭만주의적인 자아의 인간, 또한 로맨틱·엑자일 ─ 이 'exile'이라는 말은 뜻밖에 우치무라가 좋아하는 말이었다 ─ 에 의한 신선한 자기표현으로 더욱 성공했다고 할 수 있다.

도대체 이들 자전적 저작을 우치무라는 누구를 위해서, 무엇을 위해

다. 『화해』, 『암야행로(暗夜行路)』 등의 작품이 있다.
15 소설가. 자연주의 문학의 대표 작가이며 대표작으로 『어디로(何處へ)』가 있다.

서 쓴 것일까? 『나는 어떻게 기독교인이 되었는가』는 처음부터 영어로 씌었고, 원래 미국에서 출판하는 것을 목표로 한 것이었다. 그러나 그 당시에는 이루지 못했고, 영문판도 일본에서 먼저 나왔다. 미국판은 얼마 뒤에 간행되었는데, 이 책이 외국에서 본격적으로 주목받아서 독일어와 핀란드어, 스웨덴어, 덴마크어 등으로 이어서 나오게 된 것은 러일전쟁 뒤의 일이었다. '기적적인 근대화'를 이룩한 '유일한 백인이 아닌 나라'로 갑자기 여러 나라의 관심을 끌기 시작한 시기이고, 우치무라의 책도 이 5년 뒤에 나온 니토베 이나조가 쓴 『무사도(武士道)』(1900), 나아가서는 이 시기에 나온 오카쿠라 덴신(岡倉天心, 1863~1913)[16]의 『차의 책(茶の本)』(1909) 등과 마찬가지 각도로, 요컨대 일본인이 자기주장을 한 책으로 관심을 보였을 것이라는 점은 부정할 수 없다. 원래 이 세 사람의 완전히 같은 세대가 쓴 세 권의 영문 책은 세 권이 한 권이라고 하고 싶을 정도로 비슷함을 그 발상에서도 표현에서도 인정하지 않을 수 없다. 『무사도』가 윤리적인 일본인론이라면, 『차의 책』은 심미적인 일본론, 우치무라의 책은 말할 필요도 없이 종교적인 일본론인데, 서구를 상대로 분발한 자기주장이란 모습은 이 세 사람에게 공통된 자세였다. 이것은 자기파악의 객관성, 명석함에는 분명히 플러스가 되었지만, 자기인식의 깊이와 투철함이라는 점에서는 어떠했을까? 특히 우치무라의 『How I Became a Christian』 혹은 미국판인 『The Diary of a Japanese Convert(일본인 개종자의 일기)』가 어느 정도 깊이로 일본인의

---

16 메이지 시대의 사상가, 미술교육가이며 미술사가. 전통미술의 진흥과 혁신에 지도적 역할을 했고 일본 미술을 세계에 소개했다. 저서로 『동양의 자각(東洋の目覚め)』과 『차의 책』 등이 있다.

종교적인 감수성을 파악해 정착시킬 수 있을까? 내적인 고백, 종교적인 자서전은 특별히 미묘한 주제이고 영역이다. 처음부터 미국인 독자를 예상하고 그를 향해서 직접 이야기하려고 했던 우치무라의 태도가 이 자서전에 드라마틱한 구성과 강렬함을 더한 플러스는 명확하지만, 한편으로 너무나 개략적인 일반화, 간이화(簡易化)가 이루어져서 미묘한 음영은 지워져 있다. 이를테면 제1장에 'Heathenism'(이교)이라고 이름 붙여 이교도로서의 자신의 성장을 설명하는 것으로 이야기를 시작하고 있는데, 그 그리는 모습이 참으로 개념적이고 기계적이다.

나의 집안은 무사계급에 속해 있다. 따라서 요람 속에서 내가 태어난 것은 싸우기 위해서 — 삶은 싸우는 것이다(Vivere est militare) — 였다. 나의 친 할아버지는 온몸이 무사였다. 그는 대나무 활, 꿩깃 화살, 50파운드 화승총으로 치장을 한 무거운 무구를 달고 나타날 때만큼 행복해한 때가 없었다.

위와 같은 말투나, 또 일본의 '수많은 신'에 관해서 언급하며 "나는 믿었다. 게다가 진지하게 믿었다. 수많은 신사(神社)에는 각각의 신이 있고, 그 지배권에 마음을 기울이고 그 흥을 깨트린 어떤 파계자에게도 바로 벌을 줄 준비를 하고 있다"라고 쓰고 있다.

갑이란 신은 달걀을, 을이란 신은 콩을 사용하지 말 것을 언제나 우리에게 명령하고 있어서, 마침내 맹세를 모두 실행한 다음에는 내가 소년시절 좋아한 물건의 대부분이 금기물 목록에 들어 있었다. 신들이 각양각색인 것은 자주 갑이란 신의 요구와 을이란 신의 요구와의 모순을 가져왔다. 그리고 비참한 것은 갑이란 신도 을이란 신도 만족시켜야만 되는 양심적인 사람의 고뇌였다. …… 받들어야 될 신의 수는 나날이 증가해 드디어 나의 작은 영혼은 그들 모든 신의 뜻을 만족시킬 수가 없다는 것을 알았다.

이러한 묘사는 분명히 미국인 독자의 홍소(哄笑)를 자아낼 것이다. 그 자체가 완전히 외부에서 거의 미국인의 눈으로 바라본 정형화된 이교도상이 아닌가? 우치무라는 한편으로는 그 「서문」의 첫머리부터 미국인을 향한 대항의식으로 긴장하는 태도를 보이면서도, 중요한 이교도의 파악과 묘사에 관해서는 아무런 주저 없이 상대의 시점과 상대의 안경을 그대로 차용하고 있는 것이다.

'성'스러운 자서전은 아우구스티누스 이래의 긴 전통의 지배를 받은 서구형의 종교적 고백은 역시 동방의 이교도에게 그리 쉽게 구사할 수 있는 표현 양식은 아니었다고 인정하지 않을 수 없다. 게다가 이 자서전 속에서 우치무라는 일일이 이교도의 나라와 기독교 나라를 대비시키고 있는데, 중요한 스스로의 내적인 이교도성이 기독교로 종교를 바꾸고, 회심에 임해서 어떤 미묘한 반응을 보였는지, 어떤 뿌리 깊은 변질을 거치게 되었는지에 관해서는 거의 언급하지 않았다. 아니, 오히려 그의 이교도성은 거의 손도 대지 않고 온존(溫存)되어 자랑스럽게 게시되고 있다고 할 만하지만, 이 기묘하게 역설적인 사태에 관해서는 이제 다음 기회로 미룰 수밖에 없다.

제4장 원형(原型)과 독창(獨創)

'성스러운' 자서전에는 모방할 만한 형태가 있었다. 적어도 서구의 종교적인 자서전에는 참으로 훌륭한 선례가 존재하고 있었고, 이들이 일관된 계열을 이루어 뒤에 온 자서전 작가들이 따라야 할 모범적인 형태를 제공했다.

신을 향해 직접 이야기를 해서 스스로의 회의나 고뇌를 남김없이 고백하고, 또 종교적인 회심의 계기와 그 순간을 자랑스럽게 읊어낼 수가 있었다. 회심의 순간의 비할 데 없는 빛남 전에는 거의 모든 경우 두려울 정도의 어두움과 꺼림칙함으로 마구 칠해진 수많은 주저 또는 죄에 관한 묘사가 선행되어 있어서, 양자가 저절로 명암의 대조를 만들어내고 있다. 방황과 죄의 실례가 두려울 정도로 검게 색조가 심화되면 심화될수록, 뒤에 오는 회심과 구제의 순간이 그림자가 없는 빛을 더한다는 장치였다. 아니, 장치라는 말투에 이교도로서의 적의가 너무 지나치게 보인다면, 그런 궤적 혹은 구조라고 바꾸어도 좋다. 구제와 회심이라는 상승과 비상 앞에는 반드시 쏜살같은 전락과 배회가 없어서는 안된다. 독살스러울 정도로 진흙 물감을 처바른 죄로 빠짐, 되풀이되는 벗어난 행위, 실의와 절망이 우선 있어야만 회심의 한순간이 극적인 클라이맥스로 효과를 확보할 수 있는 것이다.

아우구스티누스의 『고백』이 이미 그런 패턴을 선명하게 새기고 있어서, 이교적인 카르타고(Carthago)[1]에서 청춘기의 성적인 '실수'와 투기(鬪技) 구경, 더하여 마니교(Manichaeism)[2]라는 '놀랄 만한 이교'의 떨치기 어려운 집요한 자력(磁力)이 생생하고 자세하게 그려짐으로써, 그의 회심의 도래가 한층 선명하게 떠오르는 것이다. 회심으로의 도달과 곤란함이 독자에게 새겨질 뿐 아니라 구제의 빛나는 축복된 느낌이 끓어오른다. 화자가 비틀거리면서 신을 찾는 탐구과정이 그대로 강렬한 긴장을 품은 내적 드라마로 승화되는 것이다.

존 버니언의 자서전 『은총 넘쳐서』를 읽고 우선 놀라게 되는 것은, 거의 생리적인 생생함으로 그려져 있는 주인공의 좌절과 실패의 묘사이고, 이 모두가 참으로 꺼려할 악마의 유혹, 은총에서의 실추로 취급되고 있는 점이다. 참으로 너무나 과장이 심해서 친숙하기 어렵다고 반발을 느끼면서도, 버니언의 바르고 곧은 즉물적인 묘사에는 일종의 더할 나위 없는 박력이 담겨져 있어서, 언뜻 보기에 사소한 실의와 실패가 갑자기 기분 나쁜 기괴함으로 부풀어가고, 또 직접 살갗에 뿌려진 오물 덩어리처럼 혐오를 불러일으키지 않을 수 없다. 거의 병적인 과민함과 너무나 강한 종교적 감수성이라고 눈살을 찌푸리면서도, 버니언의 환시가(幻視家) 같은 소질과 즉물적인 환기력(喚起力)의 대단함을 인정하게 된

---

1 아프리카 북쪽 해안에 고대 페니키아인이 건설한 식민도시.
2 페르시아의 마니가 창시한 종교. 조로아스터교를 모체로 불교와 기독교를 결합한 이원론적 종교.

다. 그리고 결국은 이들 경련적이고 발작적인 실추와 절망을 되풀이한 뒤에, 제목이 말해주듯이 '은총 넘치는' 축복에 이르는 순간이 온다. 실추가 깊고 공포에 가득 차 있을수록 앙양(昻揚)과 비상이 그 빛남을 더한다는 패턴은 여기서도 조금도 변함이 없다.

물론 아우구스티누스와 버니언 이 두 사람은 시대와 성장은 물론 기질도 말투도 아주 다르다. 전자는 부드럽고 세심한 치밀함으로, 후자는 울퉁불퉁한 뼈가 굵은 야성, 전자의 정교하고 부드러운 분석력과 후자의 외곬으로 직진하는 늠름함은 거의 대조적인 조합이라고 해도 좋을 정도로 다르다. 그런데도 종교적인 자서전으로 대치시켜볼 때, 그 기본적인 골격에서 이 양자는 놀랄 정도로 비슷하다. 우선 깊숙하고 불안한 신음, 어두운 늪에 던져진 사람의 자기가책이 되풀이되고, 얼마 뒤에 한 줄기의 섬광이 비쳐서 무거운 짐은 벗겨지고 높은 곳으로 상승하고 비상한다. 이러한 패턴은 실은 정통적인 '성스러운' 자서전뿐 아니라 뜻밖의 장소에까지 파고들어 있다. 이를테면, 제임스 조이스(James Augustine Joyce, 1882~1941)[3]의 자전적인 소설 『젊은 예술가의 초상(A Portrait of the Artist as a Young Man)』은 주인공의 내적 성장을 뒤쫓으면서도 제목이 보여주듯이 분명히 '예술가' 쪽에 중점이 놓여 있고, 여기서는 오히려 종교에 악역이 부여되어 있다. 주인공이 그곳에서의 해방을 목표로 하지 않을 수 없는 무거운 짐으로, 또 오직 탈출을 원하는 암흑의 계곡과 같은 것으로 그려져 있다. 여기서는 예술에 대한 자각과 예술가다

---

3 아일랜드의 소설가. 의식의 흐름과 내적 독백을 구사한 소설로 20세기 유럽 소설의 거장이 됐다. 대표작으로 『율리시스(Ulysses)』, 『젊은 예술가의 초상』 등이 있다.

운 자각이야말로 구제와 은총의 도래임에 틀림없다 말하자면 물구나무 서기를 한 '성스러운' 자서전이라고 할 만한 형태를 취하고 있는데, 이때도 전체를 잇는 패턴은 그대로 유지되어서 흔들림이 없었다. 결국 주인공에게 암흑의 계곡은 그가 들은 사제의 설교로 촉발된 무서운 지옥의 환상과 그에 이은 생리적인 구토라는 형태로 그려지고, 예술가다운 자각과 계시의 순간은 문자 그대로 높은 곳으로 비상하는 이미지로 표현된다. 주인공의 성(姓)과 관련이 있는 그리스의 공장(工匠) 다이달로스(Daidalos)의 이름이 불리고, 그가 시도한 이카루스(Icarus)[4]의 태양을 목표로 비상하는 이미지를 조이스는 쓰고 있다. 물론 노골적일 정도로 이교도적인 이미지이고 유소년 시절의 가톨릭 교육에 대한 노골적인 적의의 표명이라고 받아들여야 되겠지만, 나락(奈落)으로의 실추에서 빛나게 비상하는 패턴은 이때도 흔들리지 않는다.

참으로 뿌리 깊고 끈질긴 일관적이고 영원의 순환이라고 하고 싶을 정도로 서구적인 자아파악, 자아표현의 기본 리듬이었다. 물론 모든 것을 아우구스티누스의 독창으로 돌아가는 것은 아닐 것이다. 아우구스티누스 자신도 되풀이해서 떠올리듯이, 이미 신약의 바울이라는 인상적인 선례가 있었다. 토마스 아 켐피스(Thomas à Kempis, 1380~1471)의 말투를 빌리자면, '그리스도의 모방'이 아닌 바울의 모방이야말로 유럽형 종교적 자서전의 기본 모티브가 아닐까? 이 강렬하면서도 집요한 자기집착자, 자기표현자의 선례 속에 발견되지 않는 것은 거의 없다. 방황하

---

4 그리스 신화의 인물. 밀랍으로 날개로 붙여 날 수 있게 되지만, 아버지 다이달로스의 경고를 무시하고 태양에 너무 가까이 다가가 날개의 밀람이 녹아 떨어져 바다에 추락했다.

는 자신을 숨김없이 신 앞에 드러내고, 내던지고, 주저도 회의도, 실망도 목마름도 모두 털어놓고, 오직 계속 고백하는 태도도 또 심한 자기 규문의 몸부림 끝에, 완전히 바뀌어 구제의 비전이 찾아온다는 것도 모두 바울이 개척하고 경험해 보인 패턴과 다름이 없다. 서양형 자서전의 적어도 하나의 큰 원류는 바울에서 시작되어 아우구스티누스로 이어지는 선상에 존재하고, 여기에 제시된 원형을 모방하고 변화를 시도한 것이 유럽에서 자서전 역사의 이른바 흔들리지 않는 기반을 만들어왔다고 할 수 있다. 실은 이들과는 언뜻 보기에 차이가 있는, 참신하고 문자 그대로 독창적인 근대적 자서전의 형태를 만들어낸 것처럼 보이는 루소의 『고백』의 경우에도, 넓은 투시도 속에 마음을 가다듬고 보면 그 탯줄은 변함없이 이런 원형과 이어져 있다. 물론 여기서는 '성스러운' 장식은 의식적으로 정성스럽게 제거되고, 신에 대한 호소 대신에 자신과 동일한 수준에 서 있는 인간, 이른바 임의의 독자가 내면토로의 상대로 뽑혀 있다. '성스러운' 높은 곳을 목표로 삼는 대신에 같은 수준에 선 인간끼리의 교감이 대전제가 되어 있다. 그리고 약간 너무 지나치게 유명해진 첫머리의 한 문장이 보여주듯이 '있는 대로'의 알몸의 자아의 의미와 가치가 거의 과시적으로 믿어지기도 했다. 자서전은 '성스러운' 높은 곳에 이르는 통로와 수단이 아니라, 이제는 그 자체가 목적으로 바뀌었다. 그러나 루소는 역시 아우구스티누스를 모방해서 '고백'이라는 제목을 받아들였을 뿐 아니라, 책을 열자마자 다음처럼까지 쓰고 있다.

최후의 심판의 나팔이 언제 울려 퍼지더라도 나는 이 책을 손에 들고 나아가서 지고의 재판관 앞에 모습을 나타내 "내가 지낸 세월은 바로 이대로

입니다"라고 큰 소리로 선언할 것입니다.

신을 앞에 둔 고백이라는 형태가 무의식의 태도처럼 뿌리 깊게 이 자아가 강한 인간, 아집이 강한 인간 속에도 파고들어 있는 점을 인정하지 않을 수 없다.

조이스의 경우와는 약간 취향이 다르면서 '성스러운' 자서전을 말하자면 뒤집은, 또한 물구나무서기라는 점에서는 이 두 이단자는 기묘하게 서로 통하고 있다.

우치무라 간조가 일본인으로서는 최초로 '성스러운' 자서전을 시도했을 때, 맞서기를 강요당한 것은 무엇보다도 이러한 뿌리 깊고 거대한 원형의 지속이라는 것은 아니었을까? 처음으로 시도한다는 어려움 이상으로 이른바 의식의 밑바닥에서 스스로를 지탱하고 방향 지어주는 내적인 지속의 부재야말로, 이 대담무쌍한 행위의 실천자를 더욱 괴롭힌 것은 아니었을까? 물론 당시 30대 초반의 활력 넘치는 자서전 작가에게 그의 앞에 버티고 서 있는 장벽은 오히려 돌진을 재촉하는 도전의 신호로 비쳤음에 틀림없다. 우치무라 자신이 이런 개인의 능력을 넘은 이른바 문화사적이고 전통적인 차이를, 스스로가 서 있는 지반의 불확실함을 분명하게 의식하고 있었다고는 생각되지 않는다. 그는 곤란을 의식하면 한층 기분이 상승되고 전투 의욕을 부추기는 타입의 인간이었고, 또한 분명하게 버니언을 애독하며 조지 폭스의 일기에 마음이 끌리고, 더욱이 아우구스티누스의 『고백』도 이미 읽고 있었을지도 모른다. 그는 '성스러운' 자서전의 형태에 관한 지식이 결여된 것은 아니었다.

그러나 앞서 밝혔듯이 우치무라의 '성스러운' 자서전은 어딘가 살집이 얇고 그 골격만 두드러진 점이 있다. 이를테면 『나는 어떻게 기독교인이 되었는가』에서 회심과 계시의 순간은 다음과 같이 그려져 있다.

> 3월 8일, 내 생애 대단히 중대한 일이다. '그리스도'의 속죄의 힘은 오늘처럼 분명하게 나에게 계시한 일이 예전에 없었다. 신의 아들이 십자가에 못 박힌 일 속에, 오늘까지 내 마음을 괴롭힌 모든 어려운 문제의 해결이 존재했다. …… 내 의무는 '그리스도'를 믿는 것이다. 그를 위해 신은 내가 원하는 모든 것을 나에게 주셨다. 그는 그의 영광을 위해 나를 이용해야 한다. 그리고 결국은 나를 천국으로 인도해야 한다.

볼 수 있도록 일기에서 발췌한 것인데, 거의 추상적인 신앙조목의 열거에 가깝다. 사변적이고 논리적이라고 할 정도이고, 아우구스티누스의 그 굴곡에 가득 찬 부드러움, 부드럽고 게다가 일종의 집요한 육감성은 여기서는 찾을 수 없고, 또 버니언의 그 야만적인 활력과 거칠고 서투르고 게다가 생생하고 직절한 비전의 박력도 결여되어 있다는 점을 스스로 의식하고 있는 것처럼, 우치무라는 곧 이어 이 인용의 뒤에 노골적으로 논쟁적이고 도전적인 말투로 이렇게 덧붙이고 있다.

> 여러분들 중에서 '철학적' 경향을 가지고 계신 분들은, 이를테면 모멸감은 아니라고 하더라도 일종의 연민을 가지고 앞의 문장을 읽을지도 모른다. 여러분은 말할 것이다. 새로운 과학이 이 세상에 출현함으로써 루터, 크롬웰, 버니언의 종교는 지금 하나의 '전설'이 되어버렸다고.

여기서는 필자의 시선도 말도 분명하게 바깥세상의 일반 독자 쪽을 향하고 있다. 신을 향한 호소도 아니고 스스로의 내면을 향한 속삭임도 아니고, 거의 논쟁을 거는 연설가나 평론가의 말투에 가깝다고 하지 않을 수 없다.

물론 처음부터 영어로 이 종교적 자서전을 다 완성했을 때의 우치무라에게는 말을 걸 독자의 이미지가 분명하게 있었음에 틀림없다. 허공을 향한 내심의 토로가 아니라 영어권에 있는 지적이고 호기심 풍부한 독자를 향해서 말하려고 했다. 앞서 인용한 '서문'의 첫머리에 적힌 일화가 보여주듯이, 한 '이교도 나라의 개종자'로서의 오기와 반발이 이 자서전 집필의 내적 동기 속에 담겨 있다. 원래 처음부터 우치무라는 '기독교 나라'의 호기심이 강한 청중을 강하게 의식하고, 반은 초조해하며 이를 악물면서 그런 상대를 향해서 이야기하려고 한 것이다.

우치무라를 내부에서 부추기고 있던 오기와 반발이 그의 자서전에 강한 설득력과 날카로운 신랄한 빈정거림을 가져온 점은 분명하다. '서문'뿐 아니라 본문 중에서도 그는 '선교사 대회'라는 이름의 '미션 쇼'에 관해서 상당한 페이지를 할애하고 있다.

실로 어떤 것도 이들 집회보다 더 기독교 나라의 기독교성(christianness)을 보여주는 것은 없다. 이교도 나라에는 하나도 이런 것은 없다. 우리는 무엇 하나 다른 민족의 영혼에 관해서 걱정하지 않기 때문이다.

우치무라는 빈정거림의 가시를 번뜩이면서 이야기하기 시작한다.

나는 기독교 신자가 아닌 일본 사람 누구에게나 기독교 나라에서 그런 기회가 있으면 이러한 미션 쇼에 출석하도록 권유한다. …… 참으로 그 미션 쇼는 감격적이다.

우치무라는 분명히 이 가벼운 풍자를 즐기고 있다. 거의 입맛을 다실 정도로 '태어나면서부터 기독교인'인 자기만족과 우쭐함에 대해서 계속 비수를 휘두르고 있는 것이다.
그리고 마지막으로 통렬하게 한 번 찌르는 것은 이런 모습을 하고 있다.

그러나 이런 쇼에서 최악의 수를 뽑은 것은 우연히 그곳에 오게 된 회심한 몇 명의 이교도의 견본이다. 서커스 흥행사가 훈련된 코뿔소를 사용하듯이 그들은 반드시 이용당한다. 그들은 쇼로 호출당한다. 그리고 얼마나 놀랄 만한 쇼인가! 바로 최근까지 나무와 돌 앞에서 절을 하고 있었는데, 그러나 지금은 이들 백인들의 신과 마찬가지 신을 고백하고 있다!

우치무라는 다시 "그래서 나는 신생 코뿔소로서 미션 서커스 흥행사에게 이 문제에 대해 좀 더 배려하도록 충고하고 싶다"라고 결정타 일격까지 준비하는 것을 잊지 않는다. 우치무라의 '이교도'로서, 일본인으로서의 오기의 혼은 재치라는 옷을 걸치고 아주 가볍게 춤추며 장난치고 있다. 나 또한 우치무라와 함께 이런 부분을 이 자서전의 일종의 코믹 릴리프(comic relief: 희극적인 기분 전환)로 대단히 즐거워하는데, 그러나 동시에 이것은 연설가와 평론가의 말투이고 문체이지 신앙고백으로서는 외향적이고 공적으로 지나치다고 인정된다.

실은 이 '성스러운' 자서전에서 우치무라는 스스로 내면의 움직임의 자취를 더듬기보다는 오히려 하나의 역할을 보여주려고 한다. 한 이교도의 회심자라는 극적인 역할을 다 보여주려고 심혈을 기울이고 있는 것처럼 보인다. 신앙의 미묘한 사정에 관해서는, 그는 거의 멋없는 말투로 요약적으로만 말하고 있다. 이를테면 다음과 같은 식이다.

'십자가에 묶인 신의 아들'을 마지막으로 파악한 뒤에 일어난 여러 가지 상승과 하강으로 나는 독자를 괴롭히지 않을 것이다. 하강은 있었다. 그러나 상승보다 적었다. '하나의 사건'이 내 주의를 멈추게 했다. 그리고 내 모든 영혼은 '그것'에 점령당했다. 나는 밤낮 그것을 생각했다.

여기에 '상승'과 '하강'이라는 서양적인 자서전의 특징적인 이미지가 아무렇지도 않게 삽입되어 있는 것은 간과할 수 없는 점이며, 거의 고집스러울 정도로 자만하는 이 '이교도의 회심자'의 자서전에도 바울의 모방이나 아우구스티누스의 모방이 저절로 그림자를 드리우고 있음에 주목하게 된다. 그러나 우치무라의 문체는 참으로 뜻밖에 묘사적이 아니며 환기력도 부족하여 '상승'과 '하강'의 내실에 깊숙이 들어가지도 않고, 이른바 일종의 추상적인 도형으로 이것을 받아들이는 데 머무르고 있다. 곧 그 뒤에 이어서 약간 묘사적인 한 구절에서조차 우치무라는 웅변가다운 비유와 언어유희에 흥미를 가지고 있을 뿐이다.

휴가가 시작되어 학생들은 모두 자신들의 어머니를 만나기 위해 귀향하고, 나는 대학 언덕의 유일한 기주자로 남아 나의 '어머니'이신 부드러운 신의 영혼과 함께 혼자 있었을 때 나에게 천국은 왔다. 클래스의 응원가나 다른 이교적인 소음으로 술렁이고 있던 언덕은 지금은 바꿔어 진짜 시온이 되었다. 악마가 나를 자유롭게 만들었을 때는 언제나, 나는 마음에 멀리 바다 저편에 있는 사랑하는 축복 받은 조국을 그리고, 그것을 교회와 기독교 학교로 점철했다. 물론 그것은 나의 상상에만 존재하는 것에 지나지 않지만.

'상승'과 '하강' 또는 '악마'라고 하고 '진짜 시온'이라며, '성스러운' 자서전의 도구는 모두 갖추어져 있다. 그러나 여기에는 무엇인가 미묘한 호흡이 빠져 있다. 그들은 결국 도구로 멈추어 있고 살아 있는 움직임을 보여주지 않는다. 내가 지나친 요구를 한 것일까? 일본인으로서 이른바 첫 도전의 시도에 대해서 완벽한 준비를 너무 지나치게 밀어붙이는 것일까? 아니 그런 것이 아니다. 뒤에 온 같은 나라 사람인 독자로서 가능한 한 편파적이 아니라 우치무라 자서전의 강점과 약점을 구분하려고 할 뿐이다. 『나는 어떻게 기독교인이 되었는가』 중에서도 더욱 빛나는 부분은 '기독교 나라의 첫인상'을 비롯해서 우치무라의 미국에 대한 반응을 다룬 부분이다. 미국에 도착하자마자 동료 한 사람이 5달러 금화를 넣은 지갑을 소매치기 당하자 "기독교 나라에도 소매치기가 있다"고 서로 경계하기 시작했다는 이야기와, "우리가 이제까지 극도의 두려움과 존경하는 마음 없이는 결코 말하지 않았던 말", 즉 서언(swearing)이 모든 직업의 미국인 입술에서 아주 가볍게 나오는 것을 듣고 우치무라는 놀란다. 우연히 호텔 객실에서 '겉모습이 훌륭한 한 신사'를 향해서 새로 대통령으로 당선된 사람[클리블랜드(Grover Cleveland: 제22대, 제24대 미국 대통령)]을 어떻게 생각하느냐고 물어보았더니 "By G-(신께

맹세코), 녀석은 악마야"라고 "강렬하게 히브리 식인 말투"로 상대는 대답했다. 이 신사는 실은 '완고한 공화당원'으로 애초부터 반클리블랜드파로 나중에 판명되었다고 우치무라는 덧붙이고 있는데, 약간 생생함을 너무 지나치게 과장한 말투이면서 종교적인 서언이 실은 모독적인 저주일 뿐이라는 야유도 잘 드러나 있을 뿐 아니라, 미국에 도착한 지 얼마 안 된 화자의 이상하게 긴장된 적개심이 생생하게 비쳐 있어서 묘하게 실감이 난다. 우치무라 식의 '미국과 나'라고 해도 좋을 것이고, 신개종자의 미국 무사 수행기라는 제목을 붙이고 싶을 정도의 취향이다. 이런 부분을 읽으면 우치무라보다 반세기나 뒤의 요코미쓰 리이치(橫光利一, 1898~1947)[5]의 『여수(旅愁)』[6]의 주인공들의 유럽에 대한 반응이 저절로 떠오른다. 한편 당돌한 조합 같지만 뜻밖에 서로 비슷한 점이 많다. 동시에 성지순례 같은 경건함 뒤편에 민감한 자존심과 강렬한 반발을 숨기고 있다. 외골수적인 이상화와 대단한 환멸이 빠르게 교차하고 서로 얽혀 있는 것이다. "실로 내 마음에 그려진 미국의 이미지는 성지 그것이었다"라고 한 것은 우치무라 자신의 말인데, 요코미쓰의 주인공들에게도 분명히 입으로는 말하지 않은 '성스러운 유럽'은 수호신의 성상(聖像)처럼 그들의 깊은 마음속에서 받들고 있었음에 틀림없다.

그러나 요코미쓰에게 성상 유럽은 너무나 혼자 속단한 것이었음에 비해서, 우치무라의 경우는 기독교라는 실로 상대의 무기고의 중추부를

---

[5] 소설가로 신감각파의 대표 작가. 신감각파 시대의 작품 『기계(機械)』는 신심리주의 대표작으로 평가된다.

[6] 요코미쓰가 반년에 걸친 유럽 여행 후에 쓴 서양 정신에 대한 근대 일본인의 갈등을 그린 미완성 작품.

내 손으로 누르고 상대와 공유하기에 이르렀기에 그의 반발과 풍자도 직접 상대의 약점인 급소를 도려내게 되었다. '성지'인 미국이라는 이미지는 물론 너무 과장되었지만 상대방의 변명과 이상을, 이른바 액면 그대로 솔직하게 받아들인 다음의 이미지였다. 말하자면 상대 자신의 장기인 무기로 상대를 공격하는 형태로 혼자 속단한 환상을 밀어붙이는 것은 안 된다며 변명을 용납하지 않는다. 그래서 미국의 금전만능에 대한 보기를 든 풍자도, 또 인종차별에 대한 통렬한 공격도 특별히 새로운 관점은 아니라고 하더라도, 실로 조리에 맞는 우치무라다운 비판으로 강한 설득력을 갖추고 있다. 그의 '성지' 편력은 실은 이어지는 환멸의 ― 이상상 상실의 과정이기도 했다.

 한편으로는 분명히 이교도의 개종과 회심의 과정을 짚어보고 있다. 제목 그대로 '어떻게 기독교인이 되었는가'를 말하고 있지만, 이 신앙획득과 신도로서의 성장과 성숙과정이 동시에 미국의 현실에 대한 환멸의 축적이 되고, 일종의 자기해방의 입지를 굳혀가게 한다. 그가 '진실로 회심된' 것은 애머스트 칼리지에 유학할 때의 일로, 특히 대학 총장 실리의 인도에 따른 바가 많았던 사실을 우치무라는 숨기려 하지 않는다. "주님은 그곳에서 내 앞에 모습을 드러내셨다. 특히 그 사람을 통해서 ― 휘파람새 같은 눈, 사자 같은 얼굴, 작은 양 같은 마음의 내가 다니는 대학 총장을 통해서"라고 쓰고 있는데, 동시에 그의 자서전의 마지막 장이 미국 신학교에 대한 씁쓸한 실망의 묘사로 되어 있고, 그 '성지' 편력이 이른바 환멸의 총결산으로 닫혀져 있다는 점을 빠트릴 수가 없다. 미국이라는 "기독교 나라에서 부여된 최선의 후의와 그곳에서 맺은 가장 친밀한 우정을 가지고도 나는 언제나 하나의 이방인이었다"고 우치무라는 쓰고, "전에 나는 미국인과 영국인이 되려는 소원을 품은 적은 없었다. …… 도리어 나를 '이교도'로 이 세상에 태어나게 한 것을 얼마나 감사했는지 모른다"고 까지 주장하고 있다.

우치무라의 자서전에서 신앙고백의 클라이맥스는 실은 동시에 그의 안에 있는 '이교도'성의 재확인과 중첩되어 있다. 우치무라는 자서전에 인용한 '일기' 중에서도 쓰고 있다.

　　우리는 우리 자신에 특유한 천부적인 선물을 받고 우리의 신과 세계에 봉사하도록 시도해야만 된다. 신은 20세기 동안의 단련으로 도달한 우리 국민성이 미국 사상으로 완전히 바뀌는 것을 원하지 않을 것이다. 기독교의 미(美)는 신이 각 국민에게 부여한 모든 특수성을 성스럽게 하는 것이다.

이렇게 주장할 때의 우치무라는 『고백』의 아우구스티누스와 버니언과는 아득히 멀다고 하지 않을 수 없다. 내적인 자기 심문이나 비틀거리면서 신에게 접근하는 것이 아니라, 오히려 외적인 '기독교 나라'의 현실에 대한 환멸과 재단(裁斷)이야말로 우치무라의 신앙고백의 핵심을 이루고 있다고 인정하지 않을 수 없으니까. 우치무라의 내적인 자아, '이교도'로서의 일본인적 혼('soul'이라기보다는 'psyshe'라고 할 만하다)은 오히려 상처 없는 채로 구원받고 그대로 '성스러워'졌기 때문이다.

『나는 어떻게 기독교인이 되었는가』에서 눈에 띄게 두드러진 특징의 하나는 신에 대한 직접적인 대화나 호소가 거의 보이지 않는다는 점이다. 일반적으로 약한 주저나 방황이 거의 보이지 않고, 전체적인 말투도 이른바 건조한 남성적인 단정조, 즉물적인 직절함으로 일관하고 있다. 그것이 우치무라의 개성과 자질 그 자체의 발현임에 틀림이 없지만, 신앙고백을 한 자서전으로서는 극히 예외적인 특색으로 볼 수 있다. 과연『기독교 신자의 위안』에는 신에게 호소하는 것이 몇 번 나오는데, 그것은 이를테면 다음과 같은 것이다. 「조국 사람들로부터 버림받았을 때」라는 장에서, 스스로를 "억지로 이혼장을 넘겨받은 부인"에 비유하면서 다음과 같은 식으로 썼다.

 그렇지만 신이시여, 만일 마음이 있으시면 저로 하여금 다시 남편 집으로 보내주세요. 물론 저는 당신을 버리고 제 남편 집으로 돌아갈 수 없습니다. 그것은 당신에게 죄가 될 뿐 아니라 남편에게도 부정(不貞)하게 되기 때문입니다. 당신이 아시는 바와 같이 제 남편에게 천지의 정기가 모여 있고, 그 장엄함이 후지 산(富士山)과 같고, 그 향기로움이 귓가의 벚꽃 같고, 그 뛰어남과 그 향기가 만국 모두와 비교하기 어렵고, 저 같은 인간이 어찌 이런 남편을 속일 수 있을지.

1892년에 집필되었으니까 비유가 고풍스러워서, 마치 유신시절의 지사(志士) 같은 어깨를 추켜세운 모습을 책망하고 있는 것은 아니다. 과연 신에게 드리는 직접적인 호소임에는 틀림없지만, 너무나 수사적이고 사용한 용어가 너무 지나치게 눈에 띄고, 신에 대한 대화 자체가 여기서는 수사상의 한 궁리나 단순한 무대장치에 멈춰 있는 점을 인정하지 않을 수 없다.

 그렇다면 우치무라의 이들 자서전적인 작품의 독창은 일찍이 정통적인 '성스러운' 자서전을 썼다는 점이 아니라, 오히려 서양식의 종교적

고백이라는 형태를 차용하면서 이것을 나름대로의 자기확인과 자기표현의 수단으로 바꿀 수 있었던 점에서 찾아야만 될 것이다. 회심을 달성하는 과정이 동시에 기독교 나라의 현실에 몸을 내던진 한 이교도의 자기확립이라는 과정과 중첩되었다는 독특한 이중구조에야말로 우치무라의 독창성이 존재한다. 약간 교만한 말투를 허용해준다면, '성스러운' 자서전이라는 서양에서 온 의상을 착용함으로써 일찍이 자기확인의 무대를 만들어내고 계속해서 자기극화의 동기를 발견해서 거의 남의 눈을 빼앗는 대담함과 화려함으로 이것을 연기해서 보여준 바야말로, 우치무라의 문학적 영광이었다고 말하고 싶다.

미국이라는 '성지', 진짜 기독교 나라에 이교도인 내 몸을 내보인다는 드라마를 비롯해서 「사랑하는 사람을 잃었을 때」, 「조국 사람들로부터 버림받았을 때」부터 「불치병에 걸렸을 때」에 이르기까지의 이른바 6막으로 된 드라마(『기독교 신자의 위안』)로 우치무라의 자기극화는 일본의 동시대의 어느 문학가보다도 눈부시고 힘센 형태로 계속 연기되었다고 해도 좋다. 참으로 몸짓은 크고 막마다 드라마는 약간 정형화된 형태 그대로 지나치게 진행된 약점은 있지만, 겉으로만 그럴싸한 공허함이나 속이 뻔한 허세의 차물성(借物性)은 조금도 없었다. 이 정도로 몸에 밴 자기극화성은 일본에서는 문학자에게도 보기 드문 특질로, 한참 뒤의 다자이 오사무(太宰治, 1909~1948)[7]에 이르기까지 우치무라를 필적할 수 있는 작가는 잘 떠오르지 않는다. 기질적으로나 행동으로나, 일본에

---

7 소설가. 제2차 세계대전 뒤의 무뢰파(無賴派)의 한 사람. 작품으로 『사양(斜陽)』 등이 있다.

서는 드물게 보이는 진짜 낭만주의자라고 할 수밖에 없을 것이다(가장 좁은 의미로 작가라는 틀을 벗어나면, 곧 염두에 떠오르는 본격적인 자기극화파로 우치무라와 같은 세대인 오카쿠라 덴신이 있으므로 시대적 요인도 작용하고 있다는 것은 부정할 수 없다).

드라마라는 비유를 다시 계속한다면 본격적인 서양식의 무대에서 아무 거리낌 없이 일본인의 육체라는 위치로 밀어붙임으로써 성공했다고 할 수 있을지도 모른다. 마침 덴신의 경우 그 낭만주의적인 자기표현이 가장 몸에 배어서, 무엇보다도 생기를 발휘한 것이 영어를 통해서 외국의 독자와 청중을 향해 말할 때였다는 점과 서로 잘 맞는다. 기질적으로는 낭만주의와는 대단히 인연이 멀었던 오가이의 경우에 독일 유학의 역할을 생각해보면, 낭만주의라는 의식에는 그 태평스러운 표현을 위해서는 어떤 식의 일본에서 벗어남, 결국은 유배(exile)의 입장이 더 효과적인 발상이고 자극제였다고 인정해야만 될지도 모른다. 실제로 우치무라의 자서전에서는 미국에 관해서 '아득한 유배지'라는 말이 발견된다. 같은 즈음에 「유배록」이라는 제목 아래 미국에서의 체험을 말한 적도 있고, 유배자로서의 자기인식이 당시의 그를 부추기고 좌우하는 내적 동력이 되었다는 점은 의심할 여지가 없다. 자서전 속에서 우치무라 자신은 다음과 같이 분명하게 분석해 보여준다.

이역에서 생활할 때는 우리가 자기 자신 속에 내쫓기는 일은 없다. 역설적으로 보이겠지만 우리는 자기 자신에 관해서 많이 배우기 위해서 세계로 들어가는 것이다. 다른 나라, 다른 국민을 접촉할 경우만큼 분명히 자신이 우리에게 보인 적은 없다. 내성(內省)은 또 하나의 세계가 우리 눈에 보일 때 시작되는 것이다.

참으로 명석하고 투철한 자기인식 태도라고 할 만하다. 1883년이라는 시점을 생각해보면 놀라울 뿐 아니라, 그 이후에도 수많은 일본인의 외국여행기 중에도 이 정도로 선명하게 핵심을 찌른 자기분석은 좀처럼 눈에 띄지 않는다. 우치무라는 곧 이어서 이국에서의 자기인식이 깊어진 계기와 원인으로, 우선 첫째로 "외국에 머무는 사람에게 피할 수 없는 고독"을 들고, "혼잣말과 내성이 매일의 향연이 되고, 객관적이고 주관적인 자기는 끊임없이 서로 사귀고 있다"고 썼다. 두 번째로 "그 나라를 한번 나간 사람은 개인"이고 저절로 "그 자신 안에 그의 국민과 그의 민족을 짊어지게" 된다고 했다.

세 번째 계기로 우치무라가 든 것은 "향수가 무엇인지를 안다"는 것으로, "고향에서 유배된 사람은 단조로움이 1년 내내 계속 흐른다 — 자기 자신과의, 신과의, 또 영혼들과의 교제가"라고 말하고, "백성의 구출자로 나타나기 이전에 미디안 사람의 땅에 버려졌다"라고 모세의 탈출 체험을 언급하는 것이다.

이들 세 가지 요인은 모두 반응이 직접적인 실감의 보증을 느끼게 할 뿐 아니라, 객관적인 분석으로도 참으로 시원시원하고 명석한 태도라고 할 만하다. 우치무라는 기질적인 낭만주의자의 내부에 차갑고 맑고 각성된 인식자의 안목을 갖고 있었다고 할 수 있다. 나는 우치무라 전집을 다 읽지 않았다. 그러나 뒤에 우치무라가 한 성서의 주해와 분석, 특히 「로마서」와 「욥기」 연구의 명석한 강렬함에 찬탄을 금치 못했으며, 1949년 우치무라 전집을 다시 통독해본 70세의 마사무네 하쿠초는

"이 성서연구는 그의 일생의 대사업이라 할 만한 것으로 사회매도록이나 교회공격문, 인물평론이나 전쟁반대론 등보다도, 이 성서연구가 그가 세상에 남긴 가치 있는 일이다"라고 주장하고 있다. 이런 점에서 저절로 떠오르는 것은 오가이의 말년의 사전물(史傳物)의 위치로, 함께 같은 세대 사람으로 청춘기에 외국에 몸을 내맡긴 체험으로 낭만주의적인 자아표현이라는 서로 비슷한 길을 걸으면서, 결국은 확실한 외적 대상의 집요한 분석과 해명이라는 일에 열중했다. 그 대상의 영역과 성질이 전혀 다른 두 사람이 걸어온 궤적은 의외일 정도로 서로 비슷한 형태를 그리고 있었던 것은 아닐까?

그러나 지금은 젊은 날의 우치무라, 하쿠초가 말하는 이른바 '아집이 강한 사람'의 자서전의 특질로 이야기를 한정해야만 된다. 우치무라보다 18세 연하인 하쿠초는, 우치무라의 자서전적인 저작의 재빠른 애독자였고 '심취자'였던 점을 인정하고, 「유배록」의 뒤에 『기독교 신자의 위안』과 『구안록』을 출판할 당시에 계속해서 구독했던 추억을 말하고 있다. 청춘기의 외곬적인 심취와, 노년기의 차갑고 각성한 뱀의 눈의 신랄함이 서로 섞여 있는 곳에 하쿠초의 청춘 재방문이라는 우치무라론의 독특한 매력이 있는데, 오랜만에 다시 읽어보아도 이들 자서전적 저작이야말로 "우치무라의 작품으로 가장 뛰어난 것은 아닐까" 하고 인정하는 한편, 하쿠초 노인의 뱀의 눈은 우치무라 안의 연극적인 몸짓을 냄새 맡고 있다. 문장보다도 연설 쪽이 "한층 강하게 자기를 발휘하고", "감동시키는 힘"이 있다며 "청년회관에서 거행된 젊은 우치무라의 문학 강연은, 가부키 극장에서 한 나이 든 단기쿠(團菊)[8]의 연기 이상으로 나를 도취시켰다"고 썼다. 우치무라는 "만일 배우였다면 닛키 단조(仁木彈

제4장 원형(原型)과 독창(獨創) 95

正)⁹ 역을 시킬 수 있을 것"으로 7대째인 사치사부로(幸四郞)와 "서로 통하는 점이 있었다"고 말하며, 우치무라의 단테 강연에 한층 강렬한 인상을 받았던 일을 상기하고 있다. 하쿠초의 걸작인 「단테론」도 실은 우치무라의 강연에서 그 심원을 찾을 수 있다고 판명되는데, 고향 플로렌스에서 추방당하고 유랑 중인 단테가 어느 날 산사에서 스님 한 사람이 '그대 무엇을 찾는가'라고 질문하자 '조용히 머리를 돌리며' 다만 한 마디 '피스(peace)'라고 대답했다는 일화를 70세의 하쿠초는 생생하게 기억한다. 하쿠초는 "이때의 우치무라의 태도와 표정, '피스'라고 할 때의 생각을 담은 발음을 반세기 뒤인 지금, 지금 보는 것 같이 지금 듣는 것 같이 기억하고 있다"고 쓰며, "연극을 멸시한 우치무라의 연설태도에는 극적인 효과가 있었다. …… 우치무라는 극적 장면을 유명한 배우처럼 표현하고 있었다"고 덧붙이는 것을 잊지 않았다.

　나이 든 하쿠초의 뱀의 눈이 정확하게 파헤친 것처럼, 우치무라의 자서전적 저작의 매력과 가치도 '성스러운' 자서전으로서의 본격성과 아우구스티누스를 모방하고 버니언을 모방한 정통성보다는, 말하자면 낭만적인 유랑의 위치와 역할을 자신의 것으로 받아들이고 이것을 연기해 보여준 자기극화에서 출발하고 있었다. 초기의 자서전에서 우치무라는 아우구스티누스보다도, 버니언보다도, 무의식중에 오히려 루소나 바이런의 위치와 태도에 다가간 것은 아닐까? 게다가 '이교도'로서의 자아와 일본인적인 혼에는 약간의 분장을 하지도 않고.

　　　8 전설적인 가부키 배우인 9대 이치가와 단쥬로(市川團十郞, 1838~1903), 5대 오노에 기쿠고로(尾上菊五郞, 1844~1903)를 일컫는 말.
　　　9 가부키[메이보쿠 센나이하기(伽羅先代萩)]의 주인공.

제5장 '속'된 자아의 매력

성과 속이라는 관점에서 보면, 우치무라의 『나는 어떻게 기독교인이 되었는가』의 대극(對極)으로 저절로 떠오르는 것은 역시 후쿠자와 유키치의 『후쿠옹 자서전』일 것이다. 실제로 이 두 권의 자서전은 거의 모든 점에서 대조적으로 이루어졌다. 전체의 내용, 표현과 문체, 필자의 태도와 기질, 인격, 어느 것을 보아도 마치 미리 계획한 것처럼 분명하게 대비되는 구성을 이루고 있다.

우치무라의 참으로 젊고 기를 쓰는 자세, 자신의 눈에 보이는 모든 불순함과 부패는 바로 제거하지 않고는 못 견디는 강렬함에 대해서, 후쿠자와의 참으로 몸에 밴 노숙함, 편하게 앉아서 생각나는 대로 담담하게 계속 이야기하는 태평스러움이 있다. 우치무라의 울퉁불퉁한 능선만이 두드러진 추상성, 외곬의 관념성에 비해서, 후쿠자와는 어디에 힘을 주었다고도 보이지 않는 부드러운 곡선이 있고, 이 곡선 위에 그려서 선명하게 떠오르는 여러 대상의 음영이 풍부한 육체가 있다. 후쿠자와의 『자서전』에서 특별히 인상적인 점은, 소설가도 무색할 멋진 묘사력과 환기력에 있고 일견 참으로 멋없는 직서체(直敍體)이면서 다루는 사건과 인물이 말하자면 상대편에서 저절로 생동하는 것 같은 느낌을 받는다. 또렷한 단문을 계속 이은 것이 저절로 상대의 육체의 반응을 전하고 있다. 특히 눈에 띄는 교묘한 비유가 있는 것도 아니고 정교한 표현으로 독자를 끌어들이는 것도 아닌데, 구체적인 세부가 참으로 분명하게 떠오른다. 결국 어디에도 이렇다 할 '문학'은 없는데, 전체는 그대로 모두 '문학'이 되어 있다. 만약 우치무라 간조를 자세와 태도에서 문학적이라고 한다면, 후쿠자와의 경우는 결과적으로 문학적인 것이다.

자서전적 문학으로 양자를 선입관 없이 비교해서 읽어본다면, 우선 누구나 『후쿠옹 자서전』 쪽의 손을 들지 않을 수 없을 것이다. 태도에서의 순수함과 한결같음은 결과로서 달성된 육체와 실질성에는 역시 미치기 어렵다. 우치무라의 고집 센 주장성은 후쿠자와의 소탈하고 부드러운 자기표현력 앞에서는 참으로 강하고 딱딱하게 보인다.

그러나 정직하게 말하면, 이것은 문학비평가로서 곤란한 일이다. 우치무라의 자서전의 미숙한 강함은 귀에 거슬리면서도 직접 비평가의 관심을 불러일으키고 도전해오는 것이 있는데, 후쿠자와의 경우는 실로 아무렇지도 않게 자족하고 있어서 오히려 들어갈 틈이 보이지 않는다. 『후쿠옹 자서전』은 그대로 자립하는 실체로 문예비평 따위는 받아들이지 않는 태평한 태도이다. 그것은 대단히 마음이 좁은 문학비평가의 멋대로의 넋두리인지도 모른다. 실질과 달성보다는 하여간에 의도와 자세가 순수함에 끌린다는 것도, 그곳에 자기 나름의 이상상을 그려낼 빈터가 남아 있기 때문임에 틀림없다. 또한 문학비평가에게 의도와 달성 사이의 차이야말로 실은 오히려 바람직한 실마리이고 파고들어 갈 틈이라고 말할 수 있다. 드러난 차이를 좋은 돌파구로 상대의 안쪽으로 몰래 들어가서, 표면에서 보기 어려운 약점과 결점을 마음껏 파헤치는 것이 허락된다. 비평가의 이상주의적인 소원과 분석적이고 공격적인 충동을, 말하자면 두 가지 모두 만족시켜주는 상대는 무엇보다도 의도와 자세만 분명한 작품이고 작가인 듯하다.

그래서 우치무라 간조는 비평의 대상으로 취급하기 쉽고, 후쿠자와 유키치는 아무래도 처치 곤란이다. 우치무라는, 특히 젊은 시기의 우치무라는 의도파(意圖派), 자세파(姿勢派)의 순수 전형(典型)이라고 할 정도라서, 기를 쓰고 강렬하게 분발한 자세의 고양과 달성 사이의 균열 그 자체가 비평가의 의욕을 불러일으킨다. 그에 반해서 후쿠자와의 경우, 특히 『후쿠옹 자서전』에서는 의도와 달성, 자세와 실질이 서로 완전히 한 장으로 붙여져 있어서, 그 사이로 비집고 들어갈 틈이 전혀 보이지 않는다. 『후쿠옹 자서전』은 후쿠자와의 자아의 자세를 넘침도 부족함도 없이 정착할 수 있음과 동시에 그의 자아의 실질 그 자체였다. 충분하게 만족한 자기표현이다. 숨겨진 주름, 말할 수 없는 흉터 따위는 보이지 않는다. 너무나 균형이 잡혀 있어서, 이를테면 의도만 노출된 부분도 찾을 수 없고 표현이 과잉된 부분도 발견할 수 없다. '멋대로 해라라고 할 수밖에 없는 명작'이라는 것은 분명히 시평가(時評家) 가와바타 야스나리(川端康成, 1899~1972)[1]가 도쿠다 슈세이(德田秋聲, 1872~1943)[2]의 만년의 작품에 붙인 명평론(名評論)으로 기억하고 있는데, 참으로 소탈하

---

1 소설가. 일본미의 전통을 소설로 표현한 작품으로 1968년 노벨 문학상을 받았다. 대표작으로 『설국(雪國)』, 『이즈의 무희(伊豆の踊子)』 등이 있다.

2 소설가. 자연주의 문학의 대표적인 작가 중 한 사람. 대표작으로 『곰팡이(黴)』, 『가장인물(假裝人物)』이 있다.

게 보이면서도 실질이 가득 찬 『후쿠옹 자서전』에도 '멋대로 해라라고 할 수밖에 없는' 태평한 자족적인 태도의 취향이 감돌고 있다.

그러나 후쿠자와의 자아표현에는 단순히 감탄만 하고 즉석해서 대사를 던지는 것만으로 끝나지 않는 것이 있다. 성급하고 멋대로인 문학비평가의 난처함이라는 것만으로 끝나지 않는 것이 있다.

일반적으로 '속'된 자서전이라고 해도 이것은 철저하게 '속'된 태도이다. 비종교적이라는 뜻에서의 '속'된 것만으로는 해결되지 않는다. '속'이라는 것은 이쪽의 외부에서의 규정 이상으로 후쿠자와가 스스로에게 되풀이해서 쓰고 있는 말이었다. 이를테면 25세의 후쿠자와가 처음으로 에도(江戶)라는 '큰 도시'로 와서 가장 감명을 받은 광경은 글쎄 톱의 줄눈을 세우고 있는 어린 점원의 모습이었다고 한다. "그래서 에도로 들어갔을 때, 지금 생각하니 시바[芝: 도쿄의 미나토(港)구의 지명]의 다마치(田町), 장소도 기억하고 있다. 에도로 들어가서 길의 오른편 집에서 어린 점원이 줄눈을 두드리고 있었다"고, 40년 뒤에 되돌아보았을 때 분명히 그 장소까지 되살아날 정도로 강렬한 인상이었지만 후쿠자와는 다음과 같이 쓰고 있다.

나는 멈춰 서서 그것을 보고 마음속에서 과연 큰 도시구나, 생각지도 못한 일도 할 수 있구나, 나는 꿈에도 생각하지 못한, 톱날을 만들려는 생각은 전혀 생각한 적도 없다, 그런데 어린아이가 저렇게 하고 있다는 것은 참으로 공예가 발달된 곳이라고 생각하고 에도로 들어간 그날 감탄한 적이 있다는 것으로, 소년 시절부터 독서 이외는 속된 일만 하고 속된 일만 생각하고 있어서, 나이를 들어도 하여간에 손끝으로 하는 세공 일이 재미있어서 틈만 있으면 대패나 끌 같은 것을 사 모아서 무엇인가 만들어보아야지 고쳐보아야지 하고 생각한 그 물건은 모두 속된 것뿐이고, 이른바 미술이라는 생각은 조금도 없었다. 평생 만사에 지극히 살풍경하고 의복 주거 등에도 일절 구애를 받지 않고, 어떤 집에 살거나 어떤 옷을 입거나 아무렇지도 않았다. 옷이 윗옷인지 아래옷인지 그것도 상관하지 않았다.

참으로 깔끔하게 구애받지 않는 말투로 특별히 '속'을 앞세워 반'풍류', 반'미술'을 자랑하고 있는 것은 아니다. 자신의 가장 몸에 밴 자연스러운 태도가 결국은 '속'이라는 말투이다.

이런 후쿠자와의 독특한 방식은 종교에 관해서 언급할 경우에도 조금도 변함이 없다. 열두세 살 무렵 영주의 이름이 적혀 있는 휴지를 밟아서 형이 심하게 꾸짖었을 때를 다음처럼 쓰고 있다.

대단히 불만이라서 그 뒤 어린 마음에 혼자서 생각하다가, 형이 말하는 것처럼 영주의 이름이 적힌 휴지를 밟아서 나쁘다면, 신의 이름이 적힌 부적을 밟는다면 어떻게 될까 하고 생각하다가, 남들이 보지 않는 곳에서 부적을 밟아본 적이 몇 번이나 있다. '음, 아무렇지도 않다, 이것은 재미있다, 이번에는 이것을 화장실에 가지고 가서 쓰자'고 한 걸음 더 나아가 화장실 휴지로 써보고, 그때는 어떻게 되는 것이 아닐까 하고 조금 두려웠지만 나중에 아무렇지도 않았다.

자주 인용되는 유명한 이야기이지만, 이 아무렇지도 않은 건조한 말투는 참으로 독특하다. 천성이 실천가이고 '속'에 철저한 산문가의 자연스러운 태도와 말투가 그대로 살아 있는 문체가 되었다는 분위기로, 아무런 과장도 없이 육체의 움직임이 곧 문체의 리듬이 되어 있다.

"그리고 나서 하나 둘 나이가 들면 배짱도 좋아진다고 보여서 노인들이 하는 천벌 따위는 거짓이라고 혼자서 스스로 정하고" 숙부 집과 이웃 저택의 이나리(稻荷, 곡식을 맡은 신) 신사 속을 열어서 신체(神體)를 조사해보았다. 그러자 아무것도 아닌 돌만 많고 나무 팻말만 많아서 "그 돌을 없애버리고 다른 돌을 주어서 넣어두고" 잠자코 상태를 보고 있었다. "얼마 뒤에 2월의 첫 말날이 되자 깃발을 세우고 북을 치고 술을 올리며 와자지껄해서 나는 우스웠다."

어릴 때부터 신이 무섭다거나 부처님이 고맙다는 생각은 조금도 없었다. 점을 치고 주술을 부리는 모든 신앙으로 귀신이 붙는다는 것과 같은 일은 처음부터 바보 같다고 조금도 믿지 않았다. 아이이지만 정신은 참으로 확 트였다.

보기에 따라서는 참으로 조숙한 빈정대는 장난임에 틀림없고, 화자 쪽에 변죽을 울려 보이려는 마음이 얽히면 딱 질색인 자랑거리로 떨어져 버릴 곳이 위태한 순간에 구제된다. 이런 소년 시절의 반종교적인 실험에 관한 추억을 되돌아보는 후쿠자와의 마음속에, 계몽적인 진보주의를 일찍이 무의식중에 실천했다는 자부심이 작용하지 않았다고는 할 수 없지만, 잘난 척하는 신성 모독 태도와 보라는 듯이 자랑하는 의미는 전혀 알아챌 수 없다. 후쿠자와 자신의 말처럼 '참으로 확 트인 정신'이고 건조한 '속'인 것이다.

그런데 이런 후쿠자와의 참으로 해방된 자아는 돌연변이 현상으로 보아야만 될 것인가? 1835년생인 후쿠자와는 우선 완전히 메이지 유신 이전 세대에 속한다. 유신이 일어난 해에는 그는 벌써 30대 중반이었고, 고이즈미 신조(小泉信三, 1888~1966)[3]가 지적한 바와 같이 유신으로 '2등분' 되는 것이 후쿠자와의 생애였다. 1861년생인 우치무라와는 거의 완전히 한 세대의 차이가 난다. 우치무라가 오카쿠라 덴신이나 니토베 이나조, 그리고 소세키(夏目漱石, 1867~1916)와 오가이와 마찬가지로 메이지 유신과 함께 태어나고 자란 신세대 인간이었음에 비해서, 후쿠자와는 그 생애의 절반을 완전히 봉건적인 것 속에 담근 구세대의 일원임에 틀림없었다. 그 유년시절의 추억 속에, 하급무사인 아버지는 다섯 번째 막내아들로 태어난 유키치를 승려로 만들 계획이었던 것 같다는 이야기가 나온다. "그때 아버지는 왜 승려로 삼겠다고 하셨는지 이해할 수 없지만, 지금도 살아 계신다면 너는 절의 스님이 되어 있을 거야"라고 어머니로부터 들었다고 한다. 이것은 스탕달(Stendhal, 1783~1842)[4]의 『적과 흑(Le Rouge et le Noir)』[5]의 설정을 연상하게 하는 이야기로, 하급무사의 막내아들에게 '흑(黑)'이야말로 유일하게 남겨진 탈출구라고 생각했음에 틀림없다. 뒤에 후쿠자와가 미루어 생각한 것처럼 "봉건제도로 분명히 물건을 상자 속에 채우듯이 질서가 만들어지고, 몇 백 년

---

3 다이쇼(大正, 1912~1926) 시대의 교육가.
4 프랑스의 소설가. 개인과 사회의 관계를 명석하게 그린 리얼리즘 소설의 고전적인 작품을 남겼다. 대표작으로 『적과 흑』이 있다.
5 스탕달이 1830년 발표한 소설. 입신의 야망을 붉은 군복에서 검은 승복으로 바꾸어 입은 주인공 줄리앙의 심리와 갈등을 그렸다.

을 지나도 조금도 변하지 않는 모습, …… 그래서 우리 아버지의 입장이 되어 생각해보면 도저히 무슨 일을 해도 이름을 날릴 수는 없다. 세상을 보니 여기에 스님이라는 것이 하나 있다. 아무것도 아닌 생선가게 아들이 큰스님이 되었다는 사람이 많이 있다는 이야기"를 후쿠자와의 아버지는 생각해내었음에 틀림없다. 이런 아버지를 유키치는 태어나서 1년 반 만에 잃게 되었는데, 그 자신의 비할 수 없이 세밀한 기억 속에도 남지 않았을 터인 아버지의 이미지는 뜻밖에도 선명한 그림자를 후쿠자와 속에 던지고 있다. 이 점에 관해서는 벌써 고이즈미 신조의 정확한 통찰과 가설이 있고, 그와 함께 나중에 다시 다루고 싶지만 여기서는 유신 전후의 '어수선한 형세' 속에서 후쿠자와 자신이 자신의 아들을 '예수교의 아들'로 만들까 하고 고민했다는 고백담을 들려주고 싶다. 돌아가신 아버지가 유키치를 위해서 고민했던 궁리에 대한 추억이 그대로 이어져서, 이번에는 '아버지'인 유키치 속에 되살아났다는 식이다. 유신 전후에 양이설(攘夷說)[6]이 활개를 치고, 이른바 '새로운 정부'라는 것도 후쿠자와의 눈에는 '낡은 양이 정부'와 다름이 없다고 생각했을 때 다음처럼 쓰고 있다.

도저히 이런 식으로는 나라의 독립도 어렵다. …… 드디어 외국인이 손을 뻗쳐서 난폭한 짓을 할 때는 …… 갈 길이 먼 아이들은 불쌍하다. 목숨을 바쳐서라도 외국인의 노예로 삼고 싶지 않다. 혹은 예수교의 아들로 삼아 사회사나 인간사 밖에 독립시키는 것이 어떨까? 스스로의 힘으로 먹고살며 타

---

6 막부 말기의 봉건적 배외사상(排外思想).

인의 짐이 되지 않고 그 자신은 종교의 아들이라고 하지만, 스스로 굴욕을 면할 수 있는 것이 아닐까 하고 스스로 종교에 대한 믿음은 없지만, 아들을 생각하는 마음에서 종교의 아들로 삼으려는 등 여러 가지로 생각했다.

이럴 때에도 "자신은 종교적 믿음이 없다"고 분명하게 덧붙이지 않을 수 없는 면이 참으로 후쿠자와다운데, 봉건제도에서 탈출하는 혈로(血路)라는 점에서 외국인의 압박에서 '독립'을 확보하고 유지한다는 점으로 역점은 옮겨 가면서 '흑'에 대한 착목이라는 패턴은 아버지로부터 아들로 그대로 계승되고 있다.

후쿠자와는 언뜻 보기에 완전히 고립된 돌연변이 현상처럼 비치면서, 실은 그 뿌리는 보이지 않는 '아버지' 속에 깊이 박혀 혈맥이 이어지고 있는 것 같다. 모든 낡은 굴레에서 자유와 해방 등을 쉽사리 믿는 것은 위험하다. 게다가 우치무라와의 너무나 선명하고 두드러지게 보이는 대조에 관해서도 ─ 이를테면 이런 후쿠자와의 솔직한 고백을, 가령 우치무라가 읽었다면 어떤 반응을 보였을까? '배교자 문학자'를 가차 없이 차단했을 때와 마찬가지로 후쿠자와가 아들의 '독립'을 위해 기독교를 이용한 점을 엄하게 적발했을 것이라고는 생각되지 않는다. 그 대단한 우치무라도 후쿠자와의 너무나도 겁 없고 천진함에 뜻밖에 파안대소하지 않았을까? 이는 다만 무법자 이상으로 후쿠자와에게는 절실한 실천가적인 대응책으로, 그 가상의 적은 외국인으로부터의 '모욕', 압박이라는 곳에 고정되어 있었기 때문이다. 후쿠자와는 아마도 동시대인 누구보다도 철저하고 일관되게 양이를 싫어하고 있었지만, 동시에 그가 일관되게 애용한 말은 '독립'이었다. 양이를 싫어하는 것은 결국은 나라의 '독립'을 위협하는 어리석은 방책에 대한 반발일 뿐이었다. 그리고 '독립'이 우치무라의 종교적 활동을 관통하는 중핵적 동력이었다는 점은 새삼스럽게 되풀이할 필요도 없을 것이다.

무엇보다도 우치무라와 후쿠자와, 이 강렬한 두 개성을 너무 함부로 접근시켜서는 안 된다. 여기에 뱀의 눈을 가진 사람인 하쿠초가 말한 두 가지 증언이 있다. 그 하나는 우치무라가 후쿠자와를 "배금주의의 본존으로 자주 경멸하고 있었다"는 점과 관련된다. 우치무라가 강연을 부탁받았을 경우 자기 쪽에서 강연료를 요구했다는 이야기가 세상에 퍼져서 악평을 받았을 때 "나는 내 노동의 정당한 보수를 요구하고 있는 것이다"라고 과감하게 주장한 반면, "금전을 멸시하는 말을 자주 흘리고 있었다"고 하는 한 구절에 후쿠자와의 이름이 등장하고 있다. 하쿠초의 역점은 우치무라의 내면에 뿌리 깊게 박혀 있는 무사도 기질을 끌어내는 점에 있었다.

그곳에서 하쿠초의 제2의 증언이 등장한다. 이것은 그의 우치무라론의 제7장, 결론에 해당하는 부분에서 언급하고 있는데, 다시 후쿠자와가 예로 등장하고 양자의 비교가 시도된다. 우치무라와 후쿠자와 어느 쪽이 "진실로 머리가 새로운" 인간이었는지 하쿠초는 물으면서, 주저 없이 후쿠자와 쪽 손을 들고 있다. 우치무라는 "천성이 타인과 조화하기 힘든 소질"을 갖춘 '반항아'이면서 '기독교 그 자체, 성서 그 자체에는 절대적으로 복종하고' 있었고, 또한 '전쟁에 반대'하고 '교육 칙어에 형식적으로 예배하지 않았다'고 하더라도 "교육칙어가 주장하는 바인 도덕적 교훈에 관해서는 아무런 회의적 생각을 가지고 있지 않았던 것 같다". 따라서 "그는 후쿠자와만큼 시대에 대한 정신적 반역자는 아니었다. 속인(俗人) 후쿠자와만큼 사상의 새로움이 없었다". 그리고 하쿠초는 다시 한 걸음 더 나아가서 "우치무라뿐 아니라 그 무렵의 일본의 수재들은 그 두뇌의 한쪽에 대단히 낡은 것이 담겨 있었다. 오가이가 그렇고 소세키도 그렇다. 진짜로 머리가 새로웠던 사람은 그보다 한 시대 전의 후쿠자와 유키치 단 한 사람 있었던 것 같다"고까지 말했다.

물론 하쿠초는 단순한 '반역' 찬미론자도 아니고 '새로움'을 절대적 기준으로 삼아 모든 것을 판단하려는 것도 아니다. 도대체, 하쿠초의 집요할 정도인 우치무라에 대한 관심에는 보통 방법으로는 알 수 없는 것이 담겨 있다. 단순하게 청춘의 한때의 정신적 우상에 대한 향수 같은 회고는 아니었다. 천성적으로 회의파이며 철저한 '믿음의 사람'에 대한 놀라움과 호기심이 얽힌 견인(牽引)이 있고, 동시에 누르기 힘든 반발과 의혹이다. 그처럼 일관되게 살아가기를 원하는 선망과 함께, 과연 어디까지가 진실인가 하는 상대의 내면에 대한 뿌리 깊은 시기심이 숨 쉬고 있다. 상대의 내정을 살펴서 그곳에서 회의의 흔적을 발견할 수 없으면 수상하고 또 불만을 느낌과 동시에, 가령 회의의 씨앗을 찾아내면 이 또한 실망과 환멸을 불러일으킴에 틀림없다. 천성적인 회의파가 이쪽저쪽을 계속 쿡쿡 찌르고 다니며 달라붙으면서 여전히 떼어놓기 힘든 무한한 먹이라고 하는 취향조차 인정된다. 회의가(懷疑家)라는 것은 끝없이 사치스러우면서 멋대로의 존재로, 상대에 대해서 이것도 아니고 저것도 아니라고 여러 주문을 하며 만지작거리면서 쉽사리 손을 떼지 않을 뿐 아니라 그렇다고 스스로 자진해서 바람직한 이상의 척도와 계획을 제시하는 일조차 하지 않는다. 하쿠초는 과연 여기에서 우치무라의 뜻밖의 예스러움, '참된 새로움'이 결여된 것을 따지고 있지만, 가령 우치무라가 산뜻하게 '새로움'만의 인간이었다면 하쿠초는 반드시 그 경박함과 비천함을 지적했을 것이 틀림없다.

그래서 여기서 하쿠초의 후쿠자와 평가에 대해서도 주의하면서 받아들여야만 될 것이다. 여기서의 후쿠자와는 일종의 대리자이고, 우치무라에게 언쟁을 하기 위한 편리한 계기로 삼고 있을 뿐이다. 하쿠초가 어디까지 진실로 후쿠자와의 '새로움'을 인정하고 있었는지는 대단히 의심스럽다. 이 점에 관해서는 언젠가 하쿠초 전집을 참고로 그의 후쿠자와관 전체를 다시 조사해보고 싶지만, "후쿠자와만큼", "속인 후쿠자와만큼"이라고 되풀이하는 하쿠초의 말투에는 일종의 자포자기한 경박함이 감돌고 진짜 목적은 숨기고 있다는 기색이 짙다고 해야만 할 것이다. 결국 우치무라의 '대단히 에스러움'을 한 방 때리기 위해 편의상 비교가 된 냄새가 강하다.

하쿠초가 우치무라에 대해서 바로 그 관심의 절실함과 근접함 때문에 대단히 비판적이고, 후쿠자와에 대한 그 후함은 본질적으로 무관심의 탓이라고 단정해도 좋을 것이다. 하쿠초에게는 후쿠자와는 '사상의 새로움'에도 불구하고 본래 인연이 없는 사람이었고, 기껏해야 대리자로 이용할 정도로 먼 존재에 지나지 않았다. 그래서 그렇게 가볍게 '머리가 참으로 새로운 사람'이라며 후쿠자와를 치켜올릴 수도 있었던 것이다. 하쿠초가 진심으로 후쿠자와의 '새로움'과 사귀고 그 내실로 들어가서 파헤치면 그 천성의 회의가 곧 견딜 수 없어서 도망쳤음에 틀림없다. 쓴 독이 있는 대사를 토하면서. 후쿠자와는 그에게는 너무나도 건전한 '속인', 멍청한 회의 따위에 눈도 주지 않는 너무나 긍정적이고 낙천적인 실천가로 비쳤음에 틀림없다.

그러나 실은 문제는 하쿠초 한 사람의 개인적인 취향에만 국한되지 않는다. 간조에게 마음이 끌리고 유키치는 딱 질색이라는 것은 오히려 문학애호가에게 공통된 반응과 태도이고, 더 넓게는 근대 일본 문학의 기본적인 대전제 위에 펼쳐진 평균적인 판단이라고도 할 수 있을 것이다. 우치무라는 반문학적인 말에도 불구하고 일관해서 자기표현에 집중하고 그곳에 존재의 뿌리를 내리려고 한 본질적으로 문학적인 종교가였다. 그의 『나는 어떻게 기독교인이 되었는가』도 『구안록』도 여분의 소일거리로 볼 성질의 책은 아니다. 스스로의 내적인 불안과 동요와 관련해서 이에 표현을 부여하는 것은 우치무라에게 무엇보다도 절실한 요구였고, 그의 존재의 필요불가결(sine qua non)이었다. 내적 표백, 자서전과 일기, 적어도 감상록을 제외하고는 우치무라의 종교라고 생각할 수 없다. 『고백』을 뺀 루소를 생각할 수 없는 것과 마찬가지로, 자아표현을 별도로 한 우치무라라는 인간도 있을 수 없었다고도 할 수 있을지 모른다. 하쿠초가 날카롭게 파헤친 것처럼 우치무라는 완전한 에고이스트로 아집이 강한 사람이었고, 우치무라의 신앙도 에고이즘과는 표리일체의 것이었다. 거기에 하쿠초가 우치무라에게 참지 못하고 뿌리 깊게 집념을 보이는 이유가 있고, 이렇게까지 존재의 핵심까지 파고드는데 그 정도로 고집스럽게 일관한 신앙과 도대체 어떻게 양립할 수 있었는가 하는 곳에 하쿠초의 시선이, 그리고 시기심이 계속 빨려 들어 갔던 것이다.

후쿠자와의 자질도 충동도 이와는 대조적으로 다르다. 후쿠자와는 참으로 발랄하면서 부드러운 필자로, 거의 즐기면서 계속 대량의 저작을 내었다. 아마 천성의 작가라고 할 수 있지만, 자아표현이라는 문제

에 한 번도 괴로워한 적이 있었다고 생각되지 않는다. 분출 혹은 정착의 기회를 기다리며 심하게 계속 떨고 있는 내적 자아라는 것과는 전혀 인연이 없었다. 앞서 보기를 든 에도에서의 톱에 관한 일화에서 볼 수 있듯이 작게는 세공물로 시작해서 학교, 신문에 이르기까지 무엇인가를 구체적으로 만들어내는 것에 오직 마음을 빼앗긴 타입의 인물이었고, 우선 만드는 것, 행하는 것이 앞서고, 저작은 그 뒤를 따르는 기록이 아니면 남을 위한 안내서였다. 그렇게 단정하기에 너무 좁다면, 후쿠자와의 저작은 반드시 어떤 실제적인 방책과 관련되고 또 그것을 가능하게 해주는 여론의 환기와 양성을 목표로 한 것이었다. 표현을 위한 표현, 형태와 행위도 가져오지 않는 자아의 정동(情動)과 모색 등은 전혀 후쿠자와의 관심 밖에 있었다. 후쿠자와에게「불구 소녀(かたわ娘)」라는 한 편의 소설이 있었다는 것은 다 아는 바이지만, 그는 언제나 비문학적 인물이었다고 단정해도 좋다.

그럼에도『후쿠옹 자서전』은 분명히 우수한 문학이고, 자화상(自畵像)과 자기표현의 시도로 일등품의 솜씨였다. 앞서 언급한 바와 같이 우치무라의 자서전을 능가하는 것으로 인정하지 않을 수 없다. 그렇다고는 하지만 이런 직접적인 비유는 약간 공정성이 결여된 것이라고 말할지도 모른다. 우치무라의 자서전은 30대 초반의 저작으로 내적·외적 동요가 한창일 때 쓴 이른바 앞으로 기우뚱거리는 모색의 산물로, 당연히 성급한 자기규정과 몸놀림이 큰 자기극화를 포함하고 있었다. 이에 비해서『후쿠옹 자서전』은 60대 중반에 이르러 이른바 성공해서 이름을 날린 인물의 여유로운 회상임에 틀림없다. 확실하게 몇 가지의 두드러진 사업을 이룬 사내로, 그는 어떤 각도로 보아도 확실하게 남겨둘 만한 체험과 사실이 있었다. 실은 죽음의 그림자가 그의 가까이에 다가와 있었지만, 다음과 같이 태평하게 계속할 수 있었다.

지금도 초저녁에는 일찍 자고 아침 일찍 일어나 아침 식사 전에 6킬로 정도, 시바(芝)의 산코(三光)에서 아자부 후루카와(麻布古川: 도쿄의 미나토구 서쪽의 지명) 부근의 야외를 소년 학생들과 함께 산책하고, 오후가 되면 검술을 하거나 쌀을 찧거나 하며 한 시간을 보내고, 저녁 식사도 분명히 규칙처럼 하고, 비가 오나 눈이 오나 일 년 내내 거른 적은 없다. …… 이 운동 섭생이 언제까지 이어질지 스스로 자신의 체질의 강약, 끈기 여부를 보고 있다. 회고하건대 60여 년, 인생 지난 일을 생각하면 섬광처럼 꿈과 같은 것은 매번 듣는 말인데 내 꿈은 지극히 변화가 많은 화려한 꿈이었다.

자신의 생애의 둥근 고리가 닫히려는 순간이 다가오는 것을 느끼면서 태연하게 이를 받아들이고 전혀 저항하려고도 하지 않는다. 그는 자신의 생애 중에, 또 그가 살아온 시대 속에 두 가지 중요한 '큰 소원 성취'를 인정하고 있다.

나는 서양학문을 배우고 그 뒤 어떻게 해서든지 남에게 의리 없는 일을 하지 않고 머리를 굽히지 않도록 하고, 의식(衣食)만 가능하면 큰 소원이 성취되었다고 생각하고 있던 차에, 다시 뜻밖에도 왕정유신(王政維新), 드디어 일본을 개국하여 참된 개국이 된 것은 고마운 일이다.

이것이 두가지 꿈 중 한 가지이고, 그 위에 메이지의 유신 정부가 그의 예상을 벗어나서 다시 상회하는 대단한 근대화 실행에 착수했다는 즐거운 불의의 습격을 맞닥뜨려 "이 세력을 타고 다시 크게 서양문명의 공기를 흡수하고 전국의 국민들 마음을 근본부터 바꾸어, 먼 동양에 하나의 새로운 문명국을 열고" 싶다는 '두 번째의 서원(誓願)을 만들고' 교육 또는 저작에 열중하던 차에 "온 나라 전체의 대세는 다시 한 걸음 한 걸음 앞으로 나아가는 한편, 몇 년 뒤 그 형태로 나타난 것은 청일전쟁(淸日戰爭) 등에서 관민 일치의 승리, 유쾌하고도 고마워서 할 말이 없다"라고 후쿠자와는 거의 드러내놓고 기뻐하며 쓰고 있다.

청일전쟁에 대한 사적인 판단을 잠시 그대로 두고, 『후쿠옹 자서전』은 분명히 자신의 생애를 성공으로 인정하고 시대와 자신과의 사이에 거의 더할 나위가 없는 조화가 성립된 것을 믿어 의심치 않았던 인물이 쓴 자서전이다. 어떤 독자는 '근대 일본의 성공담(success story)'이라고 요약하고 싶다고 느낄지도 모르고, '대단한 낙천가의 생애'라는 부제를 덧붙이고 싶은 유혹을 느끼는 사람이 있을지도 모른다. 그러나 하여간에 여기에는 그런 자아의 참으로 과부족 없는 자아표현이 이루어져 있다. 자화자찬도 아니고 우물쭈물하는 비굴한 겸손을 가장한 공적담도 아니다. 기록으로서의 객관성과 총체적인 예상을 갖추고 있으면서, 게다가 참으로 발랄하고 묘사적인 세부가 풍부하고, 무엇보다도 개성적인 목소리의 정착에 성공하고 있다. 이를테면 20대 초에 후쿠자와가 나가사키(長崎)에 유학 중에 윗사람의 질투로 귀향을 하지 않을 수 없었는데, 갑자기 무단 탈출의 결의를 굳히는 부분부터 뱃삯이 없어서 가짜 편지를 만든 경위와, 고쿠라(小倉)[7]에서는 차림새가 너무 남루해서 계속 여관에서 거절당하고 겨우 재워준 여관방은 한밤중에 베갯머리에 이상한 소리가 들려서 눈을 떠보니 "중풍에 걸린 할아버지"가 요강을 사용하고 있었다는 자세한 이야기, 또 뒤에 유럽 여행 도중에 파리 호텔에서 사절단장이 화장실에 가자 "하인이 등불을 들고 함께 가고 화장실 2중 문을 열어놓고 단장이 안에서 일본식으로 볼일을 마치는 사이, 하인은 바지를 입고 단장의 허리에 찬 검을 가지고 화장실 밖 복도에서 태평하게 분명히 보초를 서고" 있는 것에 관해서 후쿠자와가 놀라서 "우선 밖을 막아서고 말도 하지 않고 문을 닫아걸고 그리고 천천히 하인에게 말했다"는 이야기를 보면, 그 이야기꾼의 묘사력이 천재적이라는 것에 감탄하지 않을 수 없다. 너무 칙칙하지도 않고 너무 간략하지도 않고, 실로 필요한 것을 충분히 묘사한 것으로 갑자기 정경이 손에 잡힐 듯이 떠오른다. 예전에 H. G. 웰스(Herbert George Wells, 1866~1946)[8]를 논한 C. P. 스노(Charles Percy Snow, 1905~1980)[9]가 그의 문체와 사상의 결점은 그만두고라도 '장면을 생동시키는 본능적인 비결'에 관해서는 디킨스(Charles Dickens, 1812~1870)[10]에 가깝다고 했다. 이야말로 소설가다운 자격의 불가결의 요건이라고 말하고 있는데, 약간 지나치게 고풍스러운 소설관이라고 하더라도 일본의 후쿠자와도 이 '불가결의 요건'을 확실히 갖추고 있었다. 정서적이고 개념적이라고 하기보다 객관적으로 건

---

7 후쿠오카(福岡) 현 기타큐슈(北九州) 시 중부의 지명.
8 영국의 소설가, 문명비평가. 과학지식과 함께 상상력을 자극하는 과학소설로 알려져 있다. 대표작으로 『타임머신(The Time Machine)』이 있다.
9 영국의 소설가. 연작소설 『타인과 형제(Strangers and Brothers)』가 대표작이다.
10 영국의 소설가. 시대와 사회 풍속을 잘 그리고 개성이 풍부한 활력 넘치는 인물을 그려서 국민 작가가 되었다. 대표작으로 『올리버 트위스트(Oliver Twist)』가 있다.

조한, 이른바 희극적인 눈이자 묘사력임에 틀림없다. 만일 후쿠자와의 눈과 문체로『당세서생기질(當世書生氣質)』[11]을 썼다면, 일본 근대소설사는 현저하게 취향을 달리했음에 틀림없다는 상상을 세울 듯한 발군의 묘사력이다.

후쿠자와의 『자서전』이 노골적인 자기긍정과 공공연한 현실 용인, 이른바 '성공자'의 눈과 입장을 거리낌 없이 내밀면서, 그런데도 전체적으로 전혀 억지를 부린 느낌을 주지 않고 천박한 낙천적 평이함에 빠지지 않았다는 것도 실은 건조한 눈과 파악력 때문은 아닐까? 이 눈은 언제나 크게 열려 있어서 상황과 인물의 희비적인 세부 사항을 비추고 있었다. 게다가 주목할 점은 이 건조한 객관적인 눈이 보고 있는 것은 단순히 외부나 타인으로 한정되지 않았다는 점이다. 물론 후쿠자와는 전형적인 '외향형'의 인간으로 마치 피카레스크 소설의 주인공처럼 호기심이 왕성하고 부지런히 걸어 다니고, 바라보며, 진지한 저널리스트처럼 끝없이 노트에 적고, 예민한 카메라와 비슷한 자신의 눈으로 여러 사상(事象)과 인물을 비추지 않을 수 없었다. 이를테면 그 눈은 은사인 오가타 고안(緒方洪庵, 1810~1863)[12]의 갑작스러운 죽음과 밤샘을 하는 비상시에도 무라타 조로쿠(村田藏六=大村益次郎)의 양이파에 대한 급선회 태도, 그 여우에 홀린 듯한 눈초리, 격앙된 노기등등한 모습까지 선명하게 파악해서 보이고 있다. 서른 명이나 쉰 명 정도 되는 제자들이 달려

---

11 쓰보우치 쇼요(坪內逍遙)가 1885년에 발표한 소설. 당대 서생을 통해서 메이지 개화기의 풍속을 그렸다.
12 에도 말기의 난의(蘭醫). 오사카에서 숙(塾: 학교)을 열어서 후쿠자와 유키치 등을 교육시켰다.

가서 "좁은 집이라서 많은 사람들이 앉을 수도 없는 형편이었고, 그때는 대단히 더울 때라서, 안방에서 현관까지 사람이 가득 찬" 중에, "한밤중에 현관 낮은 마루에 앉아 있던" 후쿠자와 옆에 무라타가 와서 앉은 상태로 묘사는 전개되는데, 무라타는 이때 양이(攘夷) 기분이 왕성한 조슈(長州)에서 막 귀국한 참이라서, 그의 위세는 보라는 듯한 양이파 태도도 과연 본심에서 나온 전향인지 그렇지 않으면 '자신을 방어하기 위한 가면'이었는지라는 의문까지 덧붙이고 있다. 참으로 예리한 시각이고 묘사력이라고 감탄하지 않을 수 없는데, 실은 이 눈은 다름이 아닌 후쿠자와 자신도 용서하지 않았다. 비정한 카메라의 눈처럼 그 자신의 득의 양양함과 겁쟁이, 청년기의 추할 정도로 술을 좋아하는 면과 장난을 빠짐없이 그려낸다. 자기폭로라는 극적인 오기는 없는 대신에 건조한 희극적인 눈은 자신의 행동도 공평하게 객관화, 골계화(滑稽化)해서 보여주는 것이다.

후쿠자와의 이런 공평함(detachment)을 나는 특별히 좋아한다. 스스로 비하하고 스스로 자학하는 것도 아니고, 물론 새삼스러운 호걸 웃음도 아니다. 평상심 그대로 솔직하고 상쾌한 웃음이 이 자서전 밑에 깔려 있는 것이다. 이를테면 처음으로 나가사키에서 네덜란드어 기초를 배운 사람과 몇 년 후 오사카에서 만나자, 이번에는 '사제 간이 거꾸로' 되었다. "그때의 유쾌함은 견딜 수 없었다. 혼자서 술을 마시며 잘난 척하며 있었다"라고 후쿠자와는 솔직하게 털어놓고, 다음과 같이 덧붙이고 있다.

가능하다면 군인의 공을 세운 흔적, 정치가의 입신출세, 부자의 재산축적

제5장 '속'된 자아의 매력 115

따위 무엇이나 열심히 하고, 얼핏 보면 속된 것 같고, 깊이 생각하면 바보스럽게 보이지만, 결코 웃을 일이 아니다. 그런 일을 논의하거나 이유를 따지는 학자도 역시 마찬가지로 보통의 속된 바보스러운 야심이 있으니까 우습다.

이런 후쿠자와다운 '속'된 자아를 버리고, 혹은 묵살·모욕하는 것이야말로 일본의 근대소설로써는 중대한 손실이 아닐까 하고 감개를 금치 못한다. 일본적인 '비뚤어짐'과 결함을 논하려면, 프랑스 자연주의 소설의 오독이나 근대적 자아의 '유산(流産)'을 주장하기 전에 우선 『후쿠옹 자서전』의 문학적인 평가와 자리매김에 관해서 생각해보아야만 되지 않을까? 그러나 실은 『후쿠옹 자서전』의 문학적 복권은 또 귀찮은 문제를 품고 있다. 과연 스스로의 삶에 대한 변함없는 자신과 건조한 희극적인 시각과의 아름다운 공존이라는 점에서, 이 자서전의 달성은 참으로 유니크한 것이라고 인정해도 좋다. 그러나 후쿠자와다운 '속'된 자아를 과연 그대로 대범하게 받아들여도 좋을지 어떨지? 이를테면 여러 면에서 일본의 후쿠자와와 너무나 비슷한 미국의 프랭클린에 대한 D. H. 로런스(David Herbert Lawrence, 1885~1930)[13]의 가차 없는 지탄과 적발(摘發)을 생각하지 않을 수 없다.

13 영국의 소설가, 시인, 비평가. 자전적 장편소설 『아들과 연인(Sons and Lovers)』이 있다.

제6장 속된 자아를 지탱하는 것

　D. H. 로런스의 프랭클린 비판은 참으로 준열하고 철저한 것으로, 시종일관 상대를 잡아 흔들고 계속 욕설을 퍼붓고 있다. 참으로 불쾌한 녀석, 실로 어쩔 수 없는 녀석이라고 발을 동동 구르면서 계속 욕을 퍼붓는다. 아니 손에 든 곤봉을 계속 상대의 머리를 향해서 내려치지 않고는 견딜 수 없다는 식이다.

　그러나 이와 같은 로런스의 독설과 곤봉은 과연 프랭클린에게 정말로 반응이 있었을까? 상대의 급소를 콕 찌를 수 있었을까?

　로런스의 프랭클린론(論)을 처음으로 읽은 것은 벌써 30년 전의 이야기가 되는데, 이런 비평의 방식도 있을까 하고 의심하며 놀란 충격은 지금도 생생하게 기억할 수가 있다. 당시 20세의 영문과 학생은 오직 멜빌(Herman Melville 1819~1891)[1]에게 열을 올리고 있었다. 로런스의 『고전 미국 문학론(Studies in Classic American Literature)』을 연구실에서 빌

---

[1] 미국 소설가. 인간정신을 탐구하는 철학적인 소설을 남겼다. 대표작으로 『백경』이 있다.

린 것도 우선 『백경(Moby Dick)』의 참고서로 쓰기 위해서였는데, 로런스의 그 책의 괴상한 레토릭이 풍기는 열기와 가차 없이 꾸짖는 듯한 재단조(裁斷調)에 빨려 들어 한숨에 읽어버렸다. 첫째로 내가 태어나거나 태어나기 전 무렵에 나온 오래된 책인데, 대단히 생생하고 위세가 좋았다. 무엇보다도 『백경』의 에이허브 선장을 육체를 잃은 백인의 영성(靈性)을 대표하는 것으로 느닷없이 단정하고, 그가 집요하게 계속 추적하지 않고는 견디지 못하는 거대한 백경이야말로 백인이 잃어버린 육체와 다름이 없다고 가차 없이 단정하는 로런스 나름의 재단에는, 과연 소박한 영문과 신입생이라고는 하지만 약간 고개를 갸우뚱하지 않을 수 없었다. 로런스는 하여간에 처음부터 자신의 카드는 전부 남김없이 독자 앞에 내던져서 보인다. 기교(奇矯)하지만 더할 나위 없이 솔직하고, 은밀한 술책 따위는 부리지 않는다. 곁눈도 팔지 않고 똑바로 나아가는 그런 활달함과 상쾌함이 이쪽에 저절로 전해져서 어느 사이엔가 상대의 주장에 빠져들게 된다. 자신의 할 말, 자신의 주장과 논리에 조금도 의심을 품지 않는 신들린 사람의 설득력이라고 할 만한데, 그와 동시에 이른바 떼쓰는 아이의 솔직하고 대담한 분위기가 전체에 감돌고 있는 점이 우선 이쪽의 경계심을 풀어버리게 한다. 그 주장과 논법은 참으로 솔직하고 강인해서 제멋대로임에도 불구하고 우선 반하고 빠지는 기분이 앞서고, 이것에 항거하고 반박해보겠다는 의욕 따위는 솟아오르지 않는다.

그런데 『고전 미국 문학론』 중에도 프랭클린론만은 약간 경향이 다르다. 아무래도 세련되지 못하고 로런스의 독설과 독단이 언제나처럼 맑음과 날카로움을 보이지 않는다. 과연 언제나 곤봉을 휘두르고 상대의 정수리를 목표로 되풀이해서 내려치고 있는 것 같지만, 몸동작에 비해 전혀 효과가 없다. 단조롭게 스트레이트만 내치는데 상대가 가볍게 피해버리는 복싱선수처럼 모처럼 몸놀림이 큰 공격도 웬일인지 허공을 가르는 듯하다. 당사자도 이것을 알아차리고 있는 듯해서 점점 초조와 반감이 쌓여서 몸놀림만 커져가는 경향을 보이게 된다. 아니, 처음부터 로런스가 공격을 시작한 상대는 프랭클린의 허수아비이자 보기 좋게 만들어진 허상은 아니었을까 하는 의문을 누를 수 없게 된다.

도대체 로런스는 프랭클린의 『자서전』을 정말로 읽은 것일까? 공들여 정성껏 읽은 적이 있을까? 과연 이 프랭클린론에는 여기저기 『자서전』에서의 인용이 있다. 그러나 모두 너무나 유명한 곳뿐으로 이른바 너무 지나치게 맞춘 것 같은 부분뿐이다. 이런 곳을 보기로 드는 것은 아무것도 로런스답지 않다고 하지 않을 수 없다.

    인간의 완성 가능성('The Perfectibility of Man!')이라고? 맙소사, 얼마나 음침한 테마인가. 포드 자동차의 완성 가능성! 도대체 어느 쪽 인간의 완성 가능성을 말하는가? 내 안에 많은 인간이 있다. 그 어떤 것을 완성해달라는 것일까? 이쪽은 기계 장치가 아니다.

이것이 프랭클린론의 서두인데 도대체 '인간의 완성 가능성'이라는 추상적인 이념이 프랭클린 생애의 근본 테마라고 할 수 있을까? 그는 그런 철학적인 인간성 개발론자 따위와는 아마도 거리가 멀었고 유유한 교양파도 아니었다. 인쇄공으로 시작해서 자신이 할 수 있는 일, 자신의 몸에 밴 능력을 차차 실행으로 시험했고 또 발휘해간 것에 지나지 않는다. 과연 공(功)을 이루고 이름을 날린 뒤의 이른바 완성품으로서의 프랭클린에만 주목한다면 만능 인간적인 여러 가지 능력의 원만한 발달 모습에 이런 트집을 잡는 것도 실로 가능할 것이다. 그러나 도달점에만 구애되는 것은 인물론으로는 너무나 정적이고 상투적인 방식에 지나지 않는다. 기성품의 이미지에 의지한 재능이 부족한 정치 만화가의 필법이 아닌가? 적어도 인간을 그 내적 충동에 입각해서 파악하려는 로런스의 본심과는 인연이 먼 태도라고 할 수 있다. 상대의 내적인 생의 원천에까지 다가가고 상대의 행동과 성격이라는 이름의 명목상의 간판까지 끈적끈적한 용해상태로 환원해서 보여주려는 것이 로런스식의 각오이자 자주 선명한 성과를 내는 실천이었다. 『고전 미국 문학론』에서 발산되는 강열한 매력의 핵심에 깃든 것도 이런 로런스식의 무턱대고 덤벼드는 잠입법, 상대를 한숨에 안쪽부터 찔러서 무너트리고 용해해버리는 전법에 지나지 않는다. 때로는 멜빌론에서처럼 상대의 중핵(中核)으로 돌입을 감행해서 막상 안쪽부터 녹이기 시작해보니 계속 흘러나오는 것은 실은 멜빌이라기보다 로런스 자신의 원래의 성질과 다름이 없었다는 일이 가끔 일어단다고 해도, 로런스의 작가론과 작품론에서는 하여간에 반드시 무엇인가가 흘러나오고 넘쳐 나오고 있었다. 페니모어 쿠퍼(James Fenimore Cooper, 1789~1851)론, 나아가서 에드거 앨런 포론 등 한층 선명한 전과라고 할 만하고, 대상의 안쪽으로 파고들면서 언제나 상대를 자신의 상태, 로런스의 리듬에 끌어넣어 생동(生動)시키고 얼마 뒤에 넘쳐흐르는 원충동(原衝動), 원생명(原生命)의 흐름으로 바꾸어버린다. 그런데 프랭클린론만은 이러한 생동도 용해도 전혀 발생하지 않는다.

결국 마음이 맞지 않는 상대, 참으로 이질적인 대상이라는 셈이 되는 것인가? 그러나 로런스와 프랭클린을 비교해보면 그 정도의 일은 처음부터 짐작이 가는 이야기이고 당연한 과정이라고 할 수 있는 것으로, 여기에서 차이는 단순한 오산과 대상을 잘못 선택했다는 것만으로 정리할 수 없는 것이 담겨 있다.

사실 로런스도 완성된 프랭클린상(像) 주위를 맴돌며 일반론적인 문구를 달고 있을 뿐 아니라, 『자서전』을 발판으로 생성기의 프랭클린 속으로 들어간다. 청년기의 프랭클린의 삶의 방식을 계속 다룬다. 그런데 그 다루는 방식과 파고드는 방식이 참으로 수박 겉 핥기로 부족하다. 이를테면 젊은 날의 프랭클린이 일찍이 만들어낸 종교상의 기본 원칙을 들어서 일일이 코멘트를 붙인다. "모든 종교의 신봉자들을 만족시키고 어느 누구도 반발하지 않는" 것이 프랭클린의 종교의 대원칙이란 것은 참으로 온화하고 울림이 너무 좋은 것에는 틀림이 없다. ① "만물을 창조하신 유일신이 있다는 것", ② "이 신의 섭리에 따라 세계를 다스리시는 일", ③ "존경과 기도 감사로 이 신을 받들어야 한다" 등으로 로런스는 이들을 일일이 인용한 뒤에 그 한 항목마다 빈정대는 주석을 붙이고 있다. ①에는 "그렇지만 이 신을 만든 것은 벤저민", ②에는 "섭리에 관해서는 벤저민이 알고 있는 일"이라는 식으로 반농담의 가벼운 유머로서는 그럭저럭 괜찮지만, 이러한 주석 속에 프랭클린의 원질(原質)이, 그 숨겨진 약점이 발견되리라고는 도저히 생각되지 않는다.

그리고 그 뒤에 이어지는 것이 예의 프랭클린의 수신 13개조이다.

① 절제: 질릴 때까지 먹지 말 것, 흥분할 때까지 마시지 말 것. ② 침묵:

상대 또는 자신에게 이롭다고 생각하는 것 이외는 말하지 마라. 시시한 이야기를 피해라 ……. ⑫ 순결: 건강과 자손을 위한 때 이외는 가능한 한 성교를 하지 말 것, 권태, 몸의 쇠약을 가져오고, 나아가서 자신 또 상대의 평안, 명성을 해칠 때는 절대로 피할 것 …….

여기서도 로런스는 정중하게 이런 식으로 전 항목을 그대로 인용한 다음, 그 한 항목마다 '그 자신의 신조'를 열거해 보이는 것이다.

① 절제: 박카스와 함께 먹고 마시고 떠들거나, 그렇지 않으면 예수와 함께 마른 빵을 뜯어라. 단, 신들이 한 명도 없으면 음식자리에 앉지 마라. ② 침묵: 하고 싶은 말이 없을 때는 잠자코 있어라. 진실로 정열적인 그대를 움직일 때는 많이 그것도 정열적으로 이야기해라 ……. ⑫ 순결: 성교를 '이용하는' 것은 절대로 불가하다. 정열의 충동으로 상대도 응할 때는 이에 따라라. 다만 자손도 건강도, 아니 쾌락도 봉사조차도 염두에 두지 마라. '성교'는 위대하신 신의 것이라고 알아라. 참으로 위대하신 신들, 암흑의 신들에 대한 그대 자신의 공물밖에 안 된다 ……."

분명히 로런스의 목적은 프랭클린의 교훈 버릇, 교조주의에 홍소(哄笑)를 퍼붓는 일이자 상대에게 패러디를 붙이는 것이었다. 그러나 정직하게 말해서 이것은 패러디라고 해도 그다지 뛰어났다고는 생각하기 어렵다. 우스움, 경박함이라고 하기에는 로런스 자신의 주의주장이 노골적으로 그대로 너무 지나치게 표명되어 있어 프랭클린의 교훈적 버릇을 웃을 것이 아니다. 이것은 그대로 뒤집어 보인 교훈주의임에 틀림없다.

로런스가 이 정도로 집요하게 프랭클린의 교훈 항목에 구애되어 기를 쓰고 그 반박에 열중한다는 것은, 결국은 로런스 자신이 다른 종류의 교훈가이며 설교가라는 점을 증명하는 것은 아닐까 의심하게 된다. 여유를 가지고 유머를 담아 프랭클린을 야유하고 있는 것처럼 보이지만, 그 익살의 바로 뒤에 로런스의 참된 진면목 ― 익살로 보기에는 너무 진지한 맨얼굴이 비쳐서 보이는 것이다.

도대체 여기에서 로런스는 항목이라는 것에 이상하게 구애되고 있다. 프랭클린의 평생의 업적이라는 것을 보여줄 때도 다음과 같은 식이다.

① 그는 젊은 필라델피아 가로수를 청소하고 조명을 달았다. ② 전기기구를 발명했다. ③ 필라델피아의 도덕을 논하는 클럽의 중심이 되었고, 『프리 리처드』의 도덕적 익살 문구를 정리했다. ④ 필라델피아의 모든 중요한 의회에 참가하고, 미국 식민지의 그것에도 참가했다. ⑤ 프랑스 궁정에 미국 독립을 주장하기 위해 대대적으로 힘을 쏟았고, 미합중국의 경제의 아버지 역할을 수행했다.

물론 로런스의 의도는 분명히 프랭클린에 대한 빈정거림에 있다. 당신의 일견 대단히 다면적이고 변화무쌍한 실생활도 실은 이렇게 단순하게 기계적으로 분류해서 열거할 수 있을 정도의 것에 지나지 않는다. 그리고 또 어떤 일에도 항목을 붙이는 프랭클린식의 정리와 분류의 버릇을 그대로 본떠서 모방해 보이려고 한 것임에 틀림없다.

그러나 실제 이런 분류의 버릇으로 프랭클린이 자신도 모르게 폭로해버린 약점이라고 주장하는 것은 곤란할 것이다. 정리와 분류는 그에게 유용하고 편리한 방법에 지나지 않는다. 과연 분류를 좋아하는 인물임에는 틀림이 없지만, 분류를 위한 분류의 포로가 된 곳은 약으로 쓰려고 해도 찾아볼 수 없다. 그런 자로 잰 것처럼 소심한 겁쟁이와는 아마도 인연이 먼 인품이었다는 것은 선입관 없이 그의 『자서전』을 한번 읽어 보아도 명료하다. 분류 열거는 그에게 수단이었지 목적 그 자체는 아니었다. 프랭클린은 무엇보다도 자유스럽고 활달한 18세기 인물이었고, 청춘기의 성생활에 관해서도 꽤 솔직하게 고백하고 있다. 그는 18세 때 영국으로 가서 18개월 동안 런던에서 지냈는데, 출발 전에 약혼자가 있었다. 그러나 막상 런던에 정착해보니 18세의 젊은이에게 바다 건너에 있는 약혼자의 그림자가 어느 사이에 옅어져 가는 것은 어쩔 수 없었다. 그 무렵 그는 라프라는 친구와 행동을 함께하고 있었는데, 그때의 일을 프랭클린은 『자서전』에 쓰고 있다.

그는 웬일인지 아내와 자식 일도 완전히 잊어버린 듯이 보였고, 나도 점차적으로 리드 양과의 약혼을 잊어버리게 되었다. 그녀에게는 단 한 번 편지를 썼을 뿐으로 그것도 가까운 시일 안에 미국에 돌아갈 예정이 없다고 써 보냈을 뿐이었다.

그 바로 뒤에 "이것은 내 인생의 대단한 실수의 하나로 인생을 다시 한 번 산다면 꼭 고치고 싶다"라고 서둘러서 덧붙이고는 있지만, 그 솔직함에는 상쾌한 점이 있다. 오직 감추려고만 하는 것도 아니고 잘난 척하며 과장스러운 몸가짐을 보이려고 하는 것도 아니다. 일어난 일은 일어난 일로 담백하게 쓰고 있다.

아니 그뿐 아니라 고백하기 힘든 일까지 프랭클린은 감추지 않고 쓰고 있다. 그것은 친구인 라프의 애인과의 관계다. 두 사람이 살고 있던 하숙에서 알게 된 젊은 여성이자 "활발하고 대단히 즐거운 이야기 상대"인 미시즈 T와 라프는 곧장 친해져서 동거하기에 이르렀지만, 경제적으로 어려워서 라프는 혼자 낙향해서 생활을 재건하려고 했다. 혼자 남겨진 여성이 애인의 친구를 의지하며 조언과 원조를 구하기에 이르는 것은 정해진 줄거리이고, 프랭클린 청년도 친구와 동거하기 위해 직업까지 잃은 T를 자신의 처지로 생각해서 돌보아준 듯하다. 그런데 그때 특별히 우리를 주목하게 만드는 것은 그 뒤의 일, 아니 그것을 고백하는 프랭클린의 말투이다.

나는 그녀가 좋아져서, 그 당시는 종교적인 규제도 없었기에 그녀에게 내가 유용하다는 것을 노려서 그녀에게 다가가려고 했지만(내 실수의 하나), 단호하게 거절당했을 뿐 아니라 그녀는 내 행동을 라프에게 알려버렸던 것이다.

이런 부분은 참으로 프랭클린답게 솔직하고, 내가 아는 한 다른 어떤 자서전에서도 찾아볼 수 없다. 이것은 사건이 우정과 관련되고, 또 동시에 남성의 성적인 자존심과 관련된다. 이때 프랭클린은 이중 의미로 꼴불견이고 우스운 존재라고 할 수 있다. 생활이 곤란해서 별거하고 있는데 '(기회를) 노려서' 친구 애인에게 손을 뻗치려고 했다. 그런데 어이없게 멋지게 차였다. 우정이라는 점에서도, 성적인 생명체라는 점에서도 모두 완전히 마이너스로 구제할 방법이 없다. 물론 위악가적인 입장에서 이것은 얼마나 천하고 한심한 짓인가 하고 과장된 태도로 많은 생각을 한 자기폭로를 시도하는 것은 가능하고, 근대와 현대의 문학 작품 중에서 찾으면 그런 실례를 발견할 수 있을 것이다. 그러나 이때 프랭클린의 고백 투에는 그런 자기비하도 위악가적인 포즈도 전혀 없다. 상대의 약점을 '노리려고' 한 일도, 간단히 차이고 그것도 친구에게 고자질까지 당해서 체면을 잃은 일도 담담하게 계속 쓰고 있다. 루소의 『고백』에도 이것과 비교할 만한 일화는 나오지 않았고, 일본의 사소설의 경우를 생각해보아도, 이를테면 다야마 가타이의 『이불(蒲団)』2의 '자기폭로'를 몇 단이나 상회한다고 할 것이다. 함께 차인 이야기라는 점에서는 공통된다고 해도, 프랭클린의 경우는 상대의 남아 있는 향기를 찾아서 엎드려 우는 문학적 감상이라는 볼거리도 도망갈 곳도 남기지 않는다.

 물론 이 정도로 꼴불견인 자기폭로를 아무렇지도 않게 해낼 수가 있었다는 것은, 결국 프랭클린이 상당히 배짱 좋은 무신경한 사내였기 때문이라고 주장하는 비판자도 있음에 틀림없다. 애인에게 사정을 들은 그의 친구는 과연 곧장 런던으로 달려와서 프랭클린을 힐문한다. 자네에게 이제까지 여러모로 신세를 졌지만, 이것으로 "모든 것이 끝이야"라고 라프는 말했다고 한다. "그래서 그에게 빌려주었던 돈은 이후 모두 받을 것을 기대하지 않게 되었다"라고 프랭클린은 바로 덧붙이고 있다. 그가 라프에게 빌려준 돈은 전부 약 27파운드로 당시의 그에게는 적지 않은 큰돈이었다고 프랭클린은 나중에 설명하고 있으며, 이 빌려준 돈을 없던 일로 한 사실이 일종의 심리적인 면죄부 역할을 한 것은 의심할 수 없다. 프랭클린이 미시즈 T에게 노골적으로 다가갔다는 점

---

2 1907년 작품으로 중년 남성의 여제자와의 사랑과 비애를 적나라하게 그렸다.

에서도 그의 라프에 대한 경제적이고 그 밖의 여러 점에서 우위라는 의식이 작용하고 있지 않았다고는 할 수 없다. 분명히 잘난 척하는 뻔한 호기심은 아니었다. 로런스가 프랭클린을 규탄하고 단죄하려고 한다면 실로 이런 아킬레스건을 찔러야 되었을 것이다. 그러나 문제는 당사자인 프랭클린이 스스로 그 점을 확실히 의식하고 남김없이 가진 패를 독자에게 공개해서 보이고 있는 점에 있다. 그가 추한 모습을 정당화하거나 혹은 감추어 숨기고, 적어도 은폐할 방법은 얼마든지 있었겠지만, 프랭클린은 그런 일을 조금도 하지 않았다. 자신의 우쭐대는 기분을 지탱하고 있던 내막까지도 태평하게 남의 눈에 내보이며 아무렇지도 않은 것이다.

이런 인물을 상대하는 것은 참으로 어렵다. 로런스가 아니더라도 거의 모든 작가에게 정말이지 강한 대상이라고 할 수밖에 없다. 또 다른 약점도 남김없이 내보이고 그래도 아무렇지도 않다. 대개의 남성의 약점이라고 할 만한 성적 자존심에 대한 일격까지도 남의 눈에 내보이는 것을 꺼리지 않는다. 그것도 약간의 부끄러움이나 감상도 보이지 않고.

무엇보다도 이런 성적 실패를 공개하는 것은 프랭클린의 또 하나의 성적 비밀을 위한 방패막이였는지도 모른다. 영국 시대에 사생아를 낳게 된 경위는 『자서전』에는 언급하지 않았다. 당시의 미국 모럴에 대한 고려가 작용했음에 틀림없고, 아무래도 자세하게 언급하고 싶지 않은 오래된 상처였는지도 모른다. 그러나 이 점은 『고백』을 쓴 루소조차도, '있는 그대로의 자신'을 주장하며 알몸의 자기폭로를 앞에 내세운 자서전조차도 거의 같았던 점을 생각해볼 필요가 있을 것이다. 말하는 김에, 프랭클린이 『자서전』을 쓰기 시작한 것은 1770년으로 그는 이때 64세로 펜실베이니아 대표로 영국에 체류 중이었다. 그 당시 루소의 『고백』은 물론 아직 간행되지 않았고, 이들 두 개의 참으로 대조적인 자저전은 서로 완전히 독립되고, 게다가 넓은 의미로는 동시대의 작품이라고 할 수 있는 것이었다.

전반적으로 자신의 약점을 아무렇지도 않게 써나가는 점에서는, 프랭클린은 도처에서 루소 이상으로 결혼에 이르기까지의 경위도 참으로 후련하게 고백하고 있다. 지인의 소개로 사귀기 시작한 여성에게 구혼할 단계까지 갔는데, 프랭클린이 인쇄업을 시작했을 때의 부채가 많이 남아 있어서 백 파운드 남짓한 그 빚을 신부의 지참금으로 갚고 싶다고 생각해서 그 뜻을 상대에게 이야기했다가 그런 여유는 없다는 박절한 대답을 그녀의 부모로부터 받았다. 그때의 태도와 반응이 참으로 프랭클린답다는 것은, 상대편의 이런 대응에도 지지 않고 집을 저당해서 돈을 빌리면 어떨까 하고 다시 한 번 상대에게 신청했다. 그러자 이번에는 원래 두 사람의 결혼에 반대한다는 대답이 와서, 이것은 어쩌면 인쇄업이라는 자신의 직업이 장래에 가망이 없다고 상대가 생각했기 때문이라고 프랭클린은 쓰고 있다. 하여간에 그는 그 이후 출입을 금지당하고 '대단히 훌륭한' 상대 여성과도 연락이 딱 끊어져 버렸다. 또 완전히 차인 이야기인데 프랭클린은 특별히 강한 체하지도 않고 변명도 하지 않고 산뜻하게 말하고 있다.

그의 결혼 그 자체도 생기 있는 이야기는 아니다. 그의 과거의 약혼자는 그와 소식이 끊기자 아무런 특별한 미련도 보이지 않고 재빨리 다른 남자와 결혼해버렸다. 그런데 그 남자가 생활능력이 결여된 칠칠맞지 못한 상대로 빚을 계속 질 뿐 아니라, 결국은 그대로 종적을 감추어버렸다. 그래서 전남편의 빚을 짊어질 걱정도 있으면서 이 차인 사내와 남겨진 아내의 두 사람은 어떻게 결혼에 골인했다는 것인데, 그 바로 전 항목에서 프랭클린은 이 시기의 그의 방탕을 솔직하게 그리고 있는 것이다. "청춘의 제어하기 힘든 정열의 부추김을 받아서" 수상한 여자들과 자주 접촉하게 되는 경우가 있었고, "꽤 많은 비용과 큰 불편"을 가져올 뿐 아니라 "내가 무엇보다도 가장 두려워하고 있던 건강상의 이유"와 성병에 대한 걱정도 분명하게 언급하고 있다. 이런 묘사의 바로 뒤에 그와 리드 양과 일단 헤어졌던 관계가 다시 재결합이 시작되는 것을 보면, 성의 굶주림이 — 안심하고 성 교섭을 할 수 있는 여성에 대한 욕구가 당연이 그를 부추기고 있던 사실이 저절로 행간에 떠오른다. 여기서 로런스가 잡아야만 했던 프랭클린의 약점 중 하나를 찾을 수 있다는 기분도 들지만, 『자서전』의 말투로 보아서 프랭클린 자신이 알고 있으면서 몰래 그것을 암시하고 싶어 하는 것처럼도 보인다. 그렇다면 이 점에서도 프랭클린은 참으로 강하고 쉽게 틈이 발견되지 않는 상대라고 인정하지 않을 수 없다. 적어도 예의 교훈 제12조 '순결'을 둘러싸고 로런스가 내민 말 따위는 이 인물에게는 전혀 타격이 될 것 같지 않다. 실은 프랭클린은 성의 문제에 관해서는 오히려 전형적인 18세기 사람으로 보여서, '미혼 남성에 대한 충고'라는 형태로 노골적으로 여성의 성적 매력을 해명하려고 한 에로틱한 멋진 장난 글도 남긴 적이 있다. 이 또한 로런스의 기분에 맞는 문장만은 아니었다고 하더라도, 규칙에 얽매인 융통성 없는 위선적인 도학자(道學者)라는 정도, 프랭클린과 인연이 먼 것은 없었다.

　이상의 내 의견은 프랭클린의 이른바 질서정연한 면, 향락적인 18세기 사람, '세속적인 사람(man of the world)'으로서의 그에게 너무 치우쳤을지도 모른다. 로런스가 항목적인 고루함에 구애되어 현실적인 교훈 버릇만을 들고 있는 데 반발한 나머지 그가 놓친 반대 측면에 너무 중점을 두었는지도 모른다. 구애되지 않는 대범함, 도회적인 쾌락주의자다운 측면을 많이 갖추고 있으면서도 프랭클린의 업적이, 그리고 그의 『자서전』이 전하려는 자신의 이미지의 중심이 부지런히 한결같은 자기훈련이나 자기형성의 되풀이에 있고, 그것을 통해서 이룩된 실제적인 인간으로서의 달성에 존재하고 있는 점은 부정할 수가 없다. 그리고 60대 중반인 그는 참으로 그늘 없이 자신에 넘쳐서 계속 이야기한다. 내가 되풀이해서 지적한 숨김없이 자신의 약점을 용인하는 것, 솔직하고 구애받지 않는 말투라는 것도 그늘진 곳이 없는 햇볕의 여광(餘光) 같은 것으로 보아야 할지도 모른다. 자신의 인생이 무엇인가를 — 셀 수 없을 정도로 많은 일을 확실하게 성취한 것을 느끼고 그 달성의 의미를 의심하지 않는 위대한 실제적인 인간의 자연스러운 여유였는지도 모른다.

실제로 그는 후회라는 말을 모르는 인간처럼 보인다. 대체 왜 그는 『자서전』을 썼을까? 하나는 자식을 향해서 조상의 일과 자신의 일을 써서 남기고 말로 전하고 싶기 때문이었겠지만, 그는 이런 일까지 말하는 것이다. 지금 이를테면 자신의 인생을 또다시 그대로 다시 살아가지 않겠느냐는 신청이 온다면 자신은 기꺼이 받아들이겠다. 다만 "재판(再版)에 임해서 초판(初版)의 잘못은 정정한다는 저작자의 특전"만은 인정해 주었으면 하지만, 아니 그것은 안 된다고 해도 자신으로서는 역시 신청을 받아들이고 싶다. 다만 안타까운 것은 이런 신청은 어디서도 올 것 같지 않아서, 이른바 차선책으로 자신의 인생을 또다시 살아가는 대신에 그 회상을 해본다. 그것을 문장으로 써두는 것은 이 회상을 가능하다면 영속성이 있는 것으로 하고 싶기 때문이라고.

참으로 여유로운 자족감으로, 이래서는 로런스가 아니더라도 파고들 틈이 보이지 않는다. 파우스트식으로 말하자면, 자신의 생애 전체에 대해서 너는 아름다웠다, 내 인생이여 그대로 있어라라고 말할 수 있는 인물에 대해서 어떤 비판, 아니 말참견을 할 수 있을까? 로런스를 초조하게 만들고 어쩔 수 없는 초조함으로 내몬 것도 근본에는 이런 흔들림 없는 자기긍정과 속된 자아의 완전 고리라고 할 만한 자기완결 태도였을 것이다. 그러나 로런스는 잠자코 있을 리가 없었다. 그래서 자족한 고리 주위를 초조하게 돌며 움직이며 계속 욕설을 퍼붓고 있었던 것이다. 그러나 로런스가 아니라도 이런 자족한 자아는 어떤 작가에게도 최대의 고역일 뿐 아니라 참을 수 없는 최고의 적임에 틀림없다. 실제로 프랭클린에게 적의를 불태운 사람으로 이미 『백경』의 작가가 있었다. 그가 쓴 역사소설 『이즈라엘 포터(Israel Potter)』 속에 프랭클린은 조연이면서 참으로 향기롭지 못한 빈틈없는 술책가로 등장하고 있다. 이런 상대를 앞에 두었을 때는 잠자코 슬쩍 우회해서 지나쳐버리던가, 그렇지 않으면 멀리 돌아서 돌을 던지고 욕설을 퍼부을 수밖에 없을지도 모른다.

실은 이상의 프랭클린의 『자서전』 논의는, 일본의 후쿠자와 유키치의 프랭클린의 그것과 전혀 뒤지지 않는, 참으로 유유하고 게다가 활발하고 어디까지나 실제적인 인간으로 더욱 활달하고 자유로운 속된 자아를 앞에 둔 필자 나름대로의 우회였다. 일본의 후쿠자와 프랭클린, 만 1세기 이상 130년 정도 차이가 나는 이 두 사람 사이에는 이상할 정도로 비슷함을 인정하지 않을 수 없다. 아주 멋진 『자서전』의 필자라는 것뿐 아니라, 한편은 메이지 유신, 한편은 미국의 독립혁명이라는 대변혁을 멋지게 살아남아 계속 실질적인 업적을 이루면서 유유하게 자족하는 노년을 맞이할 수가 있었다는 역사적인 위치와 역할에서도 거의 서로 비슷한 형태를 그리고 있다. 현대의 플루타르코스(Plutarchos, 46?-120?)[3]가 있다면 받아들이지 않을 수 없는 알맞은 한 쌍을 이루고 있다. 그들이 살았던 시대에서 비할 데 없는 조화를 만들어내면서, 함께 그 조화의 터진 금, 깨어진 금이 생기는 날이 오기 전에 그 생애를 마칠 수가 있었다. 적어도 그들의 『자서전』으로 살펴본 바로는 밟고 넘어온 몇 군데 고개 정점에 이른 곳에서 지나온 쪽을 되돌아보고 추억하면서 스스로의 생애를 참으로 발랄한 산문 투로 정착시킬 수 있었다. 프랭클린의 말을 빌리자면, 또다시 되풀이해도 싫증나지 않을 자신의 생애를 회상으로 다시 더듬고 다시 살아가는 것으로 함께 거의 축복으로 그 죽음을 맞이할 수가 있었다. 기이하게도 두 사람 모두 『자서전』이 그 마지막 작품이었다(84세까지 산 프랭클린은 말년의 30년간은 아직 '다시 살지 않는' 채로 펜을 놓았지만).

두 사람의 『자서전』 속에도 이상할 정도의 비슷한 인연을 몇 가지 발견할 수 있다. 이를테면 나이는 다르지만 두 사람 모두 고향을 떠난다는 뿌리를 떠나는 행동으로서 그 실제적인 삶을 내딛고 있고, 한쪽은 보스턴에서 뉴욕을 거쳐 필라델피아에 이르는 뱃길 여행, 도중의 체험과, 유키치가 나가사키에서 [고향인 나카쓰(中津)는 그냥 지나쳤지만] 시모노세

---

3 고대 그리스의 철학자이며 저술가. 윤리와 전기 등의 작품을 많이 남겼다. 『영웅전(Bioi Parallcloi)』이 유명하다.

키(下關)를 거쳐서 오사카에 이르는 무일푼의 뱃길 여행과는 묘사태도까지 비슷할 뿐 아니라 모두 발랄하고 잊을 수없는 백미인 문장이다. 함께 스스로를 뿌리까지 새로운 환경 속으로, 뜻밖의 사건 앞에 내던져질 때야말로 더욱 생생하게 반응하고, 그 전적(全的) 능력을 발휘하는 타입에 속한다. 모두 지칠 줄 모르는 왕성하고 탐욕적인 호기심 덩어리로, 알게 되면 반드시 실제로 시도해보지 않을 수 없는 철저한 실천가형, 경험파적인 개성의 소유자들이었다.

 그런 기질과 성향의 인간으로서, 스스로 진화와 진보를 당연한 사실로 거의 동물적 본능처럼 자연스럽게 기뻐하며 받아들이고, 맹목적으로 시인하는 경향이 인정된다. 문제가 있는 실례를 든다면, 앞서 말한 후쿠자와가 청일전쟁에 대해서 만세를 부른 것과 비교할 수 있는 것으로 프랭클린의 인디언론이 있다. 이것은 로런스도 놓치지 않고 인용하며 달라붙고 있다. 프랭클린의 또 하나의 약점이라고 할 수 있는데, 당시 펜실베이니아 주의 변경에서 인디언과 분쟁이 발생했을 때 스스로 현지로 향한 이야기로, 백인으로부터 빼앗은 럼주에 취한 갈색 피부의 인디언이 큰 모닥불 주위에서 춤추며 서로 저주하며 결국은 난투를 벌이며 멈출 줄을 몰랐다. "마치 현세의 지옥그림"이라고 할 모습이라고 프랭클린은 쓰고, 심야에 "누가 문을 강하게 두드리고, 다시 럼주를 요구했지만, 이쪽은 상대하지 않았다". 그런데 다음 날 취기에서 깨어난 인디언 대표가 사죄하러 왔지만, 이것은 "모두 럼주 때문이다"라고 주장했다. "만물을 창조하신 위대한 영(靈)은 인디언을 취하게 하기 위해 럼주를 만드셨겠지"라고. 이에 대해서 프랭클린은 "대지의 경작자들에게 공간을 부여하기 위해 이들 야만인들을 근절하는 것이 섭리의 의도하는 바라면, 럼주가 그 목적에 맞는 수단이라고도 생각된다. 이미 연안에 있는 모든 부족은 럼주로 일소되어버렸다"고 덧붙이고 있다. 그들에게 럼주를 판 것은 도대체 어디의 누구일까? 럼주가 저절로 인디언의 입으로 흘러 들어갔는가라고, 로런스가 아니라도 반문하고 싶어지는 대목인데, 이것은 실은 프랭클린 혼자의 약점이라기보다는 이른바 백인 미국의 모든 역사의 공동의 약점이라고 해야 될 것이다. 그의 입술에서 이른바 지나치게 건강한 동물의 무의식, 잔혹함이란 것이 강렬하게 풍기는 것은 확실하지만, 이것은 속된 에고의 원죄 같은 것일까? 아니 프랭클린을 논하기 전에 우리의 속된 에고의 안쪽으로 파고들어 가야만 된다.

제7장 무사적인 자아의 형태

아라이 하쿠세키를 논한 사람은 많지만 자서전 작가인 하쿠세키를 논한 사람은 거의 없다. 이것은 약간 기묘한 사태가 아닐까?

이미 1894년 야마지 아이잔(山路愛山, 1865~1917)[1]이 민우사(民友社) 판의 「열두 문호(拾二文豪)」 속의 한 권으로 빈틈없는 하쿠세키론을 쓴 이래, 요시노 사쿠조(吉野作造, 1878~1933)[2], 도쿠토미 소호(德富蘇峰, 1863~1957)[3], 또 혼조 에지로(本庄榮治郎, 1888~1973)[4], 노무라 겐타로(野村兼太郎), 나아가서는 하니 고로(羽仁五郎, 1901~1983), 미야자키 미치오(宮崎道生, 1917~2005), 또 와쓰지 데쓰로(和辻哲郎, 1889~1960)[5], 요시카와 고지로(吉川幸次郎, 1904~1980)[6]에 이르기까지 하쿠세키는 거

---

1 메이지 시대의 평론가.
2 다이쇼 데모크라시의 지도적 사상가.
3 평론가, 역사가. 《국민신문(國民新聞)》과 《국민지우(國民之友)》를 창간했다.
4 경제사학자. 일본경제사 연구소를 설립했다.
5 철학자이며 윤리학자로 일본 특유의 윤리적 체계를 수립했다.
6 중국문학자. 교토 대학 교수. 고전 해석으로 일본에서 중국문학 연구에 공헌했다.

의 지속적으로 언급되어왔다. 지적 유행의 변화와 교체가 너무나 빠른 일본에서 하쿠세키 연구만은 기복이 없었다고 단정할 정도로 계속 일관되게 학문적·평론적 대상이었다. 역사가와 저널리스트가 즐겨 다루었고 또 정치학자와 경제사가, 나아가서 사상사가, 중국문학자와 여러 전문영역의 사람들이 각각 다른 관점에서 왕성한 관심을 계속 쏟아왔다. 이미 야마지 아이잔은 '시인으로서의 아라이 긴미[긴미(君美)는 이름이고 하쿠세키는 호이다]', '정치가로서의 아라이 긴미', '역사가로서의 아라이 긴미'라는 세 가지 면에서 하쿠세키를 논하고 있는데, 이런 이른바 다각도적인 접근은 그 뒤 여러 전문적인 연구가들에게 이어지고 발전되어서 지금은 하쿠세키 연구에서는 틈이라고 할 만한 것은 찾아내기 어려운 것처럼 보인다. 에도 시대의 학자와 사상가 중에서 후세에 내려진 평가와 관심에 관해서는 가장 선택받은 한 사람, 끝없이 해가 비치는 장소에 놓여져 E. H. 노먼(Egerton Herbert Norman, 1909~1957)[7]이 말한 '잊힌 사상가[안도 쇼에키(安藤昌益, 1703~1762)]'와 대극에 서는 존재라고 할 수 있을 것이다. 그럼에도 내가 아는 한 자서전 작가로서의 하쿠세키를 정면으로 논한 사람은 거의 없다. 물론 평범한 독자인 내 지식과 독서량은 한정되어 있지만, 이를테면 현재 가장 면밀하고 착실한 하쿠세키 연구가라고 생각되는 미야자키 미치오의 대단히 망라적인 연구문헌을 기준으로 중요한 연구서를 대강 들여다본 바로는, 이 아마추어적인 폭언을 취소할 필요를 전혀 느끼지 않는다.

7 캐나다의 역사가, 외교관. 태평양전쟁 후, 극동위원회 대일 이사회에서 활약하는 한편 일본근대사를 연구하여 『일본 근대국가의 성립(Japan's Emergence as a Modern State)』이라는 저술을 남겼다.

물론 하쿠세키의 자서전『오리타쿠시바노키』가 빠지고 경시되어 왔다는 뜻은 아니다. 아니, 그러기는커녕 이상하게도 하쿠세키를 언급할 정도의 필자는 반드시라고 해도 좋을 정도로『오리타쿠시바노키』를 '명저'로 추천하고 칭찬하고 있다. 그러나 왜 이 책이 그 정도로 '명저'인지, 일본의 자서전 역사나 문학사에서 어떤 위치를 부여해야 되는가 하는 근본문제는 거의 언급하고 있지 않다.『오리타쿠시바노키』의 자서전으로서의 특질, 따라서 하쿠세키에게 '나'의 형태, 그 자아의 존재와 구조라는 문제는 거의 손을 대지 않은 채 남아 있다. 이것은 조심스럽게 말해도 꽤 기묘하고 기이한 사태가 아닐까?

내가 보기에는『오리타쿠시바노키』는 오직 하쿠세키 전기의 소재 또 전거로서 이용되어왔다. 그 범위로는 충분할 정도로 여러 각도에서 쓰였다. 이제까지의 거의 모든 하쿠세키론과 하쿠세키 전기는 어느 의미로『오리타쿠시바노키』를 이용해서 쓰였다고도 할 수 있을 것이다. 하쿠세키 자신이 인용하고 있는 궤적 위에서 그것을 다시 역사적인 사실과 다른 사람의 증언과 비교하고 서로 대조해서 다시 분명하게 확인하는 일을, 거의 모든 논자가 이 방법을 채용하고 있다. 그런 의미로는『오리타쿠시바노키』는 하쿠세키 연구 출발의 원점으로 중요한 관점을 제시하고 있고, 경시되어왔다고는 도저히 말할 수 없다. 오히려 지나치게 언급될 정도로 끊임없이 언급되었다. 결국 사용되고 이용되어 왔기 때문에 그 자체로서 진지하게 다루어지지 않았다고 말하고 싶다.

『오리타쿠시바노키』는 소재와, 정보로서는 함부로 이용되면서도, 하나의 '작품'으로서는 이상할 정도로 무시되어왔다고 단정해도 좋을 것이다. 첫째로『오리타쿠시바노키』는 훌륭한 산문 작품이고, 산문으

로서의 달성도(達成度), 아니 새로운 음역(音域) 가능성을 개척한 점에서 일본 문학상의 중핵적인 의치를 차지할 만한 것인데, 그 중요한 점이 웬일인지 지나쳐버렸다. 둘째로 『오리타쿠시바노키』는 문자로 쓴 자아의 정착으로, 자기표현으로 참으로 선명하고 세차며 집요함으로 일관된 업적이다. 여기에 분명하게 정착된 자아의 형태 '나'의 모습은, 이에 반발하거나 거부와 반발을 참기 어려운 독자는 적다고 해도 무시하는 일은 불가능할 것이다. 그런데 이런 관점에서 본 하쿠세키론은 전혀 발견되지 않는다. 도대체 자아론, '나'의 문제는 일본의 다이쇼(大正, 1912~1926) 시대 이후의 학자와 평론가에 달라붙은 편집광 같은 고정관념이라고 하고 싶을 정도로 많이 다루어온 토픽이었는데, 하쿠세키적인 자아의 평가는 어떻게 할 것인가 하는 점은 완전히 빠졌다. 가령 철학자 도모나가 산주로(朝永三十郎, 1871~1951)[8]가 쓴 그 매력적인 유럽 사상사 『근세의 '나'의 자각사(近世に於ける'我'の自覺史)』(1916)의 일본판이 쓰인 경우를 상상해보면, 『오리타쿠시바노키』는 반드시 중핵적인 첫 장을 이루고 있을 것에 틀림없다. 아니 하쿠세키를 빼고서는 일본의 '나의 자각사'는 처음부터 성립되지 않을 것이다 — 그렇게 단정하고 싶을 정도인데, 이 중대한 첫 장은 빠진 채로 오늘날에 이르고 있다.

이런 기괴할 정도의 누락과 무시는 도대체 어떻게 일어난 것인가? 한편에서는 산문으로서의 달성과 일본 산문사에 대한 빛나는 기여라는 면이 빠졌고, 다른 면으로는 자아의 예리하고 면밀한 정착, '나'의 이미

---

8 철학자, 교토 대학 교수. 서양 근세철학 연구의 개척자로 대표 저서로 『근세의 '나'의 자각사』가 있다.

지의 훌륭함이라는 면이 무시되었다면, 이것은 이중의 의미로 대단한 누락이라고 할 수 있겠지만, 그 이유는 그렇게까지 멀리 찾아다닐 필요가 없다. 자서전이라는 장르가 일본에서는 하여간에 서자 취급을 받고, 어느 쪽에도 속하지 않는 중간자로 삐져나와 있다는 사정이 우선 크게 작용하고 있다. 이른바 사상사의 틀에도 들어가지 못하고 문학사 쪽에서도 정통 인정을 받지 못하고 있다. 그래서 양쪽에서 대강 인사는 했지만 바른 위치는 부여하지 않고 끝났다는 결과가 되기 쉬워서, 이것은 이 책에서 앞서 다룬 『후쿠옹 자서전』의 경우에도 발생한 일이었다.

그러나 이것은 이른바 소극적인 이유이고, 또 외적이고 일반적인 사정에 지나지 않는다. 그 자신의 탓이라기보다도 일본의 이제까지의 사상사와 문학사의 틀이 너무나 좁고 편향적인 것과 관련된다. 하쿠세키 자신 또한 『오리타쿠시바노키』 자체와는 우선 다른 이야기라고 할 수 있을 것이다. 그리고 이 정도의 결락(缺落)이 단순히 부정적인 외부의 사정으로 만들어졌다는 것은 믿기 어려운 이야기이다. 일반적으로 내가 이의를 제기하는 방법, 그 기준 자체가 너무나 문학적이고 문예비평적이라고 할 수 있을지 모른다. 일본의 산문에서 '나'의 이미지라는 파악법은 나로서는 아무래도 문학사와 문예비평의 틀 안에 한정되지 않는 문화의 기준과 직결되는 것이라고 믿어 의심치 않지만, 역사가와 사상사가 중에는 순문학적인 척도로 귀찮아하는 경향도 없지 않을 것이다.

여기에서 조금 각도를 바꾸어 생각해보면, 하쿠세키가 박물학자라는 사실이 떠오른다. 이 점에서는 저절로 후쿠자와 유키치가 떠오르고 또 프랭클린과 비교된다. 하쿠세키가 살았던 시기가 에도 시대의 일종의 계몽기에 해당된다는 사정은 물론 빠트려서는 안 된다 ― 이 점에서는 이들 세 사람이 공통된다 — 고 하더라도, 한 사람의 학자로 그 관심과 일의 폭이 참으로 넓었다. 아이잔이 들고 있는 '시인, 역사가'로서의 업적 이외에도 『서양기문(西洋紀聞)』, 『채람이언(采覽異言)』, 『하이지(蝦夷誌)』, 『남도지(南島志)』와 같은 지리지, 민속학 또는 인문지리학적인 저작이 있고, 『동아(東雅)』, 『동문통고(同文通考)』와 같은 국어학상의 뛰어난 작업이 있고, 다시 군사학, 식물학(본초학), 경제학에 이르는 일을 포함하고 있었다. 그것도 단순히 지적 관심이 다방면에 걸쳐 있었다는 것뿐 아니라, 독자적인 착안과 선견을 품고 있으며 새로운 자료의 발굴을 이룬 경우가 많았다. 문자 그대로 진짜 박물학자였으며, 이런 인물을 냉정하고 객관적으로 평가하는 것은 어렵다. 자칫 맹목적으로 칭찬하거나, 그렇지 않으면 막연하게 반감과 경원(敬遠)으로 끝나는 경향이 있다. 그렇지 않더라도 각 영역의 개별적인 천착에 그치고, 한 인간으로서의 전체적이고 종합적인 평가가 곤란하다. 하쿠세키의 모든 지적 능력의 종합적인 평가는 우선 내가 목표로 하는 것이 아니지만, 그의 다방면적인 업적이 한 저술가, 산문가, 자서전 작가로서의 그의 평가에도 미묘하게 작용하고 있음은 부정할 수 없다. 이 점에서는 비슷한 박물학자인 모리 오가이에 대한 미묘한 평가와 서로 중첩되는 점이 있을 것이다. 오가이론은 수없이 계속 쓰고 있지만, 작품 그 자체에 대한 솔직한 감상과 평가는 실은 아주 적다. 한 명의 저술가, 산문가로서의 오가이 평가는 오히려 이제부터라고 하고 싶을 정도로 막연한 존경과 반감의 안개가 짙게 그 앞을 덮고 있다. 확실하지 않은 사양이나 반발이 평자의 솔직한 반응을 방해하고 있는 듯한데, 자서전 작가 하쿠세키의 평가에도 거의 같은 일이 발생하고 있는 것처럼 생각된다. 다방면에 걸친 빛나는 업적을 가져오는 명예가 서로 간섭하면서 난반사와 비슷한 불안정함을 만들어내, 저술가로서의 실상은 오히려 파악하기 힘들게 흐려진 경향이 있다.

그러나 하쿠세키 평가의 곤란함에는 더욱이 뿌리 깊은 요인이 얽혀있는 것 같다. 그는 단순한 박물학자가 아니라 적극적인 실행가이며, 문자 그대로 '정치가'였다. 그의 주군인 고후 쓰나도요(甲府綱豊)가 6대 장군이 되어 이에노부(德川家宣, 1662~1712)⁹라고 불린 1709년 초부터 1712년 가을 이에노부가 갑자기 사망하는 4년간과, 그를 이은 7대 장군인 어린 이에쓰구(德川家繼, 1709~1716)¹⁰가 치세를 하던 3년 반 정도의 기간에 하쿠세키는 막부의 실질적인 정치고문, 아니 정책결정자로 일했다. 본격적이고 전면적인 정치 참가로 외교와 재정, 사법의 여러 현실적인 문제에 대해서도 구체적인 방책을 내었으며 그 대부분을 실행에 옮겼다. 53세부터 60세에 이르는 7년 남짓한 기간에 하쿠세키 자신이 이런 정치활동을 스스로의 생애에서 무엇보다도 중요한 국면, 드디어 도달한 최고의 순간으로 보고 있었던 점은 의심할 여지가 없다. 게다가 마치 정해진 드라마처럼 다 올라간 등반 바로 다음에 실추와 좌절이 계속 이어진다. 다음의 장군인 요시무네(德川吉宗, 1684~1751)¹¹가 등장함과 동시에 하쿠세키는 즉각 파면당하고 그 반년 뒤에는 살던 집까지 빼앗겼다. 그래서 셋집으로 옮기지 않을 수 없는 순간에 화재가 나서 살 곳을

---

9 하쿠세키를 등용하여 문치정치를 추진했다.

10 나이가 어려서 하쿠세키 등이 보좌역을 담당했다.

11 에도 막부 8대 장군. 법령을 정비하고 신전(新田) 등을 추진했으며, 쌀값 대책에도 부심해서 쌀 장군이라고 불리었다.

잃게 될 형편이었는데, 그의 자서선『오리타쿠시바노키』를 쓰기 시작한 것은 실로 이런 정치적 좌절이 한창일 때였다. "60의 노옹 산위원(散位源) 병신(丙申)년 10월 4일 글을 쓰다"라고 서문에 쓰고 있는데, 병신년은 1716년으로 실로 그가 해임당한 해이다(해임 날짜는 5월 16일).

이야기하는 김에 '산위(散位)'라는 호칭은 '위(位)만 있고 관직이 없는 사람의 총칭'[이와나미판 고전대계(古典大系)의 주]으로, 이런 서명을 하는 자체가 하쿠세키에게 실추와 좌절의 의식이 공공연하게 각인되어 있는 것이라고 해도 좋다. 더욱이 이 두 쪽 정도의 서문 속의 키워드라고 할 만한 단어는 '분노'였다. 물론 쓰는 일에 노련한 하쿠세키는 '분노'를 글자 그대로 자신과 관련된 말로 쓰지는 않는다. 돌아가신 아버지에게는 여러 가지 물어보고 싶은 일이 있었는데, 과묵하고 입이 무거운 사람이라서 그만 말도 꺼내지 못하고 말았다. "세상의 일상사는 그래도 된다. 집안의 일을 상세하게 알지 못하는 일이 분한데, 지금은 물어볼 사람도 없다. 이 일의 분함에 내 아이들도 역시 나 같은 일이 있을 것이라고 안다. 지금은 한가한 신세가 되어서"라고 하쿠세키는 쓰고 있는데, 자신의 할아버지와 아버지의 사적(事蹟)을 자세하게 알지 못하는 것이 '분하다', 또 자신의 아이들도 역시 자신의 생애에 관해서 마찬가지로 '분노'를 느낄 것이라고 생각해서 자서전의 붓을 잡는다는 설명이다. 그러나 간결하고 명석한 산문의 구사자인 하쿠세키가 여기서 '분노'라는 말을 이어서 되풀이하고 있는 점을 빠트릴 수 없을 뿐 아니라, 해임 뒤의 하쿠세키에 대해서는 여러 소문이 있고 악의적인 비판과 조소도 퍼부었다고 한다. 정치가 비평의 기준이 없고 변화가 심한 모습은 지금이나 예전이나 변함이 없다고 할 만하지만, 재직 중에 파격적인 시책을 그 나름의 신념에 근거해서 제시하고 실행한 하쿠세키에 관해서는 해임 뒤의 공격이 한층 심했을 것이라는 점은 자연의 순리였을 것이다. 그런 사정을 감안해보면 "이 일의 분노에 내 아이들도 역시 나 같은 일이 있을 것이라고 안다"는 한 문장에서 참으로 복잡한 배음(倍音, 숨은 소리)[12]을, 무량의 '분노'를 느끼게 된다. 아버지로서의 자신의 사적이 '상세하게' 아이들에게 전해지지 않게 되어버리는 것이 '분할' 뿐 아니라 변덕스러운 악평과 빗나간 평가가 그대로 후세에 전해지는 것을 하쿠세키는 견딜 수 없었을 것이다.

대체적으로 두 쪽 정도의 이 서문은 짧으면서도 복잡한 이중구조를 이루고 있다. 언뜻 보기에도 분명한 논리적 모순으로 비치는 패러독스를 포함하고 있는 것이다. 하쿠세키는 이와나미 판으로 300쪽 가까운 두꺼운 자서전을 다음과 같은 한마디로 시작하고 있다. "옛날 사람들은 할 말이 있어도 안으로 새기고 그런 나머지 함부로 말도 하지 않고 할 말도 참으로 말수가 적게 그 뜻을 전했다"라고. 이것은 분명히 하쿠세키가 본문에서 하려는 일의 정반대가 아닐까? 『오리타쿠시바노키』의 첫째 동기는 '분노'에 있다. 이것은 우선 변명조의 글이었으며 자기변호의 자서전이었다. 3부로 이루어진 이 자서전의 2부까지가 '정치가'로서의 그의 사적과 관련하고 있고, 그 정치적 판단과 결정 과정과 근거를 집요할 정도로 계속 설명하고 있다. 하나의 작품으로 보면 『오리타쿠시

---

[12] 여러 소리가 함께 날 때 가장 강하게 울리는 소리가 있고, 다른 소리들의 파장이 그 소리의 배수이면 하나의 소리로 들린다. 가장 강하게 들리는 소리를 기음(基音)이라 하고 배수의 소리를 배음(倍音)이라 한다. 배음은 기음 뒤에 숨은 소리라 할 수 있다.

바노키』는 분명히 균형을 잃고 있다. 보통 기준으로 말하자면, 할아버지와 아버지를 다루고 '정치가' 이전의 자신의 생활을 그린 '상'부가 더욱 발랄하고 간소하고 명석하고 인상적인 세부적인 기술이 풍부하다. 하쿠세키는 이런 상태로 '중'과 '하' 부분도 계속 쓸 작정이었고, 그렇게 되면 이를테면 역사가가 쓴 자서전으로 『로마제국쇠망사』를 쓴 기번의 자서전과 성과에서나 또 역사가적인 균형과 객관적인 명석함에 있어서나 틀림없이 우위를 서로 다투는 작품이 되었을 것이다. 기번의 자서전은 시종일관 한 점의 흐트러짐도 보이지 않는 비길 데 없는 균형과 그늘이 거의 지지 않는 영롱함으로, 이를테면 하이든의 실내악과 비슷한 조화의 쾌감을 느끼게 해주는 책인데, 일본의 하쿠세키의 자서전은 음색은 다르지만 '상'부는 간결하고 냉정하며, 그렇지만 차갑고 건조함에 빠지지 않고 맑은 채로 대상과 사건의 이미지를 분명히 떠오르게 하는 수완은 기번과 완전히 어깨를 겨눌 수 있는 솜씨를 보이고 있다. 그런데 이 침착하고 투명한 필치가 '중'의 정치가로서의 자신과 관련된 부분 이후에 갑자기 난조를 보이고 말투나 필치도 장황하고 집요하게 바뀐다. 분량으로 보아도 거의 52세까지를 '상'부에 정리한 필법에 비하면, 이후 7, 8년에 그 두 배를 할애한 것은 참으로 균형을 잃고 있다. 하쿠세키는 오히려 순수하게 자신과 관련된 자서전과 오직 공적인 생애를 다룬 회상록을 다른 책으로 썼어야 되었다고, 문예비평가로서 약은 체하며 말참견을 하고 싶어진다.

먼저 서문에서의 패러독스, 이 이중구조라는 것은 이런 뜻이다. 하쿠세키는 "옛날 사람"은 참으로 과묵해서 "할 말" 이외는 말하지 않았다고 게다가 "할 말"까지도 "참으로 말수가 직게" 표현했다고 말하며, 그런

'옛날 사람'의 태도에 감탄의 뜻을 표현하면서도 그 자신의 표현적인 실천은 이를 배반하고 있다. 특히 후반으로 들어가면서 하쿠세키의 자기표현은 장황하다고 할 정도로 같은 동기(motif)를 되풀이하는 것이 눈에 띈다. 그런 뜻에서 이 서문의 첫머리는 오히려 무의식의 아이러니, 필자의 계산을 벗어난 얄궂은 칼날로 자신에게 되돌아온 것이라고 할 수 있다. 그러나 실은 하쿠세키 같은 필자가 이 정도의 초보적인 오산으로 스스로를 상처 입히는 아이러니를 알아차리지 못했을 리가 없다. 첫머리에서 '옛날 사람'의 과묵함을 칭찬했다는 것은 "내 부모였던 사람들도 그랬다"라는 추억의 계기를 만들고, 특히 "아버지였던 분"의 75세 때의 인상적인 일화를 끌어내기 위한 이야기였다.

하쿠세키의 아버지는 그때 "상한(傷寒)"에 걸려서 "목숨이 끊어질지도 모른다"고 보일 정도였는데, 의사가 권유한 '독삼탕(獨參湯)'이 효력을 발휘해서 "그로부터 다시 생기를 찾았고 드디어 그 병이 치유되었다". 하쿠세키의 아버지는 평소에 "젊은 사람은 어떻게든지 될 것이다. 약하고 병든 몸이 목숨이 끝나가는 것을 모르고 약 때문에 괴로운 모습을 하고 끝을 내는 것은 보기 흉하다. 서로 잘 마음에 새겨라"라고 말하고 있어서 하쿠세키는 독삼탕을 마시도록 하는 것도 주저했지만, 갑작스러운 병으로 호흡도 괴로워하시는 것으로 보여서 큰마음 먹고 권유해 보았다고 쓰고 있는데, 한층 인상적인 부분은 그 뒤에 나온다. 아버지는 그 병중에 기묘할 정도로 계속 침묵을 지켰다고 한다. 그래서 회복한 뒤에 "어머니였던 분"이 "참으로 이 정도는 사람을 등질 뿐, 또 말하는 일도 없었다"고 물어보았더니 "그러면 머리가 심하게 아프고, 나는 아직까지 남에게 괴로워하는 모습을 보인 적이 없었는데 최근에 변할

일도 있으니 그럴 수밖에 없다. 또 세상 사람들이 열에 치여서 말에 잘못이 많은 것을 보고 그랬다. 할 말이 없을 것이라고 생각하면 그것으로 해결된다"고 대답했다고 한다. 심한 두통을 참아내며 괴로운 모습을 보이고 싶지 않다. 또 너무 고열이라서 있지도 않은 일을 말해서는 안 된다고 생각해서 오직 침묵을 계속 지켰다는 것을, 참으로 옛 무사적인 금욕주의의 범례일 뿐인데, 이때 아들이 이런 아버지의 모습을 전적으로 시인하면서, 아니 감탄하면서 이 일화를 적은 것이 그 어조에 분명히 나타나 있다.

그러나 여기에서 시인하고 감탄하는 것은 자기동일화와는 전혀 다른 것이며, 막연한 과거의 미화나 동경이라는 심정과도 멀다. 명석한 인식자인 점에 하쿠세키의 일관된 진면목이 있고, 그 기본적인 태도는 이때도 조금도 흔들리지 않는다. 그렇다면 어떻게 되는 것일까? 하쿠세키 속에는 거리 의식이 — 옛 무사적인 아버지 세대와의 거리 감각이 분명히 숨 쉬고 있었다고 나는 생각한다. 그것은 약간의 감상이나 암시에 기울지 않는 그의 필치의 명석함이 저절로 나를 이끄는 추론이기도 하지만, 동시에 '내 부모였던 사람들', 또 '아버지였던 분', '어머니였던 분'이라는 하쿠세키 특유의 말투도 또한 이 거리 의식을 뒷받침하는 실례가 아닐까? '나의 아버지, 나의 어머니'라는 말투를 하쿠세키는 결코 쓰지 않는다. 반드시 '내 부모였던 사람들', '아버지였던 분'이라는 장황하지만, 실은 객관적인 용어법을 일관되게 쓰고 있다. 이 천성적인 산문가에게 문장의 리듬과 어조라는 고려도 작용하고 있었음에 틀림없지만, 그 객체화된 표현에서 어리광이나 동경의 동일화를 엄하게 배척하는 건조된 거리 감각을 간파하게 된다. 거리라고 해서 차가움이라든가 시먹함을 연상하는 것은 이른바 지나치게 감동하는 어리광쟁이 심정으로, 적어도 하쿠세키와는 인연이 없는 정서주의에 지나지 않는다. 건조한 찬탄, 거리를 지닌 애정이라는 것도 있는 것이다. 이것은 서양적 근대의 특산물이 아니라, 하쿠세키 자서전 속에 분명하게 정착되어 있어 그곳에서 아마도 무사적인 금욕주의의 유기적인 일부로 살아 있음에 틀림없다. 이런 견해가 특별히 나 혼자의 강변(强辯)이 아닌 비근한 증거로, 이를테면 오가이의 역사소설과 사전물(史傳物)을 들 수 있다. 그곳에 그려진 에도 시대의 무사와 유학자의 태도 중에 그런 실례를 몇 가지나 발견할 수 있을 뿐 아니라, 원래 이들 소재를 다루는 작가의 손놀림과 심정 속에 숨 쉬고 있는 것이 이 거리를 둔 찬탄과 건조한 애정과 다름이 없다. 이것을 일본에서 이른바 남성적인 산문의 계보를 지탱해온 중핵적인 동력이라고 부를 수 있을 것이라 생각하는데, 이 점은 현대문학에서 이 계보의 대표자로서 이부세 마스지(井伏鱒二, 1898~1993)[13]의 문체를 들고 싶다는 이야기와 함께 잠시 뒤로 미루고 싶다.

하쿠세키에게 미묘한 거리 감각을 증명하는 또 하나의 실례로 서문의 그의 이야기의 진행방법의 정묘(精妙)함을 들 수 있다. 이 정묘함에는 실은 교지(狡智)라고 하고 싶을 정도의 것이 있어서, 한 걸음 잘못하면 우리 몸으로 튕겨지는 칼날이 되어 목숨을 빼앗길지도 모르는 위험한 간격을 멋지게 빠져나가는 것이다. 이를테면 앞서의 인용처럼 멋지게 긴장된 아버지의 금욕주의 이미지를 실로 선명하게 정착시킬 수 있

---

[13] 소설가. 담담한 문체 속에 유머와 애수가 배어나오는 독특한 문체를 만들어내었다. 대표작으로 『검은 비(黑い雨)』, 『도롱뇽(山椒魚)』이 있다.

었던 점에서, 하쿠세키는 완전히 바꾸어서 '분노'를 표명하는 것으로 내딛게 된다. '아버지였던 분'은 이 정도로 과묵하고 그만 묻고 싶은 말도 다 묻지 못하고 끝맺었다는 곳으로 곧장 이어진다. '아이들'에게 '분노'를 맛보게 하지 않도록 자신의 생애를 기록해둔다는 결의의 설명인데, 이 이야기의 진행은 논리적으로 보면 위험한 모순에 빠진다. 아버지의 과묵을 감탄하는 점이 때로 지나치게 집요할 정도로 자기변호와 자기정당화와 모든 것이 맞아떨어질까 하는 의문이 생기고, 나아가서는 아버지를 그릴 때의 객관적인 필치와 '분노'란 참으로 개인적인 정념과의 연결이 어떤가 하는 문제가 생긴다. 모두 쉽게 이어지기 힘든 사이를 하쿠세키는 한숨에 뛰어넘고 있다. 이른바 위험한 모순을 그대로 방치함으로써, 아니 모순을 적극적으로 거두어들임으로써 긴장된 산문적 공간을 만들어내는 궁리로 받아들여야 할 것이다. 하쿠세키를 단순명쾌한 합리주의자로 분류하려는 어느 부류의 사람들의 견해는 이런 실례 하나를 들어보아도 잘못되었다고 생각한다. 이것은 이때의 하쿠세키는 자신의 논리, 유일한 기준으로 대상을 판단하려고 하지는 않는다. 아버지의 과묵한 옛 무사다운 입장에 감탄하고 있지만, 그 모범으로 스스로를 재단하고 그 앞에 이르지 못함을 부끄러워하지 않는다. 그렇다고 해서 '분노'라는 이른바 아들의 논리로 아버지의 태도를 판단하려고도 하지 않는다. 여기에 작용하고 있는 것은 오히려 아버지와 아들의 분명하게 서로 다른 인식이고 거리 감각이다. 두 사람의 거리를 분명히 파헤치는 투철한 시각이고, 게다가 이 투시력은 하쿠세키를 수동적 또는 무력함에 멈추게 하기는커녕 반대로 자서전 집필이라는 적극적 행동의 계기가 되었다. 차가운 객관적인 인식자가 역동적인 행동으로 발을 내딛고 도

약해가는 미묘한 호흡이 이 짧은 서문 속에 선명하게 정착되어 있다. 이것이 내가 말하는 하쿠세키의 '패러독스'이고 이중구조이다.

이 패러독스, 이 이중구조는 실은 그의 산문의 내부에만 머물러 있지 않는다. 하쿠세키는 투철하고 동시에 역동적인 산문가였을 뿐 아니라 현실의 정치과정에 온몸으로 들어가 깊이 관여한 행동가였다. 그래서 산문에서의 이중구조와 그 만들어낸 긴장은 깊은 곳에서 이런 그 자신의 체험과 이어져 있음에 틀림없다. 그러나 하쿠세키는 인식자, 산문가다움을 그만두고 행동가, 정치가로 변신한 것은 아니었다. 자서전에 관해서 보더라도 정치가 이전의 '상'과, 정치가로서의 '중'과 '하'는 아주 자연스럽게 이어져 있다. 대강 형태상으로 나뉘어져 있을 뿐으로 오히려 스스로의 성숙과 함께 찾아온 축복 받을 열매와 수확처럼 '정치가'다운 점은 받아들여지고 있고 아무런 단절도 보이지 않는다. 이것이 자신이 공부한 바와 신념하는 바를 세상에 베푸는 것이야말로 학자의 본분이라는 유학적인 실용주의적인 학문태도와 이어져 있는 것은 물론이지만, 하쿠세키의 경우는 이 이상으로 체질적으로 몸에 밴 실(實)을 중시하는 사람이자 실무가라는 분위기가 있다. 한편으로는 지적 호기심이 대단히 왕성해서 관심의 폭도 다방면에 걸쳐 있는데, 호사가적인 무상의 즐거움에 빠진다는 편안함은 인정하기 어렵다. 그러나 그보다도 중요한 것은 '정치가'가 되어서도 인식자, 산문가로의 시각과 입장을 벗어나지 않았다는 점이고, 산문에서의 이중구조가 그대로 정치행동 세계로 넘어왔다는 점이다.

현실정치가로서의 하쿠세키에 관해서는 이미 많은 사람이 쓰고 있다. 구리타 모토쓰구(栗田元次, 1890~1955)[14]가 쓴 『아라이 하쿠세키의 문치정치(新井白石の文治政治)』라는 세밀한 연구가 있다. 아마지 아이잔 이후 이런 측면에 손대지 않은 논자는 찾기 어려울 정도이지만, 특히 내가 인상이 남는 비판으로『근세일본국민사(近世日本國民史)』의 작가의 견해를 들고 싶다. 참으로 도쿠토미 소호 유의 대강 분류한 견해이면서도, 말하자면 스스럼없이 사양 않는 태도로 사태의 핵심에 다가가고 있다고 생각되기 때문이다(『元祿享保中間時代』, 제3장 新井白石, 1926). 소호는 이렇게 단정하고 있다.

학자로서의 아라이 하쿠세키는 더 말할 필요도 없이 일류이다. 정치가로서의 아라이 하쿠세키는 아무리 편을 들어도 이류 이상은 아니었다. 그가 정치로 뻗지 못한 것은 그가 저작에 마음대로 했기 때문, 그가 정치가로서의 성공이 어딘가 부족한 것은 그가 학자로 포만했기 때문이다. 이것저것 계산해보면 하쿠세키를 위해서도 천하를 위해서도 다행이라고 할 수밖에 없을 것이다.

그리고 이렇게 결론을 내린다.

특히 하쿠세키가 천하의 청치에 참여한 일은 그의 학문에 어쩐지 정채(精彩)함과 생기를 더해준 분위기가 있어, 이것도 학자로서의 그를 대성시키는 데 결코 손해가 아니고 무용하지도 않았다. 그의 생각이 샌님 냄새가 심하지 않은 점도 필경은 이 때문일 것이다.

14 일본사학자, 히로시마 대학 교수. 넓은 시각에서 일본사를 파악했다.

결국 하쿠세키의 정치 참여는 그의 저작에서 '샌님 냄새'를 줄이는, 이른바 향료 역할에 지나지 않는다며, 완전히 '학자로서의 하쿠세키'에 전면적으로 비중을 둔 견해이다. 게다가 소호는 야유를 곁들여서 쓴다.

그러나 그가 크게 그 뜻을 펴지 못한 것은 도쿠가와 막부를 위해서도 또 그를 위해서도 오히려 행운이었을지 모른다. 만일 그로 하여금 그 경륜(經綸)을 유감없이 발휘하게 했다면 도쿠가와 막부는 이에야스 이래의 막부 제도를 근본부터 뒤엎었을지도 모른다. 그가 조선사절 절충[15] 의 필법으로 만사를 처리했다면 그 마구잡이 개혁은 아마도 폐지되지는 않았을 것이다.

소호의 필요 없는 것은 버리고 강 건너 불구경하듯 하는 하쿠세키 비판이 뜻밖에 나쁜 느낌은 나지 않고 그 나름의 설득력을 갖추고 있는 것에는 확 트인 낙천적인 말투도 중요한 역할을 했겠지만, 역시 그 뒷면에 소호 나름의 자기비판의 의지가 포함되어 있는 까닭임에 틀림없다. 소호의 역사가로서의 출발, 아니 적어도 『근세일본국민사』의 집필도 또 정치적 좌절의 산물에 가까웠다. 하쿠세키가 이에노부를 편든 것처럼 소호는 가쓰라 다로(桂太郎, 1848~1913)[16]에게 적극적으로 접근해서 현실적인 정치 참가를 기획했지만, 가쓰라의 갑작스러운 죽음으로 좌절되었다. 그 방대한 『근세일본국민사』를 연재하기 시작한 것은 그 5년 뒤의 일이었다. '학자' 하쿠세키의 정치 참가를 가차 없이 재단한 소호의

---

15 하쿠세키는 1711년 8월 조선 사절 접대를 명령받고 그해 11월, 조선 사절을 접대하는 연회자리에서 조선 사절과 예의(禮儀)에 관해서 논쟁하고 설득했다.

16 정치가. 영일(英日)동맹을 체결하고 러일전쟁을 추진했으며 한일합병에도 관여했다.

염두에 너무나 분명한 비슷한 인연이 떠올랐을 것이다. 아마도 소호는 깜작 놀라서 한 줄기의 회한을 포함해서 자신의 참가가 좌절된 모습을 되돌아보면서 현실에 참가할 수 있었던 하쿠세키의 성과를 논한 것이다. 그곳에 약간의 부러움이 작용하고 있음은 분명하지만 학자와 평론가의 정치 참가의 한계와 성공하지 못한 이른바 실물견본에 접하고 안타까움을 느꼈음에 틀림없다.

그러나 그렇다고 해도 소호의 하쿠세키 비판의 산뜻한 말투에 마음이 끌리면서도 이를 전면적으로 받아들일 수가 없다. 그것은 내가 '정치가'로서 하쿠세키의 업적을 보다 높게 평가하려 하기 때문이 아니다. '정치가'로서의 하쿠세키는 결국은 실패했다고 깨끗이 인정해도 좋다. 다만 그 실패 그 자체가 학자로서 인식자로서의 하쿠세키와 직접 이어져 있다. 소호는 '학자로서의 하쿠세키와 정치가로서의 하쿠세키'를 너무나 분명하게 나누고 있다. 그 구별, 이 일도양단을 받아들인다면, 하쿠세키의 자서전은 요컨대 정치적 좌절자의 괴로움을 잊는 푸념과 변명의 글이 될 것이다. 『오리타쿠시바노키』 후반의 구성의 흔들림은 결국은 하쿠세키의 미련이 남은 흐트러짐의 산물이라는 것이 될 것이다. 이 자서전은 한 면으로는 분명히 '분노'을 쓴 작품이었다. 자서전 속에서 냉철하고 맑았을 터인 하쿠세키는 전체의 구성을 바꿔서라도 필사적으로 무엇인가를 호소하려고 했다. 『오리타쿠시바노키』는 전체적으로 결코 푸념의 소산은 아니다. 오히려 이런 '분노', 흐트러짐을 포함해서, 아니 그 때문에 더욱 하나의 작품으로 살아 있다. 이 자서전 속으로 깊숙이 파고든 이중구조에 관해서는 다시 자세히 논해야만 된다.

제8장 아버지의 이미지

나의 아버지가 젊었을 때는 전국시대가 그리 멀지 않아서, 세상 사람들은 협객을 일삼고 기개를 배우는 습관이 지금과는 다른 일이 많았다고 들었다.

하쿠세키의 아버지, 아라이 마사나리(新井正濟, 1597~1678)가 태어난 것은 1601년, 즉 세키가하라 전투[1] 다음 해라서 "나의 아버지가 젊었을 때는 전국시대가 그리 멀지 않아서"라는 아들의 기술은 수식을 뺀 있는 그대로의 기술이라고 해도 좋다. 그리고 『오리타쿠시바노키』 상권에서 가장 인상적인 것은 "지금과는 다른 일"이 많은 시대를 살아온 아버지의 이미지임에 틀림없다. 아들은 아버지가 이야기한 '지금과는 다른' 시대의 추억에 다만 귀를 기울여 할 수 있는 한 충실하게 그것을 적고, 그 숨소리까지를 재현하려고 노력하고 있다. 아들의 이 열의와 공감은 훌륭하게 결실을 맺어서 아버지의 추억의 기록을 통해 "전국시대가 그리 멀지

---

[1] 1600년 9월 15일 미노노쿠니(美濃國) 세키가하라(關ケ原)에서 도쿠가와 이에야스를 중심으로 하는 동군(東軍)과 이시다 미쓰나리(石田三成, 1560~1600)를 중심으로 하는 서군(西軍)의 천하를 나눈 싸움. 동군의 승리로 이에야스의 패권이 확립되었다.

않은" 시대의 분위기까지 생생하게 환기시키는 일에 성공하고 있다.

청취자, 또 기록자로서의 하쿠세키의 뛰어난 수완은 이른바 요완 시로테, 즉 이탈리아인 선교사 조반니 시도치(Giovanni Battisia Sidotti, 1668~1714)[2]를 심문하고 문답한 기록 『서양기문(西洋紀聞)』에 선명하게 발휘되어, 힘차고 발랄한 지적 호기심과 객관적이고 예리한 관찰력, 수용력이 이어진 점은 그로 하여금 거의 이상적인 인터뷰어 — 더할 나위 없이 명석한 기록자로 만들고 있다.

일반적으로 하쿠세키는 이른바 체제파 정치가로 성공을 이룬 경력 때문인지 일본 근대 작가들에게는 이상하게 인기가 없었다. 앞 장에서도 언급한 바와 같이 하쿠세키 연구서는 메이지 이후 끊이지 않고 간행되어왔는데, 현역 작가나 비평가가 하쿠세키를 논한 종류는 거의 없다. 그 중에서 소수의 예외라고 할 만한 것은 이부세 마스지와 다니자키 준이치로(谷崎潤一郎, 1886~1965)[3] 두 사람으로, 이 편성은 뜻밖이라는 점에서 우리의 주목을 끄는데, 지금 문맥 속에서 우선 언급해두고 싶은 것은 이부세 마스지의 하쿠세키 이미지이다.

이부세의 패전 뒤 첫 번째 작품은 「두 가지 이야기(二つの話)」라는 제목으로 1946년 4월에 발표되었다. 이 「두 가지 이야기」 중 한 편에 아라이 하쿠세키가 등장한다. 아니 하쿠세키상(像)이 작품에서 중심이라고 해도 좋다. 이 50쪽의 중편은 그 아이디어와 준비가 대단히 이색적

---

2 이탈리아 예수회 선교사로 1708년 쇄국의 금기를 범하며 일본에 와서 체포되었다. 아라이 하쿠세키의 심문을 받았으며 『서양기문』의 자료를 제공하기도 했다.

3 소설가. 탐미주의적이고 악마주의적인 작품을 남겼다. 대표작으로 『문신(刺靑)』, 『백치의 사랑(痴人の愛)』 등이 있다.

인 작품으로 거의 일종의 SF로 꾸민 미래소설, 아니 과거로 소급하는 소설이다. 화자인 '내'가 소조(宋三)와 벤조(辮三)라는 이름의 초등학교 6학년 학생 둘과 함께 과거로 여행해본다는 H. G. 웰스의 『타임머신』 풍의 설정이다. 이 '나'는 1943년 5월부터 패전한 그다음 해에 걸쳐서, 고후(甲府) 시 교외 마을에 소개(疏開)해 있던 중 읍에 나올 때마다 우메가에다(梅ヶ枝) 여관에 들러 포도주와 소주를 마신다. 그때 소개해 있던 이 두 아이들과 친해진다. 둘 다 쓸쓸해하는 울보로 도쿄에 있는 부모를 그리워하며 자주 우는 것을 '내'가 보고 가엽게 여긴 것을 계기로 '프로펠러가 도는 이야기'라는 동화를 들려주게 된다. 그 계기란 것이 이 두 아이가 프로펠러가 회전하는 것에 관해서 담임선생에게 질문한 것을 옆에서 듣고 있던 '정신대원'이 꾸짖으며 "모든 한없이 빠른 속력을 내는 것은, 그 속도가 빠름이란 것의 한도에 이르면 반대로 나아가고, 따라서 미래로 꿰뚫고 가는 것도 과거로 간다"라는 엉터리 '아인슈타인 학설'을 고함친 데 있다. 이것은 참으로 이부세다운 야유가 담긴 역설이라고 해도 좋은데, 한층 중대한 야유는 이 소설이 쓰이고 발표된 것이 패전 직후, 이른바 모든 국민이 역사를 잊는 시기였다는 점에서 찾을 수 있다. 결국, 과거의 총결산을 계속 주장하고 과거로부터의 탈주, 털어버림이 점점 강조되고 있는 풍조 속에서 이 작가는 감히 '과거의 역사를 여기저기 만보(漫步)한다'는 설정의 소설을 쓰고 있다. 아무렇지도 않은 경쾌함 속에 숨어서 실은 참으로 반시대적인, 역사적 상상력의 회복을 기획한 것이었다.

「두 가지 이야기」의 '내'가 두 아이를 데리고 맞선다는 목표 인물이 아라이 하쿠세키이다. 아이들 중 한 명인 소조가 "만일 하쿠세키를 만나면 먼저 비행기 제조법과 조종법을 전하고, 도쿠가와 이에노부를 모시는 것을 그만두게 하고 가와무라 즈이켄(河村瑞軒, 1618~1699)[4]과 협력해서 대무역가가 되도록" 권유하고 싶다며 "하쿠세키는 총명하고 독학방법을 틀림없이 알고 있으므로 비행기에 관한 책을 한 권 증정하면 바로 제조법과 조종법을 이해할 것이다"라고 한 것은, 패전 뒤의 일본의 경제부흥을 재빨리 직후의 시점에서 예지한 것 같은 재빠름에 흥미가 있다. 그보다 한층 인상 깊은 것은 이 작품에 그려진 하쿠세키의 풍모이다. 이 세 사람이 "한없이 빠른 속도로 나아감으로써" 과거 속으로 돌입하자 우선 도착한 곳이 '아라이 하쿠세키의 저택 문 앞'이 된다.

현관 안까지 들어가서 실제로 하쿠세키와 대면한 것은 소자(宋左, 과거세계에서는 三은 左로 무사 풍으로 개명되어 있다) 혼자였다.

현관지기에게 비행기라는 것에 관해서 설명하고 있자 갑자기 그것을 들은 것 같은 하쿠세키가 현관에 모습을 나타냈다. 그때 하쿠세키는 벌써 문방구와 반지(半紙)를 손에 들고 있었다. 그렇게 미닫이를 뒤로하고 반듯이 소자의 정면에 앉아서 소자가 말하는 것을 필기하는 자세를 취했다. 소자가 "비행기에는 엔진과 프로펠러가 붙어 있어서 하늘을 날 수가 있습니다"라고 하자 하쿠세키는 "엔진이라는 것은 어떤 모습을 하고 있는가"라고 곧 적으려고 했다. 소자가 그것을 설명하기 어려워서 더듬거리자 하쿠세키는 손에 쥔 반지를 무릎 위에 놓고 소자의 얼굴을 물끄러미 보았다. 그 눈초리는 사람의 폐부를 뚫을 정도로 날카롭고 맑았다.

4 에도 초기의 상인이며 토목가.

그 뒤의 내용에도 물끄러미 상대를 응시하는 예민한 관찰자로서의 하쿠세키가 되풀이해서 분명히 선명하게 그려져 있는데, 그때 이런 '날카롭고 맑은' 눈의 소유자인 하쿠세키에게 이부세가 남다른 호의를 보이고 있는 것을 인정하게 된다. 그것은 소자가 설명을 못하고 결국 "내일 제가 모형비행기를 만들어 오겠습니다"라고 대답해버린 다음 '내'가 "만난 뒤의 기분이 어때? 현관을 나올 때 어떤 기분이었어"라고 묻자, 소자는 "나는 오늘밤 철야를 해서라도 모형비행기를 만들려고 생각했다고 대답했다"고 그려져 있다. 하여간에 이부세는 하쿠세키의 면밀한 관찰버릇과 날카롭고 정확하게 대상을 파악하는 '눈을 가진 사람'이라는 면에 강하게 공감을 느끼고 있는 듯하다.

이런 이부세의 하쿠세키에 대한 관심이 이 공상적인 동화로 만들어진 작품 한 편에 그치고 좀 더 풍부하게 전개되지 않은 것은 대단히 유감이다. 이것은 다만 없는 것을 조르는 것은 아니다. 이 상상적이고 반어적인 시간 여행의 「두 가지 이야기」는 원고지 부족과 잉크 부족이라는 패전 직후의 악조건 때문에 일단 도중에 끝난다는 형태로 매듭지어져 있지만, 또 한 편의 「취락제의 장(聚落第の章)」쪽은 그 뒤 『가루씨 저택(かるさん屋敷)』이라는 장편소설로 이어져서 전개되어, 이른바 하쿠세키의 장만이 그대로 내버려둔 형태인 것이다. 아주 분명하게 일필휘지로 스케치 풍으로 그려진 하쿠세키의 풍모가 참으로 선명하고, 게다가 따뜻한 공감이 뒷받침된 것으로 이부세 유의 '풍모 자세'의 하쿠세키상을 다시 구하게 된다. 그것은 일본의 순수 산문, 남성적인 산문가의 계보로 하쿠세키와 오가이를 사이에 두고 이부세 마스지라는 연결 고리를 한층 강조하고 싶은 마음이 내 안에 있는 것이다. 명석하고 날

카로운 눈, 건조하고 객관적인 관찰과 파악이 무기적(無機的)인 무미건조함과는 상당히 먼 맑고 매끈매끈하고 풍부한 상상력의 환기력을 갖추고 있다. 애매한 과잉과 막연한 정서를 털어버리고 즉물적인 산문이 강하고 명확한 대상 파악을 하게 하고, 게다가 동시에 부드러운 탄력성을 잃지 않는다. 기록성과 환기력이 서로 반발하지 않으면서 멋지게 공존하고 있다.

또 하나의 공통된 특징은 아버지적인 이미지에 대한 관심과 애착이라는 점으로 『오리타쿠시바노키』에서의 놀랄 만큼 선명한 아버지상은, 이를테면 오가이의 단편 「가즈이스치카(カズイスチカ)」에 나오는 나이 든 의사, 시점인물인 하나부사(花房) 의학사의 아버지인 '할아범'을 다루고 그리는 방법과 거의 중첩되고 있다. 하나부사가 "아버지의 평생을 생각해보면, 자신이 먼 쪽의 어떤 것을 바라보고 눈앞의 일을 적당하게 하는 데 반해서, 아버지는 자질구레한 일상사에도 전폭적으로 정신을 기울이고 있다는 것을 알았다. 역참의 의사에 안주하고 있던 아버지의 체념태도(résignation)가 도를 깨달은 사람의 모습과 비슷하다는 것이 어렴풋이 보였다. 그리고 그때부터 훨씬 아버지를 존경할 마음이 생겼다"고 그려진 것은, 이미 앞에서 인용한 하쿠세키 아버지가 상한증(傷寒症)에 걸려서 목숨이 끊어져갈 무렵의 단호한 자기억제의 침묵하는 태도 묘사와 참으로 비슷하다. 하쿠세키는 오가이처럼 추상화하고 관념화하지 않고 자신과 비교하는 감동은 억누르고 있지만 그 태도와 어조에는 저절로 일맥상통하는 점이 있다. 일본에서 지금까지 아마도 가장 명확하고 일관된 자아의 사람일 수 있었던 이 두 사람이, 함께 이상화된 아버지상을 이른바 맞은편에 두는 것으로 자아파악을 하고, 또 내적인

균형을 그것으로써 유지하려고 했던 점을 빠트릴 수 없다. 이상화된 아버지와 스스로 대치하고 상대를 맞은편에 앉히면서 점차적으로 자신은 다른 길, 다른 방식으로 아버지적인 것으로 다가가고 있던 과정이 두 사람의 후반생을 관철하는 하나의 공통주제라고 생각된다.

이부세 마스지의 경우는 더욱 미묘해서 경쾌함으로 완화되고 있다. 정면으로 대결하는 아버지의 이미지의 정착은 발견하기 어렵다. 이를테면 「두 가지 이야기」에서도 소개(疏開)된 학생인 외로워하는 두 아이에게 보호자, 이른바 대용의 아버지 역할을 연출하고 있는 것이 화자인 '나'이다. 이런 부끄러움을 내포한 대용의 아버지상은 이를테면 『사자나미 군기(さざなみ軍記)』[5]에 등장하는 헤이케(平家)의 소년들을 계속 비호하는 승려 출신 가쿠탄(覺丹)부터, 『검은 비(黒い雨)』[6]에서 자상하게 배려하는 숙부에 이르기까지 이부세 작품에서 숨바꼭질하고 있었다.

그런데 하쿠세키의 아버지는 이상할 정도로 만혼이라서 하쿠세키가 태어났을 때 아버지는 벌써 50대 후반, 그것도 그는 외아들이었다. 여자 형제는 위로 4명, 아래로 1명 있었는데 모두 어렸을 때 죽었다. 이런 사정이 손자라고 해도 우습지 않을 정도의 노년기의 아버지의 아들로

---

[5] 첫 편 제목은 「도망가는 기록(逃げて行く記錄)」. 1930년 3월에 발표된 후 1938년에 완성됐다. 헤이케(平家)의 어린 귀족(公達, 작 중에 이름은 나오지 않지만 다이라노 도모모리(平中納言三位知盛)의 장남으로 추정한다이 남긴 도망 기록을 현대어로 번역한 형태를 취하고 있다. 작가는 전란으로 성장해가는 주인공의 모습을 그릴 계획이었음을 밝히고 있다.

[6] 이부세 마스지가 67세인 1965년에 발표한 작품. 전쟁 말기에 히로시마의 자신의 집에 함께 살고 있던 조카딸의 결혼으로 다시 되살아난 원폭의 참사를 문학으로 그려낸 소설이다.

다른 남자 형제도 없던 점이 이 아버지와 아들을 한층 긴밀하게 맺고 있다고 할 수 있다. 하쿠세키의 아버지가 죽은 것은 1682년, 향년 82세로 천수를 누렸다고 할 수 있는데, 이때 외아들 하쿠세키는 아직 20대 중반으로 거의 7년에 걸친 힘들고 긴 유랑생활을 뒤로하고 겨우 새로운 일자리를 발견했을 때였다. 만년의 아버지도 참으로 불우해서 주군인 쓰치야가(土屋家)의 서자인 요슈(豫州)가 뒤를 이은 후 일단은 은퇴해 있었는데, 친한 지인이 요슈 반대 운동을 일으킨 사건에 휩싸여 결국은 아들과 함께 "일할 길을 금지당했던" 것이다. 그 뒤에 쓰치야가가 관직을 탈환하는 사태에 이르자 하쿠세키는 오랜만에 겨우 일할 길이 열렸다. 그 직후 "겨우 백 일도 못 되어서" 하쿠세키의 아버지는 죽었다.

내 아버지 되는 사람의 80 남짓한 삶을 마칠 때까지 무엇이나 내가 어려서부터 보아왔는데 변함이 없는 것은 천성으로 받은 남들보다 뛰어난 점이지만, 또 평소의 행동으로 그 덕이 변함없는 것이라고 생각된다. 내가 사물을 기억할 때부터 배운 일이 많은 중에 언제나 떠오르는 것은 "사내는 보통 일을 견디는 것을 배워야 한다. 이것을 배워야 하는 것은 어떤 일이거나 나는 대단히 참기 어렵다고 생각하는 것부터 참기 시작해 오래되면, 그런 것은 어려운 일이라고 생각하지 않게 된다"고 말씀하셨다. 내가 여덟아홉 살 때부터 언제나 이 일로 힘을 얻는 일도 많지만, 원래 내 성격이 급하게 태어나서 분노 하나만은 참기 어려운 일이었다.

이런 일화는 아들이 말하는 판에 박은 듯한 칭찬, 혹은 나이 든 아버지의 틀에 박힌 교훈 버릇이라고 받아들여질 것 같지만, 이 50 몇 살이

나 나이 차이가 나는 아버지와 아들이 함께 참고 견디어야 했던 긴 고통, 앞길에 전망이 보이지 않는 낭인생활이라는 현실 조건을 생각해보면 역시 묵직한 반응이 있는 한마디이고 추억이라고 하지 않을 수 없다. 허공에 뜬 겉치레, 공허한 인내주의가 아니라 현실의 괴롭고 무거움을 살아가는 지혜임에 틀림없다. 게다가 하쿠세키는 아버지와 비교해서 훨씬 자아주장이 적극적이고 강렬해서 분노에 휩쓸리기 쉬운 자신의 성벽(性癖)을 충분히 알고 있었다. 아버지를 하나의 거울로 삼았다고 해도 좋다. 망부의 추억이 하쿠세키의 경우 단순한 추억의 미화나 현창(顯彰)이 아니라 명확한 자기인식을 향안 계기가 되어 있었던 점에 주의했으면 한다. 게다가 이미 앞에서도 되풀이한 것처럼 이 자서전을 쓰기 시작하고 있던 60세의 하쿠세키는 정치적으로 실의한 사람으로, 이 자서전 그 자체가 '분노'의 소산이었다. 『오리타쿠시바노키』를 계속 써가는 동안에 하쿠세키는 내부에서 넘쳐흐르는 '분노'에 몇 번이나 흔들리고, '분노'를 누르기 어려움을 맛보았을지 모른다.

그러나 적어도 상권에서는, 간혹 한숨처럼 치밀어 오르는 경우를 별도로 하면 하쿠세키는 오직 주의 깊은 청취자, 객관적인 기록자로 시종하고 있다. 먼저 첫머리에서 인용한 것처럼 "전국시대가 그리 멀리 않은" 시대에 태어난 아버지에 관한 이야기를 될 수 있으면 면밀하고 정확하게 재현하려고 노력한 것처럼 보인다. 이를테면 첫머리의 인용에 바로 이어서 31세의 아버지에게 닥쳐온 사건의 추억을 말하고 있는데 "내 아버지였던 분도 동분서주하며 그 발자취가 안정되지 못한 채 나이를 드셨다"고 되어 있어, 전란 중 여러 지방을 낭인으로 다니며 겨우 이 무렵 쓰치야에서 일하게 된 듯하다. 그 찰나에 집안의 '하급무사' 세 사람이 밤에 도둑질을 하다가 잡혀서 그 신병을 하쿠세키의 아버지가 맡게 되었다. 그때 아버지 마사나리가 한 가지 부탁을 했다. "그들을 저에게 맡기려면 틀림없이 허리에 차는 칼을 빼앗지 않게 해주기를." 결국 이 세 사람이 차는 칼을 빼앗지 않고 싶은 것으로, 밤도둑을 한 상대이지만 무사로서의 체면과 명예를 존중하자는 명분이었다. 그것을 주군이 받아들이자 마사나리는 재빨리 성문 망루 위에 갇힌 세 사람에게 가서 칼을 돌려주었다. 그리고 자신의 칼은 세 척(尺) 되는 수건으로 묶어서 던져버리면서 이렇게 내뱉었다고 한다. "너희들 도망가려면 내 목을 자르고 가라. 나 한 사람이 너희 세 사람을 당할 재주가 없다. 그렇다면 스스로의 칼은 쓸모없는 물건이다"라고. 그래서 자신은 칼도 차지 않고 칼 찬 용의자 세 사람과 열흘 정도 함께 지냈다. 혼자서 세 무법자의 망을 보라는 것도 새로 쓰게 된 새내기 무사의 담력 시험이나 솜씨 시험이었음에 틀림없다. 그런데 이 목숨을 건 방책이 효과를 발휘해서 열흘 동안 결국 아무 일도 일어나지 않았다. 그 사이에 조사한 결과 세 사람의 용의도 "없었던 일로" 정해져서 석방되기에 이르렀다. 그때 세 사람은 마사나리에게 다음과 같이 말하며 서로 좋게 헤어졌다고 한다.

우리가 아무리 보잘것없는 인간이라고 생각해도 단 한 사람에게 밥을 맡겼다. 생각지도 못한 것이라고 생각하지만, 당신이 허리에 칼을 차지 않고 있는 것을 죽이는 것은 과연 말할 가치가 없다고 생각하는 것이 분해서 '이대로 죽이는 것은 힘이 아니다. 다행히 목숨이 연장되면 그때야말로 원한을 풀어야지' 하고 생각했는데, 당신이 인정으로 칼을 빼앗지 않아서 다시 무사 속으로 들어갈 수 있는 신분이 되었다. 이 신세를 잊을 수 없다고 생각하니

'지금은 원한도 사라지는 마음'이다.

이러한 일화를 하쿠세키는 듣고 서풍(書風)으로 계속 기록해갈 뿐인데 참으로 효과가 선명한 말투라고 감탄하지 않을 수 없다. 쓸데없는 코멘트도 감탄도 하지 않고 즉물적이고 사실에 입각해서 그려가는 동안에 '전국시대가 그리 멀지 멀지 않아서, 세상 사람들은 협객을 일삼고 기개를 배우는 습관'이 생생하게 떠오른다. 가령 하쿠세키의 아버지 혼자서 칼을 허리에 차고 감시와 경계를 담당하고 있었다면, 또는 칼을 차지 않았다고 해도 공공연히 공포의 마음을 보이고 있었다면 반드시 이 세 사람들에게 살해당했음에 틀림없었다는 사실을 납득시키지 않고는 견딜 수 없는 말투가 저절로 행간에서 전해진다. 하쿠세키는 조용하게 아버지의 이야기를 생각해내고 담담하게 써가고 있을 뿐 특별한 형용이나 과장도 하고 있지 않지만, '성문 망루 위'에 갇힌 네 무사들 사이의 언제 살기(殺氣)로 바뀔지도 모르는 긴박한 공간이 분명히 정착되어 있다. 게다가 하쿠세키가 자서전을 쓴 것은 아버지 사후 30 수 년 뒤의 일로, 이런 추억담을 아버지로부터 들은 때부터는 우선 50년 세월이 지나고 있었을 것이다. 이부세 마스지가 그린 '폐부를 찌르는 것처럼 날카롭고 맑은' 눈을 가진 기록자는 역시 놀랄 만한 감수성과 기억력의 주인공이었다고 해야만 될 것이다.

무엇보다도 이런 정경 묘사를 하는 수완의 강렬함, 역사가적인 기술력, 환기력의 훌륭함뿐이라면 새삼스럽게 자서전을 꺼낼 필요도 없을 것이다. 벌써 15년 정도 전에 40대 중반의 하쿠세키가 쓴 『번한보(藩翰譜)』라는 실례가 있다. 앞서 든 다니자키 준이치로가 한 하쿠세키 평이라는 것은 이른바 열전체(列傳體)의 계보집을 언급한 것으로, 나가쿠테 싸움(長湫合戰)⁷의 조(条)의 다음 부분을 인용하고 있다.

    1584년 4월 9일 점심 무렵쯤 이누야마(犬山) 저편 나가쿠테 근처에서 도쿠가와를 만나서 아군이 졌다고 히데요시 진영에 전했더니, 히데요시가 크게 화를 내며, 쉽지 않은 일이구나, 히데요시를 향해서 군을 해야 마땅하다, 처음부터 이곳 요새를 지키고 싶었던 사람은 더욱 잘 지켜라, 그 밖의 군병은 한 기(騎)도 남김없이 와야 한다고 진중(陣中)에 전하라. ······

또 "나는 하쿠세키의 이 문장이 군기물(軍記物)의 가장 모범적인 명문이라는 점에 주저하지 않는다"고 주장하고 있다. 다니자키의 이 에세이는 「나오키 군의 역사소설에 관해서(直木君の歷史小說について)」(1933~1934)라는 제목으로, 나오키 산주고(直木三十五, 1891~1934)⁸론이 당면한 주제이면서도 하쿠세키에서 많이 인용하고 하쿠세키를 이른바 기준 삼아 나오키의 역사소설을 평가하고 있다. "우리의 오랜 전쟁문학이 가지고 있는 간결하고 굳세고 강직한 상태"라며, "나오키의 구어체는 이런 일본 문장의 호탕한 맛을 현대에 살리고 있다"고 한다.

계속해서 조금 더 인용해보면, "전문을 관통하는 굵은 숨소리, 긴장된 리듬"이라고 하쿠세키의 문체를 칭찬하면서 다음과 같이 이야기한다.

---

    7 1584년 도요토미 히데요시와 도쿠가와 이에야스가 나가쿠테에서 벌인 결전.
    8 소설가. 대중문학의 수장으로 그 품위 향상에 노력했다. 대표작으로 『남국태평기(南國太平記)』가 있다.

이를테면 "그 밖의 군병은 한 기도 남김없이 와야 한다고 진중에 전하라. 말을 끌고, 갑옷을 내던지고, 투구를 벗고 쓰는 사이에 벌써 대장군의 진에 소라를 불며, 선진(先陣)은 벌써 떠났다. 히데요시의 깃발, 문밖에 세워졌다"며, "나가이 요지로(永井與次郞)는 거친 말을 타다 떨어졌지만, 말은 벗어나서 뛰어오르고 오르면 적을 향해서 달린다. 나가이는 뒤이어 쫓아간다"고 하며 굵은 선으로 밀어붙이는데 그 위에 정경(情景)이 활약한다. 특히 "히데요시의 깃발, 문밖에 세워졌다"라는 한 구절에 이르러서는 무어라고 할 수 없이 상쾌하지만, 그것은 숨결이 적절하기 때문이다.

이렇게 다니자키는 참으로 적극적으로 관심을 보이면서 계속 이야기한다. 정돈된 그것도 성성한 문체감상가로서의 다니자키의 모습을 생생하게 보여주는 것이라고 해도 좋겠지만, 그 자신은 분명하게 『겐지(源氏)』의 흐름을 따르는 여류문학 계통의 화문맥(和文脈)에 속한다고 보지 않을 수 없는 다니자키의 평이라서 한층 인상적이다. 다니자키는 여기서 『팔견전』을 쓴 바킨도 언급하고 있지만, 그 기축은 아무래도 하쿠세키의 문체에 있고 군기물 이래의 남성적 산문의 흐름에서 하쿠세키의 중핵적인 위치의 확인이라는 곳에 놓여 있다. 하쿠세키 팬인 나로서는 이른바 반대 진영에서 나온 이 유력한 증언에 춤추고 싶은 생각을 누르기 어렵다.

그러나 『번한보』의 문체에는 힘이 강하고 긴장된 리듬이 있는 대신, 너무 탄력이 지나치고 군담조(軍談調)의 가락 맞추는 부채 소리가 울린다. 가락을 타고 쓴 충만감은 분명하지만 동시에 군기 이야기라는 형태를 자유자재로 쓰고 있는 거리낌 없음을 느끼게 한다. 그런데『번한보』

로부터 15년 뒤에 쓰인 자서전에서는 강한 남성적 리듬은 이어지면서도 전체적으로 훨씬 차분하게 억제한, 이른바 수식이 없는 서사문이 되어 있다. 탄력은 사라진 반면에 더욱 세부적 새김이 깊어졌다. 아버지의 추억과 관련된 일화는 모두 간결하면서 정취가 깊은 것인데, 어느 날 주군이 급하게 불러서 가보니 "앉으셔서 칼을 옆에 두고 계셨다. 그 기세가 평소와 다름이 없다고 생각했는데 '가까이 오라'며", 부하 한 사람을 이제부터 불러서 "몸소 죽이려"고 하는 때이니 그곳에서 기다리라고 했다. "대답할 말도 없어서 잠자코 있었더니, '대답할 것은 없어도 생각은 있겠지'"라는 질문을 받고, 마사나리는 "천성이 대담한 녀석"이지만 젊은 기분으로 저지른 잘못이라고 생각된다. 젊을 때 "그들처럼 되지 않으면, 나이가 든 뒤에 쓸모없는 사람이 많다고 생각된다" 등 여러모로 생각하다 재빨리 대답을 하지 못했다고 솔직하게 대답한다. "또 말씀도 없으시고, 나도 할 말이 없어서 잠시 있었는데, '얼굴에 모기가 모여 있다. 쫓아라'라고 말씀하셔서, 얼굴을 움직이니, 피에 질려서 수유나무처럼 된 모기가 예닐곱 마리 뚝뚝 땅에 떨어지는 것을 종이를 꺼내서 집어서 소매에 넣었다. 잠시 있다가 '이제 돌아가서 쉬어라'라고 말씀하셔서 퇴출했다"고 한 부근의 긴박한 침묵 공간을 파악하는 태도는 비교할 수 없는 수완이 아닌가? 특히 심리적인 설명을 뺀 즉물적인 이미지의 정착이 실로 잘되어 있고, "피에 질려서 수유나무처럼 된 모기가 예닐곱 마리 뚝뚝 땅에 떨어진다"는 이미지는 말없이 긴장된 시간의 경과 그대로의 결정이라는 분위기이다. 오가이의 역사소설, 이를테면 『아베 일족(阿部一族)』[9]에 등장하는 나이토 조주로(內藤長十郞)가 할복자살을 앞두고 낮잠을 잘 때의 조용하고 잠잠한 저택 안의 묘사 등과 저절로 비교되지만, 이미지의 결정도는 하쿠세키 쪽이 훨씬 강하고 구상적이라고 할 수 있을 것이다.

노년의 아버지의 추억담이 이 정도로 압축적이고 간소했을 리는 없을 것이다. 하쿠세키의 손으로 깎아내어 효과적이고 자세한 부분에 집중하여 결국은 상상적인 재창조라고 단정해도 좋겠지만, 나이 든 아버지가 사망한 뒤 십 수 년이 지난 뒤의 이 정도로 선명한 환기와 재창조에는 상당히 견고한 아버지와 아들을 잇는 마음의 굴레를 인정하지 않을 수 없다. "전국시대가 그다지 멀지 않은" 시대를 살아간 아버지에 대한 아들의 절실한 공감을 느낄 수 있다. 아버지를 통한 참으로 인간적으로 서로 울려 퍼지는 밑바닥의 군신관계 또한 아들의 눈을 통해서 거의 이상적인 주형(鑄型)으로 만들어졌다고 해도 좋을 것이다. 오가이의 역사소설이 무사적인 것에 대한 공감과 공명 없이는 생각할 수 없는 것처럼, 하쿠세키의 자서전에서 아버지의 이미지의 생기와 선명함의 밑바탕에도 "협객을 일삼고 기개를 배우는" 전국시대 무사 기질에 대한 애착이 깃들어 있다. 이 점을 감히 강조하고 싶은 것은 여기에서 강렬한 응축과 이상화에 조금도 감상적인 미화나 건방진 윤리화의 딱딱함을 인정할 수 없고 전국시대적인 피비린내가 피어나는 경향이 있기 때문이다. 하쿠세키는 아버지를 통해서 전국시대적인 격렬함과 엄격함에 의외일 정도로 가까운 공감을 보이고 있다. 이런 부분에서 되풀이해서 하쿠세키가 쓰고 있는 말 중 하나는 '옛날 사람'인데, 이를테면 "옛날 사람

---

9 1913년 발표된 역사소설. 히고(肥後) 호소카와(細川) 번주에 대한 순사(殉死)를 허락받지 못한 아베 일족의 비장한 최후를 그린 작품이다.

은 언제나 몸이 죽은 뒤의 보기 흉한 모습을 할까 마음에 두고 있었다"고 한 아버지의 말을 인용하고, 또 "옛날 사람은 이렇게 했지만"이라고 공명과 찬탄의 모습을 이해하게 된다.

그러나 여기서 저절로 다음과 같은 질문이 생길 것이다. 하쿠세키 자신은 도대체 어떤 무사였을까? 적어도 자신을 어떤 무사로 받아들이고 규정하고 있었을까? 『오리타쿠시바노키』에서 아버지의 이미지로 대표되는 전국시대다운 무사의 본보기에 비추어 스스로의 행동과 존재를 어떻게 파악하고 있었을까? 이 점은 하쿠세키와 아버지 사이에는 너무나도 분명한 차이가 존재했다. 얼마 뒤에 멸망한 조그만 번(藩)의 무사였던 아버지에 비해 막부 정부의 중추에 참획하게 된 하쿠세키라는 차이뿐 아니라, 하쿠세키는 유학자였고, 학자=정치가로 이른바 문치정치의 과감한 실행자였다. 예문(禮文)을 중시하고 의식과 제도의 상세한 부분까지 신경질적일 만큼 신경을 썼다. 이른바 법과 질서를 오직 강조한 사람이었다. 나카무라 고야(中村孝也, 1885~1970)의 말을 빌리자면, "유교사상이 풍부한 문식(文飾)정치"(『白石と徂徠と春台』, 1942)이고, 세키가하라 전투 이후 백 년이 되어 겨우 약해져간 무단적(武斷的) 색조는 하쿠세키가 등장하고 참획함으로써 더욱 후방으로 밀려났다고 해도 좋다. 오히려 전국시대의 무사적인 색채를 불식하고 구게(公家: 조정에서 벼슬하는 사람)적인 예문, 의식의 정비와 완성에서야말로 하쿠세키의 정치적인 경륜의 특질을 발견할 수 있다. 현실정치가로서는 쓸데없이 형식상의 명분론에 너무 지나치게 구애된 느낌이다. 그래서 앞 장에서 열거한 소호의 냉혹한 평가도 있겠지만, 이런 자기 자신의 태도와 행동, 자서전의 첫머리에서의 아버지의 이미지, 전국시대적인 것에 대한 절실한 공감은 도대체 어떻게 이어지는 것일까? 그것에는 명백한 차이와 모순이 인정되지 않는가? 명석한 인식자이며 예리한 눈을 소유한 하쿠세키는 도대체 이런 모순을 보고도 못 본 체하며 밀어붙인 것일까? 그렇지 않으면 어떤 타협을 했을까?

먼저 말할 수 있는 하나는 하쿠세키는 분명히 거리 감각이 있었고 인식이 있었다는 점이다. 이 문장의 첫머리에 인용한 한 구절에도 "지금은 다른 일도 많이 들었다"고 이미 쓰고 있다. 아버지의 추억에 대한 경애(敬愛)는 흔들리지 않는다고 해도, 그 때문에 과거의 일방적인 예찬에 빠지는 일은 없었다. 그 외골수적인 격렬함, "기개를 배우는" 태도를 자세한 세부에 이르기까지 분명하게 그려냄으로써 오히려 과거로 대상화하고 있었다고 할 수 있을 것이다. 아버지에 대한 그리고 또 과거에 대한 일방적인 의거(依據)와 감상적인 어리광 같은 것은 전혀 발견되지 않는다. 아버지와 과거에 대한 애착은 하쿠세키 속에 면밀하고 자세한 응시를 유도했고, 수긍할 수 있는 것이라고 해도 로맨틱한 몽상이나 도피의 계기는 아니었다.

이 점에서는 하쿠세키는 거의 동시대 사람이라고 해도 좋을 『하가쿠레(葉隱)』의 작가 야마모토 죠초(山本常朝, 1659~1719)[10]와는 역시 대극을 이루는 사람이었다. 세키가하라 전투에서 백 년이라는 시간적인 거리가 전국시대의 피비린내를 발산하지 않을 수없는 '협객'과 '기개'를 지닌 무사도에 대한 강한 관심을 불러일으키고, 총체적인 통찰을 가능하

---

10 에도 시대의 무사. 『하가쿠레』에서 무사도(武士道)라는 것은 죽는 것을 발견하는 것(武士道と云ふは死ぬ事と見つけたり)이라고 했다. 원래 이름은 야마모토 쓰네토모로 읽었으나 42세에 출가한 후 야마모토 죠초로 읽는 법을 바꾸었다.

게 해주었다는 사정은 이 두 사람이 공통되지만, "충(忠)이니 불충(不忠)이니, 의(義)라느니 불의(不義)라느니, 배려(当介)니 비배려(不当介)라고, 이비사정(理非邪正) 주변에 마음이 가는 것이 싫다"며 오직 '필사적으로' 달리지 않고는 견디지 못하는 야마모토 죠초의 로맨틱한 자아포기는 하쿠세키와는 인연이 없는 것이었다. 전국시대적인 것의 의미를 분명하게 정하고 강한 공감을 느낀다고는 하면서, 역시 자기와는 이질적인 것으로 객관화하고 대상화하고 맞은편에 두고 스스로는 다른 방향으로 나아가려고 마음을 정한 것이 하쿠세키의 경우였다. 아니 갑자기 '다른 방향'이라고 주장했다고 할 수는 없을 것이다. 그 자신의 유소년 시절의 추억 속에도, 16세 때 "그해 열여섯 살이 되었는데, 자신과 예(藝)를 시험하려고 생각해서 나무칼을 잡고 세 번 만나서 세 번까지 이겼다"고 한 이야기, 18세 때 파면당하고 갇혀 있을 때 지인인 젊은 무사와 논쟁하다가 친척과 같은 패거리까지 두 파로 나뉘어 서로 싸우게 되자 하쿠세키는 "몸에는 쇠사슬을 차고 의복을 다시 고친" 다음 한쪽 집에 사람을 보내고 막상 싸움이 시작되면 곧 알리라고 명한 이야기가 있다. 이때 하쿠세키가 나가기 전에 사건은 해결이 되는데, 뒤에 지인의 아들이 "왜 곧장 오지 않았느냐"고 힐문하자 파면당한 몸이지만 가령 지키는 노부부의 "목을 자르고 열쇠를 빼앗아서"라도 나갈 각오였다고 대답하고 있다. "파면당한 몸이지만" 손과 발에 족쇄를 채운 것은 아니다. "게다가 사람들이 전사했다는 것을 옆에서 듣고 나 혼자 집에 갇혀 있다는 것은, 사건을 공의(公義)에 빗대어, 다행히 죽음을 면했다고 사람들도 생각할 것이다." 하쿠세키는 흥분하는 열성가와는 거리가 멀었지만 처음부터 문치파(文治派), 오직 학문에 전념하는 청년은 아니었다.

더욱 이런 일화를 계속 이야기하는 형태로 소년기와 청년기를 그려가는 방법은, 예의 부자 상인 가와무라 즈이켄이 원조해주겠다는 신청을 딱 잘라 거절했다는 이야기를 포함해서 너무 훌륭하고 너무 모범적인 일화의 나열이라는 경향이 없지 않다. 그러나 전체적으로 교훈적인 냄새라기보다도 역시 이미지의 명확함과 태도의 강한 일관성 쪽이 인상적이어서 강요하는 듯한 불쾌감이 남지 않는다. 그것은 각각의 일화가 이른바 무사 기질의 보기로 객관화되고 일반화되어 있기 때문에 치밀어 오르는 자기비대(自己肥大)의 불쾌감에서 벗어날 수 있기 때문일 것이다. 하쿠세키는 거의 역사가의 객관적인 손짓으로 스스로의 성장기를 다루고 있다. 독자는 한 실의의 노인의 자만 이야기를 강요당하는 것이 아니라, 이어지는 멋진 타블로(tableau: 그림, 회화)가 완성되는 모습에 취하고 있는 것이다.

그러나 객관성이라고 해도 이것은 자서전이고 무사적인 태도로 일관된 것이 선명하게 떠오른다. 평생 목표를 정하고 거의 흔들림이 없었던 한 사내의 의지적인 삶이 분명하게 추적되고 있다. 결국 하쿠세키의 경우는 『하가쿠레』의 작가와는 대조적으로 전국시대의 무사적인 격렬함과 강함에 대한 애착과 동경이 끈질긴 자기확립과 집요할 정도의 자아주장으로 그대로 이어진 것은 아니었다. 『하가쿠레』가 오직 한 길로 직진하는 것에 대해서, 여기서는 한 걸음 한 걸음 내딛으면서 다가가는 인내심이 강한 면이 있다. 하쿠세키는 오랜 유랑생활과 모든 관직에서 파직당한 기간이 있고 주인운도 좋은 편이라고는 할 수 없다. 고후 쓰나토요(甲府綱豊)의 경우는 예외이고, 아버지의 생전에 겨우 직을 얻은 다이로(大老) 홋타 마사토시(堀田正俊, 1634~1684)는 얼마 뒤에 장군 집안에 상해사건이 발생해서 갑자기 연금당해, 하쿠세키 자신 "겨우 처자식이 굶주림을 면할 정도로 마음에도 없던 일"이라고 기록하고 있는 것 같은 괴로움을 맛보았다. "사내는 보통 일을 견디는 것을 배워야 한다"고 한 아버지의 가르침을 매번 복습할 수밖에 없는 생활이었으며, 이런 생활이 실로 5년간이나 이어졌다. 계속 이어지는 불운 속에서 단련된 수동형이고 지속형인 자아라고도 할 수 있을 것이다. 그러나 위축된 곳, 질척거리는 우는소리, 자기연민은 조금도 볼 수 없다. 어디까지나 적극적인 자기주장과 자아형성으로 일관하고 있다. 이 자서전을 다시 읽을 때마다 그 시종 흔들리지 않는 마구 밀어대는 강함에 압도되는 느낌을 맛보게 된다.

야마모토 죠초와 하쿠세키는 어쩌면 겉으로 보이는 만큼 다르지 않을지도 모른다. 함께 세키가하라 전투의 반세기 뒤에 태어나서, 전국시대 무사의 이미지는 두 사람에게 현저하게 이념화되어 있다. 반세기 동안의 긴 평화와 안정, 겐로쿠(元祿, 일본 연호 중 하나, 1688~1704) 시대의 향락성과 화려함 속에서, 현실에서는 거의 쓸모없는 무사적인 것이 다른 형태의 승화로 향하지 않을 수 없었던 것은 자연스러운 움직임이었다. 두 사람 모두 실은 행동적인 사람이라고 하기보다는 저술가였고 기록자였다. 피비린내 나는 전국시대의 무사상을 스스로 살아가기보다는 상상력 속에서 빚어내고 정착시키는 것에 두 사람의 강점이 있었다. 현실정치가로서 우선 강렬한 역할을 보여준 하쿠세키를 포함해서 그렇게 단정해도 좋을 것이다. 이와 함께 본질적으로 이념화의 사람이고 인식가이며 이미지를 만들어내는 사람이었다.

여기서 오직 죽음을 서두르고 필사적으로 목표로 삼은 『하가쿠레』의 무사 이미지도, 오직 견디어내어 자아관철을 꾀하려는 하쿠세키의 그것도, 실은 서로 비슷한 외적 조건 속에서 단지 다른 방향으로 향한 뿌리가 같은 충동이고 힘의 표현과 정착이 아니었을까? 무사적인 자아의 각각의 정(正)과 부(負)라는 형태를 취한 발상이자 자기주장의 형태라고 보아도 좋지 않을까? 참된 이미지화와 양식화는 직접 발현(發現)하고 실행하는 것이 곤란해진 시기에야말로 만들어진다. 『하가쿠레』와 『오리타쿠시바노키』라는 선명하고 강렬한 형태로 정착이 이루어진 것은 세키가하라 전투 이후 백 년을 넘는 시간적 거리가 필요했다고 할 수 있을지 모른다.

그러나 이념화와 이미지화의 과정에서 바라볼 때 하쿠세키의 경우 쪽이 훨씬 뒤엎히고 복잡하다. 이를테면 그에게 아버지적인 것에 대한 애착과 공감, 현실정치가로서의 그의 태도와 시책과의 사이에는 역시 큰 균열이 보인다. 물론 '문치정치'라는 이름만으로 정치가로서의 하쿠세키의 모든 것을 결론짓는 것은 너무 쉬운 일일 것이다. 이에노부가 장군직에 오른 지 얼마 안 되어 진언한 말 속에, 하쿠세키는 "전대의 장군 시절에 사람들은 다만 천하태평만을 축하하고 그 말이 약간이라도 병혁(兵革)을 언급하는 것도 금기로 삼았다"고 말하고, "천하의 무(武)를 준비해야 한다는 말은 세상 사람들에게서 듣는 바도 국체에 있어서도 그래야 하는 것이 당연하지만"이라고 군사 재흥의 필요를 주장하고 있다. 그러나 하쿠세키의 정치가로서의 일이 전체적으로 '유교' 분위기가 강한 '문식정치'로 기운 점은 어쩔 수 없다. 물론 그때 주자학자로서의 학문적인 신조가 이론적인 바탕을 제공해준 것은 분명하고, 또 실무가적인 처리와 반대파를 규탄하고 쫓아낸 것에 자아충족의 만족을 맛보

왔을 것이라는 점도 자연스러운 인간심리의 움직임으로 충분히 상상이 간다. 그러나 자서전의 중권에서 하권에 걸쳐서 하쿠세키의 어조는 갑자기 장황해지고 그 명석한 객관조가 흐려지기 시작한다.

『오리타쿠시바노키』는 '분노'의 소산이고, 씁쓸한 정치적 좌절 직후에 여러 시책 실행의 추억이 생생함에는 틀림이 없지만, 그 냉철한 인식가가 장황할 정도로 실제적인 보기를 계속 되풀이해서 필사적으로 자기변명을 하고 있다는 인상을 금할 수 없다. 그러나 거기에 이 자서전의 일종의 생생한 자기폭로의 매력이 존재한다. 객관적인 인식가와 실행가의 자기변명이 섞여서 서로 얽힌다. 그뿐만 아니라 당시의 하쿠세키가 분명하게 그에게 적의를 품은 새로운 장군 요시무네 치하에서 극히 위험한 입장에 놓인 사정도 빠트려서는 안 된다. 바로 얼마 전의 자신의 여러 정책이 차례로 멋지게 무너지고 무효화되는 것을 눈앞에서 보면서 표면적인 불만 따위 한마디도 해서는 안 된다.『오리타쿠시바노키』는 공간(公刊)을 목표로 한 것이 아니라 오직 자손을 위해서 써서 남긴 것이라고 해도, 현 정권에 대한 노골적인 비판은 절대로 조심해야 된다. 어떤 식으로 탐지되고 밖으로 새어나가면 확실히 엄한 단죄가 내려질 것이 틀림없다. 그런 환경 속에서 자기주장과 자기변명은 위험한 줄타기를 생각하게 하는 아슬아슬한 곡예였을 것이다. 왕성한 필력의 소유자인 하쿠세키에게도 이것은 세심한 주의와 기교를 필요로 하는 재주였음에 틀림없다. 그래서 그의 붓이 자주 흐트러짐을 보이고 너무 자세하고 자질구레한 자기변명에 빠지지 않을 수 없다. 그러나 "1716년 5월 하순 붓을 끊는다"[이 연월일은 하쿠세키가 사직한 그날이고, 여기에도 그의 '분노'가 담겨 있는 점은 앞서도 언급했다]고 하는 맺음말 한 구절에 이르기까지 하여간에 하쿠세키는 분발하면서 썼다.

　장황한 느낌은 있다고 해도 전체적으로는 참으로 투지로 일관된 자기주장이다. 자신이 선택하고 행한 시책과 결정이 모두 참으로 일관된 원리와 근거를 뒷받침하고 있음을 집요하게 되풀이하고 있다. 자기정당화의 증언이다. 여기에는 이른바 정(正)의 형태에서의 늠름한 자아주장의 정착이 있다. '모씨의 의견과 같이'라고 하쿠세키는 신들린 사람처럼 되풀이해서 그리고 냉정을 잃지 않고 사소한 재판의 결정 이유에 이르기까지 조리 정연하게 계속 이야기한다. 그의 내적인 '분노'가 이른바 그대로 공적인 주장과 논리로 바뀌고 있다. 이것은 니체 이전의 '이 사람을 보라'이고, 루소 이전의 늠름한 자아발현이었다.

　그리고 이 자서전을 다 읽고 되돌아보니 책머리에 자세하게 그려진 아버지의 이미지가 한층 빛남과 강함을 더해서 다가오는 것처럼 느껴진다. 이 아버지상은 하쿠세키의 분신이 아니고, 어리광의 대상도 아니었는데 '분노'를 계속 불태우면서 견디어내고 이 자서전을 완성시키기 위한 안내의 끈 역할을 하고 있다. "전국시대가 그리 멀지 않은" 세상을 살아갔던 아버지의 상을 저편에 두는 것이 하쿠세키 나름의 자기주장과 자기인식의 용수철이 되고 지렛대가 되었다. 여기에는 안이한 자기동일화의 도취가 아니라 아버지와 아들의 이질감을 인정한 다음에 연속성의 확인이 있다.

제9장 무사적 에고이즘의 계보

하쿠세키의 『오리타쿠시바노키』는 역시 돌연변이 문학현상, 빛나는 공전(空前)의 예외라고 해야 될 것인가? 일본의 '나의 발견'사에서 홀연히 고립된 높은 봉우리라고 보아야만 될 것인가? 갑작스러운 융기(隆起)와 분출로 뜻밖에 바닷속에 나타난 새로운 섬처럼.

벌써 지금부터 80여 년 전에 이를테면 다음과 같은 문학사적인 판단이 이루어졌다.

동양에는 자서전이 적다. 그 무라사키 시키부(紫式部, 생몰년 미상, 974~1014 추정)[1] 일기와 이즈미 시키부(和泉式部, 생몰년 미상, 976~1037 추정)[2] 일기 등에서 말하는 것처럼 일기 영역까지는 이미 나아갔다고는 하지만, 여기서 탈출해서 자서전을 지은 일은 적다. 하쿠세키는 곧 이 오리타쿠

---

1 헤이안(平安) 시대의 여류 문학자. 일본문학의 최고봉인 『겐지 이야기(源氏物語)』의 작가로 일기도 남겼다.

2 헤이안 중기의 여류 가인. 정열적이고 자유분방한 서정시를 남겼고, 연가(戀歌)로 유명하다.

시바노키에서 자세하게 자신의 이력을 적었다. 나는 전에 하쿠세키의 약전(略傳)을 말했는데, 그 자세함은 모두 이 기록 속에 있다. 특히 7대 장군 이에쓰구의 상복(喪服)에 관해서 하야시 노부아쓰(林信篤, 1644-1732)와 논쟁한 바, 또한 화폐에 관한 생각 및 오기와라 시게히데(荻原重秀, 1658~1713)의 간사함을 책망하는 곳 같은 것은 참으로 힘을 다했다고 생각되고, 당시 사정이 분명하게 눈앞을 가로막는 것 같다.

이것은 일찍이 1890년에 나온 『일본문학사(日本文學史)』속의 한 구절로, 저자는 미카미 산지(三上參次, 1865~1939)[3]와 다카쓰 구와사부로(高津鍬三郎, 1864~1921)이다. 아마도 일본 최초의 '문학사'라고 해도 좋을 책이고, 분명히 유럽형 문학사의 자극으로 촉발된 '문명개화'적인 소산이었다. 실제로 그 「서언」에 솔직하게 고백하고 있다.

저자 두 사람이 전에 대학에 있었을 때, 함께 언제나 서양의 문학서를 넘겨보며 그 편찬법이 좋은 것을 감탄하며, 또 문학사라는 것이 있어서 문학의 발달을 자세하게 전하는 것을 보고, 이것을 연구하는 순서가 잘 정비된 점에 놀랐다. 이와 함께 일본에는 아직 그와 같은 문학서가 없고 또 문학사라는 것도 없어서 일본 문학을 연구하는 것은 외국의 문학을 연구하는 것보다 한층 곤란하다는 것을 느낄 때마다 아직도 그것을 부러워하고 이를 안타깝게 생각해서 어떻게 일본에도 그것에 뒤지지 않는 문학서, 또 그것에 떨어지지 않는 문학사를 만들 것인가 하고 원통한 마음이 생기지 않는 적이 없었다.

3 일본사학자. 1932년 귀족원 위원이 됐다.

어떻게 해서든지 '서양'과 어깨를 견주고 싶다는 초조와 '강개(慷慨)'의 산물임에는 틀림없지만, 이 상하 두 권으로 되어 있는『일본문학사』는 실은 뜻밖에 재미있고 편안한 책이다. 최초의 장대한 시도로 당연한 조루(粗漏)함과 소박함을 담고 있으면서도 참으로 젊고 발랄하고 유연할 뿐 아니라 전체적으로 훌륭한 균형 감각도 보이고 있다. 반은 앤솔로지(詞華集)를 겸한 교과서풍의 계몽성 냄새가 강한 책이면서 오늘날도 훌륭하게 읽을 수 있다. 이 책의 바로 4, 5년 전에 나온 쓰보우치 쇼요(坪內逍遙, 1859~1935)[4]가 지은『소설신수(小說神髓)』[5]만 그렇게 많이 다루어져 온 것은 역시 부당하고 편파적이라고 의심하지 않을 수 없다. 함께 나란히 일본 근대비평사의 발단을 그은 역작인데, 한쪽은 이름만 알려지고 화려하게 인기가 있고 다른 쪽은 거의 잊혀가고 언급하는 사람도 드물었다.

이런 너무나도 불공평하고 편파적인 편애에는 실은 우연의 장난이라는 것 이상의 것이 있을 법하다. 하나는 물론 저자들의 그 뒤의 문학적 혹은 문단적인 활동이라는 점이 있다. 그 점에서 둘 사이에 차이가 너무 크다. 미카미 산지도 다카쓰 구와사부로도 원래 문학자가 아니었고 문단과는 아무런 관련도 없었다. 당시 대학원 학생이었던 미카미는 이『문학사』바로 다음 해에는『시라카와 라쿠옹(白河樂翁)[6]과 도쿠가와

---

4 영문학자, 극작가, 소설가. 문학의 사실성을 주장했다.
5 권선징악주의를 배제하고 문학의 독자성을 주장하며, 인정과 세태의 사실적인 묘사를 중시했다. 소설에 시민권을 부여한 획기적인 평론으로 뒤에 자연주의 문학까지 영향을 미쳤다.
6 마쓰다이라 사다노부.

시대(白河樂翁と德川時代)』라는 인상적인 전기 = 사론(史論)을 완성해서 역사가로서 이름을 날리게 되었다. 결국 『일본문학사』는 역사학 교수가 지은 젊은 혈기의 소치라고 할 소일거리에 지나지 않고 정상적인 문학비평으로 취급도 받지 못하게 되어버렸을 것이다. 게다가 문학사는 학문으로, 문예비평과는 별도의 것이라는 일본적인 편견도 한몫을 담당했음에 틀림이 없다. 학문인 이상 계속 등장하는 새로운 업적으로 바뀌어서 낡은 『일본문학사』 따위는 기껏해야 호사가적인 관심의 대상밖에 안 된다고. 그러나 이 젊은 『일본문학사』는 의외로 강렬한 주장을 편 책이었다. 아카데믹한 겨냥도를 들어보려고 한 것과는 분명하게 다른 문학적인 주장을 담고 있었다. 그리고 뒤에 이어지는 세대가 이 『문학사』를 무시하고 냉대한 것은 아무래도 이 문학적 주장 그 자체의 성쇠, 그 운명과 떼어놓기 어렵게 얽혀 있다.

이 젊은 문학자들은 「서언」에서 『소설신수』식의 소설중심주의에 단호하게 도전적인 태도를 표명하고 있다.

> 그런데 저자의 희망은 완전히 그림의 떡으로 바뀌어, 다만 소설만이 편파적으로 발달했고, 세상 사람으로 하여금 문학은 곧 소설이라는 생각을 품게 하기에 이르렀다. …… 원래 소설의 융성이라는 것은 참으로 기뻐해야 하지만, 소설은 다만 일종의 미문학(美文學)일 뿐이다. 역사, 철학, 정치학과 같은 이른바 이문학(理文學)이 이와 서로 나란히 발달하지 않으면 문학의 바른 진보라고는 할 수 없다.

결국 두 청년 학자(미카미는 1865년생으로 이때 25세)가 쓴 이 『문학사』

의 비평적인 모티브는 겨우 수 년 전에 나와서 대단한 반향을 불러일으킨 『소설신수』 비판이었다. 소설이야말로 현대문학 장르라는 쇼요의 주장을 정면에서 'No!'라고 세차게 내던지는 것에 강하게 역점을 두고 있다. 이것은 무엇보다도 젊고 외곬적 주장을 바탕으로 한 정통적인 문예비평서였다.

그곳에서 '에도 시대의 문학'을 논한 「제6편」에서도, 먼저 '한학자의 화한혼화문[和漢混和文(和는 일본을 뜻함)]'에서 '화(和)학자의 아문(雅文)과 와카', 이어서 '하이카이, 하이쿠, 하이분(俳文: 하이쿠 맛이 풍기는 간결한 산문), 교카(狂歌: 풍자와 익살을 주로 한 단카), 교분(狂文: 재담과 풍자를 주로 한 글) 유', 또 '희곡 및 소설'이란 분류 방식을 채용하고 있어서, 소설중심으로 기울지 않은 총체적인 전망에 노력하고 있다. 이것은 오늘날에도 훌륭하게 통용되는 요령 있는 분류이고 멋진 전망일 것이다. 게다가 20대 후반의 저자들은 스스로 문학적인 주장을 서두르는 나머지 적진을 함부로 두드리고 냉대하는 지나침에 빠지지 않았다. 그들이 당면한 적진인 소설 장르에 관해서도 공평과 균형을 잃지 않고 있다. 이를테면 "에도 시대 소설은 실로 이 시대의 문학의 대부분을 점령하는 것으로 그 종류도 대단히 많아, 그 헤이안(平安) 시대 소설이 겨우 모노가타리(物語) 한 종류였던 것과는 비교가 안 된다"고 솔직하게 인정하고 있었고, 또 에도 소설에 관한 '단편, 역사소설 및 골계소설'이라는 세 종류의 큰 구분도 앞을 잘 예측한 적절한 견해이다. '단편'은 '세와모노(世話物: 서민을 주제로 당시의 세태를 묘사한 것)'라고 해야 되고, '연정소설(戀情小說)'은 '단편이 발달하고 변화한 것'으로 그 안에 포함된다는 그 이야기에서 저자들의 구애되지 않는 비평안을 엿볼 수 있다. 소설 편중에 반대하는 그들의 입장은, 과연 최근의 이른바 '경(硬)문학론'의 선구라고 해도 좋은 것이지만, '연(軟)문학'에 대해서 함부로 성급하게 악옥(惡玉)을 퇴치하는 것 같은 멸시하는 시각으로 빠지지 않았다.

나는『일본문학사』의 비평적인 모티브에 강한 공감을 누를 수 없다. 이 책이 받은 냉대와 망각은 실로 이 비평적인 태도와 모티브 때문이다. 너무나 소설중심주의에 대한 도전과 반항이라는 그들의 의도 그 자체가 이『문학사』가 실패하도록 만들었다고 할 수 있을 것이다. '소설만이 편파적으로 발달'이라는 말투는 좀 너무 강하다고 하더라도 '문학은 곧 소설이라는 생각'의 이른바 절대주의의 제패 과정이 일본 근대문학사의 표면적인 정통을 이루어왔다는 사실은 의심할 여지가 없다. 이 책은 이를테면 1907년 무렵의 젊은 독자, 겨우 십 수 년 후의 문학 독자의 눈에는 이미 어쩔 수 없을 정도의 시대에 뒤떨어진 고루한 책으로 비쳤음에 틀림없다. 미카미 등의 비평적 도전 그 자체가 어이없이 패배해서 사라진 것이다. 그래서 자서전 장르의 복권운동이랄까, 일본 문학사에서 그 정상적인 자리매김 요구를 하나의 모티브로 이 연재를 계속 써온 사람으로서, 83년 전의 젊고 의기 왕성한 기획에 일종의 동정심을 느껴서 가볍게 지나칠 수 없는 것이다. 견고한 소설중심주의의 정통에 감히 대항하는 무력한 저항, 돈키호테의 공허함이라는 감회와 함께 뜻밖의 장소에서 동지를 발견한 기쁨을 감출 수 없는 것이다.

그뿐만 아니라 미카미 산지에 관해서는 이미 이름을 든『라쿠옹전(樂翁傳)』이 언젠가 나의 대상과 이어지게 될 인연도 있는데, 그의『일본문학사』는 산문가로서의 하쿠세키를 참으로 높게 평가하고 에도 문학사에서 중핵적인 위치에 놓고 있다. "나는 정치가 하쿠세키보다도 문학가 하쿠세키를 존중하는 점이 크다"라고 분명히 단언하고, 특히 『번한보』의 산문을 절찬하며 다음과 같은 식으로 앞서 인용한 다니자키 준이치로의 견해를 선명하게 선취한 착안이라고 인정하지 않을 수 없다.

그 문장은 참으로 일가를 이룬다. 규모는 대단히 광대하고 필세는 참으로 굳세다. 용모가 아름답고 고우며 게다가 힘이 웅건함을 잃지 않는다. 한(漢)에 흐르지 않고 화(和)에 기울지 않는다. 통속적인 말을 섞어도 고아함을 잃는 일이 없다. …… 전투 중의 사건을 그리는데, 간결하고 강한 붓으로 추망취변(芻忙驟変), 먹이 날고 붓이 춤추고, 빛나고 맑아서 눈에 불이 흩어지는 것을 보는 것과 같고, 귀에 칼과 창이 서로 부딪치는 소리가 들리는 것 같다. 종횡이 자유롭고, 뜻하는 바를 붓이 따르지 않는 것이 없다. 이것을 『태평기(太平記)』[7]와 『겐페이 성쇠기(源平盛衰記)』[8] 등에 비유해도 뛰어날지언정 뒤질 리가 없다. 참으로 천고에 묘문(妙文)으로 일본문장의 순수함이라고 할 수 있다.

무엇보다도 이런 이른바 반(反)소설중심주의 문학관 그 자체는 아무래도 미카미와 다카쓰 두 청년의 독창(獨創)은 아니었다. 민우사(民友社)의 「열두 문호(十二文豪)」 총서에 『오규 소라이(荻生徂徠, 1666~1728)』[9]를

---

7 1373년 무렵 성립된 군기 이야기(軍記物語). 1318년에서 1367년까지 50년 동안의 전쟁의 모습을 간결한 화한혼화문(和漢混和文)으로 그렸다.
8 작가와 성립 연대는 미상. 겐페이(源平) 흥망사를 설화와 해설적 기사를 섞어서 상세하게 그렸다.
9 에도 중기의 유학자. 그 학파는 고문사학파(古文辭學派)라고 불렸다. 저작으로 『변도(辨道)』와 『변명(辨名)』이 있다.

다루고 『아라히 하쿠세키』(1894)를 쓴 야마지 아이잔, 또 『근세문학사론(近世文學史論)』(1897)을 '유학', '국학'이라는 방법으로 쓴 나이토 고난(內藤湖南, 1866~1934)[10] 등이 있고, 한학 소양이 깊은 세대에서는 이런 방법이 상식에 가까웠다는 사정을 빠트려서는 안 될 것이다. 그렇다고 해도 미카미와 다카쓰 두 청년학자는 서양형의 문학사에서 신선한 충격을 받고 그것을 모방한 일본판을 만드는 데 마음을 쓰면서도 서양적인 틀의 직역적인 적용에 구애되지 않는다. 주의나 문학운동이라는 외래의 새로운 카테고리에 함부로 휘몰리고 있는 듯한 '근대문학사'의 병폐는 전혀 보이지 않는다. 일본문학사를 관통하는 문체의 추이라는 굵고 독자적인 세로축을 세워서 관철하고 이것을 중심으로 잘 배려된 전망을 개척한 점은 여전히 두 사람의 비평적 업적이라고 해도 좋다.

    그런데 여기에서 이야기는 첫머리의 인용으로 돌아가는데, 문학사 중에서 진지하게 자서전 장르를 다루고 헤이안 시대 여류 일기와 관련해서 비교를 빠짐없이 언급하고 있는 점도 뛰어난 착안이라고 칭찬하고 싶다. 오히려 모처럼의 이런 신선한 견식을 그 뒤의 일본 문학사가들이 무시해왔다는 점에 한심한 생각이 든다. 『오리타쿠시바노키』는 과연 그 정도로 고립된 산물일까? 일본인의 자서전 충동은 이 에도 중기의 대인식가(大認識家)의 내부에서 갑자기 모든 것에서 독립해서 움직이기 시작하고 완전히 독자적인 형태로 분출하고 정화(晶化)에 이른 것일까? 분명히 하쿠세키는 천재적인 지성인이었지만, 그를 너무나 특수화하고 예외로 취급하는 것은 또 다른 이야기가 될 것이다. 그의 자서전 그 자

---

10 동양사학자. 동양사학의 발전에 기여했으며, 저작으로 『일본문화사연구』 등이 있다.

체도 역사적인 투시도(透視圖) 속에 다시 놓아야 한다. 에도 시대 무사의 자서전이라는 식으로 우선 이야기를 줄여보면『오리타쿠시바노키』와 나란히 떠오르는 것으로 야마가 소코의『유배지에서 남긴 글(配所殘筆)』이 있고, 라쿠옹 마쓰다히라 사다노부의『우하인언』이 있다. 소코는 하쿠세키보다 35년 전에 태어나서 꼭 한 세대 차이가 나고,『유배지에서 남긴 글』이 쓰인 것은 1675년이었으니까 하쿠세키 자서전에서 거슬러 올라가면 약 40년이 된다. 사다노부의『우하인언』의 집필연대에 관해서는 안타깝게도 아직 확실한 정설이 나오지 않고 있는 것 같은데, 사다노부는 하쿠세키보다도 만 1세기 뒤에 태어난 사람이다. 그래서『오리타쿠시바노키』를 40년 정도 거슬러 올라간 곳에『유배지에서 남긴 글』이 위치하고, 백 년 남짓 내려온 곳에『우하인언』이 자리한다. 이들 세 권의 자서전을 비교하면서 읽으면 저절로 세 쪽이면서 한 폭의 그림이라는 말이 떠오른다. 단순하게 연대적으로 잘 흩어져서 나란히 있을 뿐 아니라 세 사람을 암암리에 이어주는 굴레, 또 밑바닥에 흐르는 것을 느끼게 된다. 모두 강렬하고 집요한 자기주장으로 관철되어 있으면서 놀랄 만한 박력과 압력을 갖추고 있다. 게다가 동시에 각각의 기질과 경력과 시대적 배경의 차이가 분명하게 정착되어 있다. 서로 통하면서도 세 사람의 각기 다른 모습의 자아의 형태가 떠오른다. 무사적인 에고의 세 폭의 그림이라고 부르지 않을 수 없다.

문체의 변화에 특별하게 중점을 둔 미카미와 다카쓰의『일본문학사』의 견해에 따르자면『오리타쿠시바노키』와『우하인언』은 순수한 화(和)문체라는 점에서 같은 선상에 있지만, 화식(和式) 한문체인『유배지에서 남긴 글』은 고립될 것이다. 분명히 앞의 두 사람은 부드럽고 자연스러운 표현력과 넓은 살핌으로 서로 상통하는 바가 있고, 무뚝뚝한 강함과 격식 차린 표현형식이 두드러진 『유배지에서 남긴 글』과는 멀리 떨어진 것처럼 보인다. 그러나 그런 문체의 종류와 감촉에 따른 차이에서 한 걸음 더 들어가 보면 소코와 하쿠세키의 자서전 사이에도 뜻밖에 공통점이 보인다. 그 하나는 물론 시대적인 가까움이고, 하쿠세키가 태어난 1657년은 이른바 '메이레키(明曆) 대화재(1657년 1월 18일에 에도에서 일어난 큰 화재)'가 발생한 해로, 그래서 하쿠세키는 어릴 때 '불의 아이'라는 별명으로 불렸다고 한다.

내가 태어난 것은 1657년 정유(丁酉)년 정월의 화재 뒤의 일로, 주군의 저택도 타서 외손(外孫)인 나이토 우콘다이부 마사치카(內藤右近大夫政親, 1645~1696)가 어려서 야나기하라(柳原) 있는 곳으로 도망가서 급하게 임시로 집을 지어서 집사람들을 그곳에 있게 했는데, 그해 2월 10일 오전 8시경에 임시 주거에서 태어났다. 그래서 내가 어렸을 때는 불의 아이라고 주군이 불렀다.

그해 소코는 35세였는데 그의 집도 이 불로 타서 시다야(下谷)[11]에 있는 지인 집으로 양친과 함께 피난했다. 소코의 일기에 그동안의 모습이 자세하게 기록되어 있다. 화재는 1월 18, 19일 양일간에 계속해서 발생했는데 소코의 집이 탄 것은 19일이고, 이날 "북풍과 서북풍이 아주 강해서" 소코는 우연히 외출 중에 화재라고 사람들이 외치는 소리를 들었다.

11 도쿄도 다이토 구(東京都台東区) 서부의 지명.

귀가하는 중에 빠른 바람이 모래와 돌을 날려서 동서를 분간할 수 없었다. 사람들은 화재라며 뛰고 바람이 강해서 사방이 모두 먼지라서 보이지 않았다. …… 놀란 말이 동서로 달리고 연기가 사방을 뒤덮고 이 사이에 불이 이다(飯田) 마을을 태우고 다야스(田安) 문으로 옮겨졌고 곧장 혼마루(本丸)에 이르렀다. 덴슈(天守)가 타고, 성안이 곧장 불에 휩싸이고 나의 집도 불에 타고 …… 에도 안이 반은 소실되었다.

소코는 다시 이렇게 기록하고 있다.

　대략 18, 19 양일간 사망자가 10만여 명 …… 정(町) 중에 36정 10리로 200리 8정, 간(間) 수 4만 8천 간, 무사 집 800채, 정(町)으로 7리 8정, 정(町) 중에서 집주인이 타 죽은 사람은 14정 12간, 굶어 죽은 사람도 대단히 많다.

　또 "여염(餘炎)이 땅을 덮고 집의 잔해가 도랑에 넘쳤다"라든가, "식량이 거의 없어지고 짚신 한 켤레가 50전"이라든가, 자세한 숫자까지 기록하고 있다. 소코로서는 의아할 정도의 숫자적인 정밀함으로 재해가 대단함과 함께 저절로 『호조키(方丈記)』[12]의 작가를 생각나게 하는데, 과연 소코는 이럴 때도 사적인 감회는 전혀 적지 않고 있다. 다만 이날의 페이지에 "나약하다고 할지 모르지만 무사시노(武藏野)[13] 사람

12　가모노 조메이(鴨長明, 1155~1216)가 지은 수필. 염세적인 불교관이 전편을 꿰뚫고 있으며, 출가해서 방장(方丈)에서 산 생활과 경험이 그려져 있다.
13　도쿄 도 서북부의 교외 도시.

도 곤란하고 나도 곤란하다", "전소된 것이 무정하게 보이네. 우리 집의 붉은 흙만이 집이란 것을 말하네"라는 그다지 뛰어나지도 못한 교카를 세 수 써넣고 있는 것은 그 자신이 읊은 것일까? 그렇지 않으면 풍문으로 들은 것일까? 뜻밖의 에도식의 풍류를 느끼게 된 것일까? 그렇지 않으면 이런 형태로 지난해 9월에 막 수리한 '새집'을 소실한 안타까움을 달랜 것일까? 하여간에 이런 부분을 읽으면 오직 무사도(소코는 오직 '士道'라고 했지만)를 최초로 창도(唱導)한 사람이라는 굳은 이미지의 소코의 뜻밖의 맨얼굴이 언뜻 비쳐 보이는 재미가 있다.

　소코가 죽은 것은 1685년으로 그때 하쿠세키는 28세로 두 사람은 30년 가까이 같은 시대 사람으로 산 셈이다. 그뿐만 아니라 소코와 하쿠세키는 둘 다 '낭인의 자식'이라는 공통점이 있었다. 하쿠세키 부자가 주군인 쓰치야 도시나오(土屋利直, 1607~1675)가 죽은 뒤 여러 가지 고생을 한 것은 앞에서도 언급했다. 소코의 아버지 사다모치(山鹿貞以)는 세키 가즈마사(關一政, 1564~1625)를 모시고 있었는데, 그동안에 "동료를 죽이는" 사건을 일으켜서 아이즈(會津)[14]로 도망가서, 가모 우지사토(蒲生氏鄕, 1556~1595)의 아들 히데유키(蒲生秀行, 1583~1612)의 노신(老臣) 마치노(町野) 아무개에게 몸을 맡겼다. 그곳에서 마치노 집안의 하녀를 맞이해서 소코가 태어나게 되었는데, 소코가 5세 때 가모의 당주가 죽어서 후사가 없기 때문에 집안이 단절되어 마치노도 에도로 옮기지 않을 수 없었다. 마치노는 에도에서 막부에서 일하게 되어 소코 일가도 그 뒤를 따라서 에도로 옮겼고 손님으로 신세를 졌는데, 얼마 뒤에 소코의

---

　14 후쿠시마(福島) 서쪽의 지명.

아버지는 삭발하고 수현암(修玄庵)이라 부르는 의사(醫師)가 되었던 것 같다. 특히 소코 자신이 제작한「가보(家譜)」에 따르면 "삭발하고 은거해서 몇 년이 지나자"라고, 말하자면 겉만은 은자 생활을 한 것처럼 쓰고 있다. 원래『유배지에서 남긴 글』은 오직 소코 자신의 경력을 기록하는 것으로 시종하고 있어서,『오리타쿠시바노키』처럼 아버지와 지인에 관함 추억담은 전혀 나오지 않는다. 오직 간략하게 쓰려는 의지 때문이었겠지만, 그 점이 풍만감이 없고 성에 차지 않는다. 다만 그 대신에 소코는 자세한 계보도에 할아버지 이후의 일가 사람들의 약력을 붙인「가보」를 남기고 있다. 지금 인용한 부친관계의 이야기도「가보」에 의한 것이다.

소코의 아버지 사다모치는 1585년생으로, 즉 혼노지(本能寺)의 변 3년 뒤에 태어났으므로, 문자 그대로 전국시대 무사로, 앞서 인용한 '동료를 죽이고' 도망간 이야기는 사다모치 20대 중반의 사건으로 참으로 전국시대의 여진이 아직도 진정되지 않은 살벌한 시기의 냄새가 짙다는 느낌이 든다. 다만 소코는 하쿠세키처럼 묘사하지 않았다. 이를테면 '마치노와 사다모치는 어떤 사이였는가? 몇 년이나 그것도 자신의 일신상에 커다란 변동이 생긴 다음에도 야마가 일가를 그 정도로 대우해준 것은 도대체 무슨 이유일까? 소코의 아버지 사다모치가 상당히 매력적이고 능력을 갖춘 인물이었기 때문일까?'라는 의문이 계속 생기지만 소코는 아무것도 이야기하지 않는다. 마치노의 일관된 호의 덕분에 야마가 일가는 낭인으로서는 예외적으로 혜택받은 생활을 보낸 것 같고, 하쿠세키의 경우처럼 궁핍함은 한 번도 경험하지 않은 것 같은데, 일정한 직업이 없는 불안정함은 언제나 따라다녔음에 틀림없다. 다만 이 부자간의 경우 그것이 이른바 플러스의 적극적인 방향으로 작용했다. 소코의 아버지는 이상할 정도로 교육열이 강했고, 또 그에 부응해서 아들의 놀랄 만큼 조숙하고 재주가 뛰어난 모습은, 낭인이라는 경우의 강한 탄력을 생각하게 한다.

『유배지에서 남긴 글』의 첫머리는 이를테면 J. S. 밀(John Stuart Mill, 1806~1873)의 『자서전』을 연상하게 하는 열정적인 조기 교육의 계속되는 빛나는 성과로 장식되어 있다. 물론 소코는 자랑스러운 말투는 쓰지 않는다. "6세 때부터 아버지의 말씀대로 학문을 배우게 되었는데, 재주가 없어서 겨우 8세 될 무렵까지 사서오경(四書五經) 칠서(七書) 시문서(詩文書)를 대강 읽었다"고 하는 투로 대단히 소극적으로 쓰고 있지만, 그 소극적인 것 바로 뒷면에 강렬한 자신감과 야심의 냄새를 풍긴다. 9세가 되자 곧장 이나바 니와모리(稻葉丹羽守)의 소개로 당시 유학의 최고 권위자였던 하야시 도슌[林道春(林羅山), 1583~1657][15] 밑으로 가서 도슌이 직접 내는 시문(試問)을 받았다. 논어를 '훈점(訓點, 한문을 읽기 쉽게 한자의 위나 주변에 추가된 부호나 발음표기 등의 총칭) 없는 중국책'으로 읽으라고 했는데, 시골 선생에게 배운 결점은 별도로 하고 "기특하다"라고 감탄했다고 한다. 그리고 "11세 봄에 설날 시를 처음으로 써서 도슌에게 보였더니 한 글자를 고치고 즉시 서문을 쓰고, 어린 사람의 글로는 감탄되는 것으로 서장(書狀)을 이에 붙인다. 화운(和韻)을 따르게 되었다"라고 되어 있다. "한 글자를 고치고"라는 자세한 내용이 잘 살려

---

15 에도 초기의 유학자. 도쿠가와 이에야스 이하 4대 장군의 시강(侍講)이 됐다. 막부 문교제도의 기반을 이루었다.

져 있어서 꽤 공들인 참으로 교묘한 자기과시임에 틀림없다. 결국은 11세 소년이 처음으로 지은 시가 겨우 '한 글자' 고쳤을 뿐으로 도슌의 전적인 칭찬을 들었다는 자랑이다. '재주가 없어서', '겨우 8세 될 무렵까지'라며 '한 글자' 고쳤다고 고백해서 언뜻 보기에는 조심스럽게 겸양을 나타내는 것처럼 보이면서, 실은 참으로 조숙하고 잘하는 아이였다는 결론으로 끌고 간다. 그 이후 나이 순서로 이야기하는 『유배지에서 남긴 글』은 적어도 전반은 이런 종류의 젊은 무훈담의 나열이다.

"14세 무렵, 시문(詩文) 모두 잘하게 되었다" 운운하면서, 또 "15세 때 처음으로 대학(大學)을 강역하고 청중이 많았다"라든가, "16세 때" 두 사람의 다이묘가 원해서 맹자를 강역하고 스스로 "젊은 때"라서 "분명히 잘못된 일만" 많았지만이라고 해놓고, "그때의 의(義), 마키다 겐조(蒔田權助), 도미나가 진사부로(富永甚四郎) 등 지금도 기억한다"고 아무렇지도 않게 맺고 있다. 다시 '어리고 약할' 때부터 군학(軍學) 공부도 시작해서 '21세 때' 스승인 오바다케 간베에(尾畑勘兵衛)로부터 '인가(印可)'를 받기에 이르렀는데, 그때 "새삼스럽게 제자 중에서 한 사람도 받은 적이 없는 인가의 부상(副狀)"이란 것을 내려주었다고 쓰고, 그 '부상'의 문장까지 빈틈없이 인용한 다음 "마지막에 나를 칭찬하는 이 문언을 간베에가 직접 좋아했다"고 맺고 있다. 이렇게 읽게 되면 이것이야말로 야마가 식의 전략의 틀이라고 비아냥거리고 싶을 정도로 비슷한 투의 자기선전과 자랑만 계속 늘비하다. 물론 『유배지에서 남긴 글』은 에도시대 대부분의 자서전과 마찬가지로 간행할 것을 목표로 한 것은 아니었다. 오직 자손의 위해서 써서 남긴 내면적인 이야기이고 자손을 향한 교육용 본보기라는 의도가 작용한 것은 무시할 수 없다. 이것을 간단하게 세상을 향해 또 후세를 향한 자기선전이라고 받아들이는 것은 분명히 지나치겠지만, 이런 일련의 말투에 소코 식의 패턴이라고 할 만한 것이 일관되고 있는 점은 의심할 수 없다. 우선 겸손하게 뒤로 물러나 있으면서 실은 강하고 크게 자신을 밀어내는, 이른바 일 보 후퇴 이 보 전진의 전략이다. 『유배지에서 남긴 글』의 처음 서두가 벌써 이 패턴을 따르고 있었다. "우리 평범한 사람들은 특별한 덕이 없고 재주가 짧아 좀처럼 높은 자리의 말석에도 나아가는 자가 없는 터이지만, 어릴 때부터 그렇지 않은 사람도 있어서"라고 써서 시작하고 있다.

소코는 꽤 강한 전략가였다고 투덜거리지 않을 수 없고, 이런 일종의 비하하는 이야기라는 레토릭에 치밀어 오르는 분노를 누르기 어려운 점이 있다. 그러나 과연 이것을 잘난 척하며 우쭐대는 노인의 공적담이나 자손을 향한 자만 투의 설교라고 단정할 수 있을까? 『유배지에서 남긴 글』이라는 제목을 다시 주목해야 된다. 이것은 문자 그대로 유배된 장소에서의 '남긴 글', 유언장임에 틀림없다. 추방의 쓰라림을 당하고 유배생활을 강요당한 53세의 사내가 쓴, 몸(William Somerset Maugham, 1874~1965)[16]이 말하는 이른바 요약(summing up), 생애총결산이었다. 그 점에서 『오리타쿠시바노키』와 이상하게 비슷한 인연을 생각하게 된다. 동시에 낭인의 아들이라는 점이 적극적인 용수철이 된 강렬하고 집요한 자기주장의 글이며, 편안하게 양성적으로 발산하기보다는 어딘가 굴절된 음영을 갖춘 집요한 느낌이 서로 통하는 바가 있다. 낭인의 아

---

16 영국의 소설가이며 극작가. 평이하고 이야기성이 풍부한 작품을 남겼다. 대표작으로 『달과 6펜스』와 『서밍업(The summing up)』이 있다.

들이라는 울분과 불안은 오히려 그들의 자아를 강하게 단련하고 강한 불굴성으로 단련되는 방향으로 작용했다. 솔직한 자기확충은 없는 대신, 이른바 강한 승부욕으로 끈질긴 일관성이 공통된다. 불의에 당하는 역경에도 굴하지 않고, 아니 역경이 되면 점점 대단히 강하게 도전하고 자신을 관철하지 않고는 못 견디는 밑바닥의 자아이다. 게다가 이 두 사람이 자서전을 집필한 사정은 이상하게도 비슷한 점이 있다. 60세의 하쿠세키는 막부 정치의 최고 고문역에서 갑자기 파면당한 직후부터 자서전을 쓰기 시작했다. 빛나는 명성과 권력의 지위에서 실추된 바로 뒤에 자서전 집필로 이어졌다. 정치 영역에서의 자기주장이 단절된 곳에서 문학표현의 영역에서의 자기주장이 시작된다. 『오리타쿠시바노키』는 하쿠세키에게는 '유배지에서 남긴 글'임에 틀림없다.

"1675년 정월 11일"이라고 『유배지에서 남긴 글』의 말미에 쓰고 있다. 1675년 이때 소코 야마가 진고사에몬(素行山鹿甚五左衛門)은 53세, 유배지 아코(赤穗)[17]에 보내져서 꼭 10년째에 해당된다. 결말 한 구절에서 소코 자신이 그 사정을 언급하고 있다. "금년은 유배되어 10년째가 된다. 대개의 것은 10년이 되면 변한다. 그렇다면 금년 내가 유배지에서 보람 없이 죽을 때가 되었다고 각오하고 있다." 그리고 10년째의 연초에 유서를 쓸 목적으로 이 자서전을 쓰기 시작한 것이다. 10년이면 반드시 사태가 변한다는 소코 식의 신비적인 느낌은 어떤 의미에서 완전히 어긋났지만 다른 의미로는 멋들어지게 적중했다. 이해 "유배지에서 보람 없이 죽는다"는 예감은 맞지 않았지만, 이해 7월에 갑자기 에도

17 효고(兵庫) 현 남서부의 하리마(播磨)에 임한 곳.

에서 사면장이 전해져서 8월 초에는 다시 에도로 돌아올 수가 있었던 것이다. 그의 일기 7월 3일의 쪽에 "작년 24일 사면을 알리는 연락이 있었고 오늘 아침 왔다"고 간결하게 적혀 있다.

『유배지에서 남긴 글』은 제목이 말해주는 바와 같이 유서로 쓰였다. 그래서 소코 식의 비하 같은 레토릭 중에도 노먼 메일러(Norman Mailer, 1923~2007) 식의 이른바 '나 자신을 위한 선전'을 주장하는 것은 역시 부당하고, 유배지에서 가장 불우한 때 죽음을 각오하고 쓴 총결산, 마지막 순간에 이를 악무는 것 같은 자기주장이라고 받아들여야 할 것이다. 실지로 소코 자신은 이 점을 알아차리고 '앞에서 한 말들이 자찬처럼 들리지만 지금은 염려할 필요가 없으므로 감히 써서 남기니, '내 각오'를 충분히 읽어주었으면 한다고 덧붙이고 있다. 나 자신 이때의 소코와 연령적으로 가까운 탓일지도 모르지만, 결국은 오가이의 이른바 '칸막이'로 끝난 이 유서로서의 자서전에 기묘하게 가까운 공감을 누르기 어렵다. 항목을 쓴 것같이 멋없는 그의 업적의 나열조차도, 이러한 자신의 죽음의 예감이라는 조건 속에 자리 잡고 다시 보면 일종의 이상한 인광(燐光)을 뿜어낸다. 소코에게는 유배라는 수난이 있었고, 이런 외부에서 내려온 정치적 압력과 좌절에 대해서 이른바 전신전령을 기울여 반응한 결과가 『유배지에서 남긴 글』이었다. 외적인 강대한 압력과 떨쳐버릴 수 없는 수난을 향해서 그의 쪽에서는 대치할 수 있는 것으로는 다만 한 가지 낭인의 아들로서의 자아와 자긍밖에 없었다. 이른바 고독한 총력전이었고, 스스로의 경력과 업적 속에서 볼 수 있는 모든 수단과 자원을 남김없이 이용해야만 되었다. 분명히 소코는 레토릭상의 전략을 조종하고 있는데 그것조차도 고립무원의 전사에게 필사적인 수단이었던 점을 놓쳐서는 안 될 것이다. 하쿠세키와 마찬가지로 『유배지에서 남긴 글』 또한 '분노' 에너지의 결집과 정화였다.

그래서 소코의 자서전에서의 극적인 핵심과 그 클라이맥스가 10년 전의 실추의 순간과 추방선고 당일로 압축되는 것은 당연할 것이다. 이미 인용한 '6세' 이후의 항목을 나열한 중복도 실은 이 하이라이트, 극적인 절정에 이르기 위한 준비임에 틀림없다. '25세' 때까지 연대순으로 더듬고, 그 뒤 그의 군학(軍學)에 대한 평판이 높고 여러 다이묘로부터 입문, 나아가서는 일하라는 신청이 연달아 있었다는 일화를 몇 개나 아무렇지도 않게 중첩시키는가 했더니, 소코의 붓은 일변해서 클라이맥스를 향한다.

1666년 10월 3일 오후 3시, 호쿠조 야스후사(北條安房守)가 편지를 보내왔다. 접은 종이에 자필 편지이다.

"만나야 될 용건이 있으니 빨리 우리 집으로 오거라. 이상.

10월 3일 호쿠조 야스후사

야마가 진고자에몬 앞"

편지의 답

"보내주신 편지 황공하게 읽었습니다. 말씀하신 것을 받들어야 하는데 공적인 일이 있어서, 빨리 댁까지 찾아갈 뜻을 황공하게 말씀드리고, 추후에 찾아뵙겠습니다. 이상.

10월 13일 야마가 진고자에몬

호슈 님"

이런 두 통의 편지는 간결하고 솔직한 대치로, 대결 무대는 일찍이 설정되었다. 전후 사정은 몽땅 없애버린 간결한 필치가 한층 효과적이고, 확 조여드는 긴박감이 충만한 극적인 공간이 순간적으로 나타난 분위기이다. 그리고 이때 아직 저녁을 먹지 않은 소코는 "식사를 기분 좋게 마치고 목욕을 했다. 그리고 아주 평소처럼 일어서면서 유서 같은 글을 써서 남겼다". 목욕한 뒤 "일어서면서" 유서를 다 썼다는 자세한 부분이 참으로 인상적이다. 이런 묘사는 마치 오가이의 역사소설의 세계이고, 이를테면 오가이가 쓴 순사(殉死)나 할복자살을 앞둔 무사의 낮잠 장면의 묘사와 그대로 통하는 것으로 느껴진다. "사형을 말씀하실" 것이라고 당국에 내밀기 위한 유서를 재빨리 쓰고, 다시 "대여섯 곳에 글을 남겼"는데 그때 "일부러 나이 든 어머니에게는 보내지 않고"라고 덧붙이고 있다. 설명을 뺀 이 상세한 부분도 또 참으로 잘 통하고 있다.

그런데 이해 소코는 45세, 고발당한 문제의 책 『성교요록(聖敎要錄)』을 쓴 것은 그 전해로, 나이 든 아버지 수현암을 잃은 것도 같은 해였다. 그의 일기를 보면 이해 1666년 여름 소코는 건강이 나빠진 듯하다. '미양(微恙)'이라든가 '학질로 약을 먹는다'라든가 '학질 재발'이라는 문자가 되풀이되고, 9월 15일에는 남자아이 탄생과 동시에 그 생모 '첩 후치(不知)'의 죽음이 겹치는 사건이 발생한다. 이 남자아이 만스케(萬助)는 그 뒤 그의 일기에 자주 등장하는 이름으로, 스스로 사서(四書)를 읽히고 활 쏘는 법을 배우게 하고 병학을 전수하면서 교육에 열중했고, 드디어 이 아들에게 『무교전서(武敎全書)』의 강의를 시키기에 이르렀다. 참으로 사랑스럽고 신뢰한 아들이었던 것 같아서, 그 생모의 묘소인 절에 참예한 기사가 일기에도 몇 번이나 나온다. 남자아이 출생과 그 생모의 갑작스러운 죽음이라는, 40대 중반의 중년 남자에게는 그것만으로도 사건이 많은 가을이었을 텐데,『성교요록』으로 인한 필화라는 소문은 실은 이 아이가 태어나고 일주일도 되기 전에 소코의 귀에 들어왔다. 9월 21일 무렵에 내방한 지인의 입에서 이 이야기가 전해져,『성교요록』은 주자학을 '비방'한 책이라고 간주하고, "호시나 히코 노 타이슈[保科肥後太守, 호시나 마사유키(保科正之), 1611~1673] 대단히 이것을 화내다"라고 되어 있다. 이날 안으로 소코는 스치야 단슈(土屋但州)에게 해명하는 편지를 보냈는데, 그 4일째에는 이미 혼다 다이슈(本多對州)의 입에서 "성교요록의 죄, 당국 이미 결정하다"라는 뜻을 들었다.

    그런데 모든 이런 사정은 그의 자서전에서는 완전히 제거되어 있다. 갑자기 극적인 핵심으로 밀고 들어가고, 한숨에 클라이맥스로 그저 밀고 나간다. 이 직진과 질주를 방해하는 세부적인 모든 것은 내쫓고 있다. 이를테면 당일의 일기에 저녁을 마치고 나서 처자식을 향해서 "모두 목숨이 있으므로 병이 난다. 이 같은 것만 남편의 처자로 그 뜻을 보아야 한다"고 말했다고 하는데 이것도 생략하고, 또 노모에 관해서 "내가 어머니를 보고 싶은 마음, 어머니가 반드시 비탄하고, 따라서 뵙지 않는다"고 하며 만나러 가는 것을 단념한 이유를 설명하는 것조차 자서전에서는 결벽하게 빼고 있다. 여기에 작용하고 있는 것은 강렬한 극적 집중의 원리이고, 자기극화를 향한 충동이 작용하고 있을 것이다. 어떤 의미에서 스스로를 극의 주인공이라고 믿는 바가 없으면 일관된 자서전을 완성할 수도 없을 것이다. 그러나 여기에서 발견되는 것은 거의 극한까지 조여진, 그 의미에서 거의 순수하게 로맨틱한 자기극화의 전형은 아닐까? 표현이야말로 참으로 고전주의적으로 강하게 억제되고 의식화되어 있지만, 아니 그 때문에 오히려 자기극화를 향한 충동이 분명하게 비쳐 보이는 듯이 생각된다. 이미 이야기한 실례를 되돌아보자면, 우치무라 간조의 자서전과 이백 수십 년을 건너서 서로 메아리를 나누고 있는 분위기이다. 자기극화를 근대 작가의 모든 연기설의 좁은 틀 속에 가두려고 하는 것이 아닌 한, 일본에서 로맨틱한 에고이즘, 자아의 영웅화, 자아숭배의 계보, 연원은, 아득히 거슬러 올라가서 추구할 필요가 있을 것이다. 적어도 소코가 발산하는 자기극화의 붉은 실은 간조와 덴신을 거쳐서 미시마 유키오(三島由紀夫, 1925~1970)[18]로까지 통하고 있는 것처럼 생각된다.

그런데 소코는 이날 젊은이 두 사람을 데리고, "말을 타고 보슈(房州) 공에게 가게 되어"라고 했는데, 위험한 선고장에 '말을 타고' 간다는 것도 나로서는 로맨티시즘의 냄새를, 좋은 뜻으로 로맨틱한 거드름을 느끼게 된다. 전체적으로 장식이 없는 멋없는 소코의 문체도 이 클라이맥스에 이르러 요염한 빛을 발한다. 앞으로 두 쪽 정도를 그대로 인용하고 싶을 정도인데, 막상 호쿠조 저택에 도착해보니, "문 앞에 사람과 말이 많이 보였다. 바로 지금 어딘가로 떠나려는 듯이 보인다"고 아무렇지도 않게 단문을 중첩시켜서 아이러니컬한 효과를 내고, 어쩌면 "내가 만일 불참하면" 집으로 밀고 가서 "밟아 없애버리려는" 계획이었던 것 같다. "나는 칼을 하인에게 맡기고 안으로 올라가 웃으면서, 말씀하실 것이란 무슨 일이십니까? 여기는 의외로 사람도 많이 있으니 안으로 들

---

[18] 소설가이며 극작가. 고전주의와 유미주의를 통일한 화려하고 역설적인 문체를 확립했다. 대표작에 『금각사(金閣寺)』가 있다.

어가지요." 이 '웃으면서'가 선명하게 효과를 발휘하고 있다. 실은 이 '웃음'은 같은 장소에서 다시 한 번 나오는데, 분명히 풍자와 반항의 웃음이면서 음침한 곳은 없고 어딘가 가볍고 건조하다. 게다가 호쿠조(北條)로부터 "네가 만사에 괘씸한 책을 지었다는 것을 아사노 나이쇼(淺野內匠)에게 맡겨라 운운"이라는 선고를 받은 때도 "괘씸"하다고 말씀하시는 것은 "그 책의 어떤 곳을 말씀하십니까? 듣고 싶습니다"라고 되물으며 즉각 반문하고 있다. 당시로서 이것은 말로 하는 최대한의 반항이었을 것이다. 칼날이 번득이는 것 같은 처절함이 깃든 장면이 아닐까? 이 반문은 불발로 끝난다. 그쪽도 여러 가지 할 말이 있겠지만, 이렇게 정해진 이상은 "변명이 되지 않는다"고 상대가 말하자 그 이상은 이미 밀어붙일 수도 없다. 그리고 그 대신이라는 듯이 소코는 다시 한 번 예의 '웃음'을 웃는 것이다. 얼마 뒤에 나이쇼 우두머리의 부하가 인수하러 나타나자, 감찰관 밑의 관리가 "소란스럽게" 격해지며 재촉했다. "나는 웃음으로 예를 표했다"고 소코는 썼다. 마치 가부키의 한 장면처럼 딱 맞는다. 사람에 따라서는 약간 지나치고 너무 연극 같다고 할지도 모른다. 이때 극적인 효과가 소코 자신의 내면에 작용하고 있던 점은 거의 의심할 여지가 없다. 그것은 곧 이어서 "이때 작법 남은 것이 없기 때문에, 우나이쇼 우두머리 사람들과 그날 밤 이야기했다"고 덧붙이고 있다. 그러나 현실적인 반항 수단이 완전히 결여된 한 명의 사상가, 또 표현자로 보면, 그리고 또 이 장면을 극적인 클라이맥스로 받아들이면, 참으로 흠 잡을 곳 없는 성과라고 인정해야 된다.

게다가 이 장면에는 종결부(coda)가 붙는다. 10년 뒤 되돌아본 소코는 예의 '선 채로' 적은 유서를 그대로 베낀 것이다. 호쿠조에서 호출하는 편지가 왔을 때는 사형인지 유배인지 몰랐다. 만일 사형이라면 내밀 예정으로 주머니에 품고 갔던 유서를 소코는 주의 깊게 보존해둔 것 같다. 그 문서는 참으로 격렬한 것으로, 『성교요록』의 정당성을 강조하고 세상의 속된 학문인 유학의 부패된 무리는 "내 책에 관해서 한마디 논해서도 안 되고 한마디도 규탄해서도 안 된다"고 주장하고 있다. 내 책을 죄로 삼으려고 하는 것은 이런 무리의 참언 탓임에 틀림없다. "나는 비로소 내 말이 대도(大道)에 의심 없음을 만족한다"고 쓰고 "그런 나를 죄인 취급하는 사람은 주공(周公) 공자의 도를 죄인으로 취급하는 사람이다"라고 내뱉고 있는 것이다. '나', '내 책', '내 말'이 자주 나오고 강조하는 것에 주목해야 한다. 사형의 위험에 직면한 이 유서에는 소코의 에고가 분출하고, 아니 거의 범람이 이루어진 것을 알아차릴 것이다. 그리고 '선 채로' 적어 주머니에 넣은 이 유서를 오늘 꺼내어 다시 읽으니 아무래도 갑작스러운 일이라서 '좋지 않은 글쓰기'라는 느낌이 든다. '그러나'라고 그는 덧붙이고 있는 것이다. "황공스럽지만 일본의 크고 작은 신, 한 글자도 뒤에 고치는 일 없이 참으로 나의 사세(辭世)의 한 구절이다"라고. '한 글자도 뒤에 고치는 일 없이'라는 곳에 소코의 혼신의 힘이 깃들어 있다고 느껴진다. 10년 전 어느 날 위급할 때, 격정을 누르기 힘들어 한숨에 쓴 글은 '한 글자도 고쳐서는' 안 된다. 아니 고칠 필요가 없다. "참으로 나의 사세의 한 구절이다."

  10년 전의 어느 극적인 순간이 소코의 생애의 하나의 정점이고, 이 순간을 상상력 속에서 다시 되새기고, 흔들림 없는 형태로 정착시켜 버리려는 곳에 그의 자서전의 중핵의 모티브가 존재한다고 단정해도 좋을 것이다. 『유배지에서 남긴 글』이라는 제목 자체가 이런 복잡한 배음(倍

音)을 울린다. 이것은 이중의 의미로 유언장이다. 44세의 유언에 극적인 핵심을 둔 53세의 사내가 쓴 유언장.

여기서 다시 『오리타쿠시바노키』와의 관련으로 돌아가자면, 역시 이 두 권의 자서전은 이어지면서 분명히 나누어져 있다. 자질과 세대 차이는 분명하다. 자기주장이 강렬하고 집요한 모습은 비슷하면서, 그 스타일과 방법은 분명히 그 질이 다르다. 하쿠세키는 50대 중반이 지난 아버지였으므로 소코를 그대로 꼭 하쿠세키의 아버지 세대와 중첩시킬 수는 없지만, 소코 또한 '전국시대가 그리 멀지 않은' 시대에 속한다. 그리고 두 사람의 자서전에서 가장 현저한 차이의 하나는 아버지의 이미지의 위치와 역할일 것이다. 둘 모두 장수를 누린 아버지였는데, 소코의 자서전에서는 아버지는 아무런 역할을 하지 않는다. 아니 거의 언급조차 하지 않는다. 『유배지에서 남긴 글』은 그 점에서 멋지게 자기 완성된 자서전이고, 놀랄 정도로 일관된 '에고이즘의 회상'이다. 『오리타쿠시바노키』에서 아버지의 이미지의 선명함과 크기와는 양극이라고 하고 싶을 정도로 떨어져 있다. 결국 소코는 자기정착과 자기극화를 위해 아버지의 이미지를 필요로 하지 않았다. 그는 『유배지에서 남긴 글』에서 반주자학 선언, 또 『중조사실(中朝事實)』에서 일본주의의 선양이라는 식으로 계속 스스로의 극적인 계기를 뽑아내고 부풀어가게 하는 타입의 말하자면 체질적인 낭만주의자로, 소코에게 무엇보다 절실한 것은 내적인 에고의 이른바 자동운동일 뿐이었다. 외적인 인간, 사물의 이미지 같은 것은 이의적(二義的)인 의미밖에 가질 수 없는 ― 가령 그 자신의 아버지라도 이 점에서 어디까지나 인식의 사람이고, 인식의 사람인 한 현실적인 인간, 실제적인 인간이었던 하쿠세키와는 참으로 별세계의 종족이었다. 하쿠세키의 『번한보』에 대해서 소코의 『무가사략(武家史略)』이 있고, 또 『독사여론(讀史餘論)』과 『고사통(古史通)』에 대해서 『중조사실(中朝事實)』이 있지만, 외적인 객관적인 현실인식과 분석에서는 소코는 하쿠세키에게 미치지 못한다고 할 수 있다.

그러나 그만큼 자기완결의 에고이스트로서는, 소코는 보다 철저하고 보다 순수한 존재였다. 일본형의 낭만주의의 계보를 생각해본다면 소코는 그 발단에 서는 한 사람일 것이다. 소코의 이른바 사도(士道)는 실인즉 허업(虛業)인 무사라는 파악이 출발점을 이루고 있다. 농공상이 명확한 기능과 직분을 갖는 것에 대해서 무사에게는, 적어도 평소의 무사에게는 아무런 역할도 찾을 수 없다. 그러면 사회적 기능이 없는 무사는 무엇이며, 무엇을 할 수 있었을까 하는 발상으로, 이른바 순수 아웃사이더의 자기규정의 문제였다. 이것이 참으로 낭만적인 자기탐구라고 할 수 있을 것이다. 이에 대해서 하쿠세키는 보다 객관적이고, 실무가이며 관료로서 자신의 직분을 믿고 받아들이고 있었다. 그리고 갑작스러운 좌절이 생겼을 때, 결국 실무가로서의 자신에게 배반당했을 때 비로소 참된 자기탐구와 자기규정이라는 문제에 착수했다. 아니 그곳에 내몰렸다고 할 수 있을 것이다. 그리고 그때도 아버지로 대표되는 전국시대 무사라는 순수한 행동자를 맞은편에 세우지 않을 수 없었다. 스스로 전국시대 무사를 몸 안에 느끼고 있던 소코와는 다른 것이다. 말하자면 전국시대 무사의 체질과 태도를 그대로 평화의 시대로 파고든 것에 소코의 문제가 있었다면, 이것을 아버지의 이미지로서 대상화함으로써 다른 자아의 조형(造型)과 정착에 열중한 것이 하쿠세키의 문제였다. 그러면 하쿠세키로부터 1세기 뒤의 『우하인언』의 저자의 경우는 어떤가? 서로 연결되면서도 각각 명확한 다른 극(極)을 만들었다. 이른바 에 도적 자서전의 삼각형, 무사적 에고의 세 폭의 족자에서 한동안 계속 눈을 뗄 수가 없다.

제10장 대호사가(大好事家)의 자아구조

극적인 흥분과 집중도 면에서는, 간결하고 격렬한 『유배지에서 남긴 글』(1695)이 필두에 올 것이다. 그러나 참으로 긴장되고 괴롭다. 『오리타쿠시바노키』(1716)는 태평한 외부 세계에 대한 관심이 있고 풍부한 묘사력이 있다. 앞의 작품이 자아라는 한 점에 집중함으로써 겨우 성립된 세계, 이른바 발돋움하고 선 직립부동의 자세로 지탱된 자아의 세계라고 한다면, 뒤의 작품은 마찬가지로 기를 쓰면서도 반듯하게 앉아서 외부 세계를 둘러보며 받아들이고 있다. 오히려 외부 세계나 타자와의 접촉 속에서 자아를 확인하고 강화해가려는 자세였다.

다만 이 두 자서전에 이상하게도 공통된 특색의 하나는 에로스적인 것의 결여이자 부재였다. 둘 다 모두 남성 세계에 집중하고 여성적인 것은 거의 완전히 닫혀 있다. 헤밍웨이(Ernest Hemingway, 1899~1961)[1]의 말을 빌리자면 "여자가 없는 남자들"로 자기를 그려내고 있는 것이다.

---

1 미국의 소설가. 간결하고 건조한 문체로 제1차 세계대전 후의 불안과 환멸, 허무감을 그렸다. 대표작으로 『무기여 잘 있거라(A Farewell to Arms)』, 『노인과 바다(The Old Man And The Sea)』 등이 있다.

물론 성적인 자서전이라는 것은 소코나 하쿠세키의 염두에는 전혀 떠오르지 않았던 생각임에 틀림없지만, 너무나 분명하게 에로스적인 것이 삭제되어 있다. 연애는 물론, 성적 욕망으로 이어지는 정서와 행동 모든 것이 전혀 등장하지 않는다. 모두 금욕주의의 독신자도 아니고, 특히 소코의 경우는 후치라는 이름의 애첩이 있었고, 그 극적인 추방을 전하는 클라이맥스와 중첩하듯이 그녀의 출산과 갑작스러운 죽음이라는 사건이 일어났는데, 자서전에서는 단 한 번도 다루지 않았다. 또 하쿠세키는 20대 말에 결혼하여 얼마 뒤 30세에 장녀를 얻은 이후, 딸 여섯과 아들 셋이라는 자식 복 있는 사람(그런데 다섯이 요절했다)이면서도, 자서전 속에는 아내의 이름조차 나오지 않는다. 아니 결혼이라는 사실을 언급조차 하지 않았다.(「아라이 계도(新井系圖)」를 보면 이 9명의 아이들은 모두 같은 여인의 아이들로 하쿠세키는 일부일처를 지킨 듯하다.)

그런데 이 점에서 이채로운 것은 마쓰다이라 사다노부의 자서전이다. 그 자신의 성생활에 관해서 꽤 솔직하게 고백하고 있다. 『우하인언』 속에서 이를테면 "열서너 살 때부터 소녀를 그리워하는 마음이 있었지만, 법도가 엄해서 열아홉 살에 혼인을 할 때까지 그 정을 몰랐다"고 되어 있다. 사춘기부터 연애 감정을 경험하면서 19세에 결혼할 때까지 동정을 지켰다고 분명히 쓰고 있다. 사다노부는 17세에 시라카와(白河) 번주인 마쓰다이라 사다쿠니(松平定邦, 1728~1790)의 양자가 되어 그 2년 뒤인 5월에 사다쿠니의 딸 미네코(峯子)와 결혼했는데, 그때의 사정도 빠짐없이 솔직하게 언급하고 있다. 이 결혼 상대는 5세 연상의 재치 넘치는 소녀였던 것 같은데, 미인과는 거리가 멀었다고 사다노부는 썼다.

6월에 이 결혼이 결정되었다. 지쇼(治床)의 얼굴이 예쁘지 않아서 사이가 좋지 않을 것이라고 아버지가 말씀하셨다. 나는 얼굴을 중시하는 사람이 아니니까 조금도 경원하지 않았다.

양아버지가 일부러 말을 꺼내 딸의 '얼굴'에 관해서 '사과하는' 말은 흥미롭다. 아무것도 아닌 한 줄로 기술 전체가 완전히 살아난다. 이런 세부에 필자인 사다노부의 재능이 번뜩인다고 생각되는데, 이 인용에 이어 말했다.

나는 학문에 힘을 쏟고, 일어나자마자 손을 씻고 양치를 하고 머리를 빗고, 무슨 책을 읽고, 그다음에 검을 배우고 그다음에 궁술, 그다음에 말, 그다음에 책이라는 식으로 매일 변함없이 열중했다.

19세의 젊은 남편이 독서와 단련에 열중하는 묘사는 저절로 생기가 난다. 아내는 '얼굴'로 남편을 접대하는 것이 아니므로 '경원하지 않았다'고 하는 부정형에 막 결혼한 젊은 남편의 기쁨과 약간의 불만의 여운을 동시에 듣는다는 기분이 들 뿐 아니라, '일어나자마자'라는 사다노부의 힘이 넘치는 집중태도에까지 그 여운이 중첩되듯이 울려 퍼진다. 처음으로 느껴보는 성적인 만족의 여운을 떨쳐버리고 밀어젖히듯이 지적이며 육체적인 자기단련에 매진하는 19세의 고집 센 사다노부의 자세가 분명하게 떠오른다. 그와 동시에 그렇게 매진하는 밑바닥에, 젊은 남편의 성적인 유혹에 빠짐과는 다른 ─ 아니, 빠질 수 없는 불만의 출구로 열중한 것을 '그다음에 검 …… 그다음에 궁술, 그다음에 말'이라고

계속되는 열거법 속에서 느끼게 된다. 이 19세 남편은 5세 연상의 아내를 위해 여자의 마음가짐이라는 책까지 지었다고 한다. 지적으로도 대단히 활발하고 지나치게 머리가 좋고 날렵한 사다노부는 연상인 이 신부에게도 초조함을 누르기 힘들었음에 틀림없다. "나니하에(難は江)라고 했던가 이름은 잊었다. 여자의 마음가짐을 써서 한 권으로 보냈다." 과연 친절한 빈틈없는 남편임에는 틀림없지만, 아내 쪽에서 보면 설교 버릇의 참으로 잔소리꾼 남편으로 비쳤을 것이다. 용모에서 오는 약점이라는 사정이 있으니 더욱 그렇다. 그러나 그런 비판은 그만두고라도 자서전 속에서 이런 부부 사이의 미묘한 사정까지 고백하는 솔직함이 나는 신선하고 기분 좋게 느껴진다. 사다노부 자신이 신부에게 써준 '여자의 마음가짐'에 관해서는 '요즈음 모두 이(理)에만 기울어져서 이른바 썩은 유학의 상담(常談)과 인정(人情)과 먼 것이 되었다'고 되돌아보고 반성도 하고 있다.

그런데 그로부터 4년 뒤에 23세의 사다노부는 첩을 두게 된다. 당시의 다이묘로서 드문 일은 아니지만, 자서전 속에서 역시 그 경위를 숨김없이 설명하고 있다.

1780년 처음으로 첩을 들이다. 결혼한 뒤 세월이 지났는데도 아이가 없었다. 그래서 첩을 두었는데 성품은 어떤지, 원래 어떤 곳에 있었는지, 앞의 일이 어쩐지 불안해서 두고 나서도 2개월 정도는 주변 일만 시키고 규중에 들여놓은 일이 없었다.

여기에서 경계심, 2개월에 걸친 이른바 시험기간을 두고 나서 처음으로 '규중에 들였다'고 한 용의주도한 태도에는 일종의 치밀어 오르는 화를 느끼게도 되지만, 그 반면에 이런 자세한 일까지 숨김없이 고백하는 솔직함을 좋다고 하지 않을 수 없다. 다이묘답게 우쭐대는 둔감함이라고 잘라버리는 것도 충분히 가능하고, 이른바 모든 것이 보증된 입장에 있는 비겁함이라고도 하겠지만, 나는 자신과 관련된 사실은 구애받지 않고 기록하는 태도에 그 공공연한 약점을 포함해서 주목하고 싶다.

사다노부가 첩을 둔 다음 해 11월, 아내 미네코는 결핵 비슷한 병에 걸려서 죽었다. 그때의 모습도 자서전에 적고 있고, '9월 중순부터 피를 토하고 눕게 되다'라는 부분에서 11월이 되어 병이 진행되는 모습, 특히 아내가 죽기 전날의 모습을 자세하게 적고 있다.

결국 11월 초부터 특히 병이 진행되었다. 15일이었을 것이다. 더욱 심해져서, 나도 물러나서는 의사에게 말하고, 다시 와서는 상태를 살펴보곤 했다. 그때 옆에 없었더니 갑자기 나를 만나고 싶다고 했다. 가보니 병은 더 진행되어 숨도 가빠졌다. 내가 왔다니까, 눈을 뜨고 "병이 더 나빠졌어요. 당신에게는 기분은 몸보다도 더 낫다고 보이지만, 앞으로 양생(養生)은 더욱 중요해요. 무슨 일을 하더라도 몸을 살펴서 잘 하셔야 해요. 아버지와 어머니도 나이를 드셨으니 지금처럼 효도를 다하세요. 다니마치(谷町)의 아주머니도 주변에 가까운 사람도 적으니 더욱 부탁드려요"라고 말했다. 나도 슬픔을 누르고 "지금 한 말은 잘 알겠다. 조금도 걱정하지 마라"라고 했더니 주변 사람들 모두 울었다.

미네코가 죽은 것은 그다음 날이었다. 특별히 빛나는 묘사라고는 할 수 없을지 모르지만 담담하게 그리면서 정경이 저절로 떠오른다. 죽음을 예감한 젊은 아내가 오히려 남편에게 '양생'을 권유하는 점이 한층 마음에 스며드는데 "당신에게는 기분은 몸보다도 더 낫다고 보이지만"이라고 일부러 충고하는 점은 젊은 남편의 독서와 집필에 대한 광기 어린 열중하는 태도를 염려했음에 틀림없다. "이 후에도 책을 읽는 것만 열중했다. 기분이 우울해 견배통(肩背痛)이 생겨서 참기 어렵게 되었다"고 사다노부 자신이 쓰고 있는 것은 마침 이 아내가 죽은 해 무렵이다. "드디어 어깨 통증이 심해서 글도 그만두었다"라는 곳까지 갔으면서도 "아무런 방법도 없어서 옆 사람에게 말해서 쓰게 해서『국본론(國本論)』을 저술하다"라고 홀린 듯이 무엇인가에 재촉 받은 것처럼 이상한 근면함이었다. 이런 사정을 염두에 두고 이 묘사를 다시 읽으면 빈사상태인 젊은 아내가 한 충고가 사다노부의 마음에 잊을 수 없게 각인된 이유가 한층 분명해진다.

원래 사다노부 자신이 요절에 대한 불안을 느끼며 "나는 어릴 때부터 허약해서"라든가, "어릴 때부터 나는 좀처럼 장수는 못하리라고 생각했는데"라고 되풀이해서 쓰고, 청년시절에 그가 신들린 듯이 공부한 태도도 이 요절에 대한 불안과 이어져 있었다. 스스로 '유서'라고 이름 붙여서『수행록(修行錄)』이라는 책을 쓴 것도 이 무렵이었다. 물론 이 또한 일종의 야심, 불후의 명성을 원하는 것이었으리라. 그러나 사다노부 속에는 명석하게 꿰뚫는 인식가의 안목이 살아 있고, "어릴 때부터 천하에 이름을 날리려고 생각했는데 이슬과 먼지로 사라진 것도 한심하게 생각되니"라며 "무슨 일이나 뒤에 멀리 남기려고 쓴 것도 많다"고 자신이 공부하는 태도의 원인을 직접 규정하고 있다. 가독(家督)을 이어받고 정치를 행할 때까지는 생명이 이어지지 않을지도 모르니까 "적어도 문사(文士)의 이름이라도 남기려고 생각하고 명리(名利)의 안타까운 마음, 생각해보아도 우습다"고 뒤를 돌아보고 있는 것이다. 이것은 사정의 차이를 우선 제외하고 말하자면 하쿠세키를 웃돌 정도의 자기성찰이라고 할 수 있을 것이다. 하쿠세키는 주위를 모두 명석하게 관찰하고 그려내면서 스스로의 내적인 야심, 자아를 채찍질하는 야심, 명예욕이라는 동인(動因)은 전혀 언급하지 않았다. 사다노부는 이런 치부를 분명하게 드러내 보인다. '명리의 안타까운 마음'이라는 한 구절은 선명하게 효과가 있다. 물론 다야스 무네다케(田安宗武, 1715~1771)의 세 번째 아들, 이른바 도쿠가와 삼경(三卿)[2]의 하나이고, 고산케(御三家)[3]에 이은 명문으로 장군직에 오르는 최단 코스라는 특권적인 위치로 태어난 인물과, 대단한 빈궁을 직접 맛본 낭인의 아들을 그대로 동일선상에서 비교하는 것은 부당할 것이다. 그러나 자아의 객관적 파악과 분석이라는 점에서는 사다노부가 다시 한발 앞서가는 것은 분명하다. 여기서는 자아주장을 위해 험하게 긴장된 드라마는 이미 없다. 『유배지에서 남긴 글』의 그 강렬한 자기극화, 『오리타쿠시바노키』에서 집요하게 도전하고 관철하는 자기주장은 이미 찾아보기 어렵다. 그 대신에 객관적인 여유가 생기고, 다면적인 자아파악이 가능하게 되었다. 에로스적인 것을 용인하는 것도 이런 추이가 단적으로 나타난 것이다.

나는 먼저 『유배지에서 남긴 글』, 『오리타쿠시바노키』, 그리고 『우하

---

2 도쿠가와 집안의 친족인 다야스(田安), 히또쓰바시(一橋), 시미즈(清水)의 세 집안을 말한다. 당주(當主)가 팔성(八省)의 경(卿)에 임명되었기 때문에 이렇게 말한다.
3 도쿠가와 시대의 명문가였던 오와리(尾張), 기슈(紀州), 미토(水戶)의 세 집안.

인언』을 무사적인 자서전의 세 폭 족자라고 불렀다. 소코에서 한 세대를 거쳐서 하쿠세키, 다시 한 세기를 넘어서 사다노부라는 시간의 추이는 그곳에 정착된 에고의 형태상에 분명하게 그림자를 드리우고 있다. 자아를 축으로 소코에서 사다노부까지 에도 시대의 시간은 분명히 하나의 사이클을 돌아서 끝났다는 느낌이 든다. 이를 악물고 어금니를 가는 것 같은 드라마틱한 분출에서 칙칙하고 끈질긴 자아의 이론적인 정당화로, 다시 스스로의 내적인 야심과 명예욕까지 아무렇지도 않게 파헤치는 듯한 건조하고 여유로운 자기정착까지. 하쿠세키의 이른바 '세상 사람들은 협객을 일삼고 기개를 배우는', '전국시대가 그리 멀지 않은' 시대의 한가운데를 살아간 소코와, 그의 중년기 30대에서 40대에 걸쳐서가 마침 화려한 겐로쿠[4] 시대와 중첩된 하쿠세키와, 20대가 덴메이기(天明期)[5] 그리고 말년이 가세이기(化政期)[6]로 작가의 동시대인이라고 하면 마침 우에다 아키나리(上田秋成, 1734~1809)[7]와 고바야시 잇사(小林一茶, 1763~1827)[8], 다키자와 바킨과의 사이에 낀 상태로 살아간 사다노부. 이들 세 사람의 자서전은 예상치도 못한 에도 시대의 세 가지 전형적인 시기의 이른바 자기진단의 기록을 이루고 있어, 독자는 그들의

---

[4] 일본 연호 중 하나. 1688~1704년. 문치 정치 아래 농업생활과 상품경제가 발달하고 조닌이 대두하고 겐로쿠 문화가 발달했다.

[5] 일본 연호 중 하나. 1781~1789년.

[6] 에도 후기의 분카(文化, 에도 시대 연호 중 하나, 1804~1818)·분세이(文政, 에도 시대 연호 중 하나, 1818~1830) 시기를 중심으로 하는 시기.

[7] 에도 후기의 국학자, 가인. 『우게쓰 이야기(雨月物語)』의 작가로 유명하다.

[8] 에도 후기의 하이카이 작가. 자신의 생활감정을 근거로 하는 주관적인 노래를 많이 읊었다.

내면에 유혹당하면서 동시에 시대 그 자체의 숨결에 접하게 된다. 그들의 자아의 리듬이 그대로 시대의 내적 호흡을 느끼게 한다.

그러나 시대와 자아와의 관련이라는 큰 문제에 관해서 갑자기 성급한 결론으로 돌진하기 전에, 사다노부의 내면으로 특히 그 에로스적인 기술로 다시 돌아가야 된다. 앞서 인용한 것처럼 첩을 '규중'에 들일 때까지 2개월이라는 관찰기간을 두었다는 용의주도함은 분명히 일종의 거부감을 수반하지만, 그 반면에 일단 마음에 든 상대는 계속 뒤까지 지켜보는 일관성을 갖고 있다. 이런 태도는 여성을 대할 때뿐 아니라, 남성 친구와 사귈 때도 해당된다. 사다노부의 자서전의 강점이다. 우정이 깊어지고, 혹은 절교하는 경위를 거의 반드시 쓰고 있다. 아내 미네코가 죽은 뒤, 20대 중반의 사다노부는 오직 첩에게 애정을 쏟은 듯하다. '사랑한다'라는 말을 사다노부가 분명히 쓴 것도 빠트릴 수 없다.

내 첩이 4월부터 병이 들었다. 여러 가지 요양을 했지만 그 효험이 없다. 결국 죽었다. 나는 참으로 사랑했는데 괴롭고 슬프다. 이 사람은 질투심도 적고, 뜻도 있었다. 달밤에 함께 정원을 산책했는데, 지금도 생각나서 그때부터 달을 보는 것이 괴롭게 되었다. 후의가 너무 지나치다고 사람들은 웃어라. 그렇지만 지나치게 박한 것보다는 낫지 않을까.

이것은 1784년, 기근이 각 지방에 퍼져서 그 전년에 양부의 사망으로 가독을 이어 막 시라카와(白河)성의 주인이 된 27세의 사다노부에게는 문자 그대로 위기의 해이고 시련의 시간이었지만, 애첩의 죽음에 관해서 이런 절실한 기술을 빠트리지 않는다. '나는 참으로 사랑했는데 괴롭고 슬프다'고 말하고, 그녀 생전에 달밤에 산책한 즐거움을 생각해내고 이후 '달을 보는' 일도 마음이 아프다고 적고 있다. 덴메이 식의 서정성이라고 부르고 싶을 정도로 솔직한 감정의 표출로, 아키나리와 요사 부손(与謝蕪村, 1716~1783)[9]과 동시대인인 사다노부의 모습을 볼 수 있다. 그런데 이와 같은 시기에 에로스적인 체험으로 한층 재기 넘치는 기술이 보인다. 이는 자서전의 보충이라고 할 만한 『수행록』에 나오는 이야기인데, 지금의 여성의 죽음에 다시 언급하면서 그 뒤 시라카와로 가게 되어서 대신에 하녀를 생각했는데 갑자기 정하기 어려웠다(여기에 나중에 덧붙여서 '앞의 아내는 일찍이 죽었다. 지금 사람과는 아직 결혼하기 전의 일이다'라고 일부러 말하고 있는 것은 참으로 사다노부답다). 실은 미모의 하녀로 대단히 마음에 드는 사람이 바로 가까이에 있었다. '연모하고 있었다'라고까지 쓰고 있다.

원래부터 옆에서 시중들던 열여섯 살 정도로 용모가 대단히 좋았는데 심성이 좋지 않았다. 나중에 반드시 나빠질 것이라고 알고 있었는데, 나이 어릴 때부터 옆에 있어서 연모하고 있었다. 왠지 이 용모에는 마음이 흩어질 정도로 생각되었다.

이렇게 솔직하게 고백하고 있는데, 흉년으로 '만사를 생략하는' 시절에 미녀 따위를 데리고 가는 것은, 하고 생각해서 겨우 참았다. 그런데

---

[9] 에도 중기의 하이카이 작가. 맑고 낭만적이고 유미적인 노래를 지었다. 근세 남화(南畵)를 대성시킨 한 사람이기도 하다.

이 여자에 관해서는 아무래도 미련을 끊을 수 없었던 것으로 보이고, 자신이 없는 동안에 시집보내도록 일부러 말을 남기고('그 용모가 잘생긴 아이를 시집보내라고 하고') 시라카와로 떠났다.

그런데 1년이 지나서 에도로 돌아와 보니 뜻밖에 이 신경 쓰이는 미녀는 아직 집에 남아 있었다. 이때의 사다노부의 태도와 행동이 참으로 흥미롭다.

1년 동안 시라카와에 있다가 다시 새로운 해 6월 1일 에도로 돌아온 날 밤, 그녀는 이미 보내기로 했는데 갈 곳이 아직 정해지지 않아서 부모가 있는 고향으로 갔다가 나중에 정하기로 했다고 들었다. "오늘 밤은 그 고향에도 갈 수 없으니 어떻게 할까요?" 하고 나이 든 할머니가 말하기에, 이것도 하나의 수행이라고 생각하고 오늘 밤은 여기에 머무르게 했다. 1년 동안 말도 하지 않고, 특히 나와 헤어지게 될 테니, 오늘 밤은 같은 침상에 들어가서 여러 가지 앞날의 일, 결혼하는 것에 대한 마음가짐 등을 이야기했지만 조금의 범정(凡情)도 생기지 않았다. 이 일도 여자가 모르는 일이지만 잠시 동안 정을 준 불편함에 함께 누웠지만 범정 없는 일도 이야기했다.

1년 뒤에 사다노부가 에도로 돌아온 날 밤, 특별하게 미녀를 그냥 둔 것은 실은 나이 든 여인들의 배려와 계획이 있었음에 틀림없다. 28세의 독신 주군의 심중을 알아차리고 살핀 조치였음은 '오늘 밤은 어떻게 할까요?'라고 일부러 물어보는 점에서도 분명하다. 사다노부는 이것을 부드럽게 받아들이고, 함께 방에 들어가 '같은 침상에 들어가'면서 상대를 안지 않았다고 한다. 사다노부가 이것을 이른바 하나의 승리의 기록으로 '범정'을 극복한 빛나는 훈장처럼 쓰고 있는 것은 분명하다. 극기심의 '수행'을 위한 마음을 다진 실험이었을 것이다. 이때 상대 여성에게는 달갑지 않은, 오히려 모욕적인 행위였을지도 모른다. 그녀 자신이 당한 기분과 반응을 직접 물어보고 싶지만, 그 반면 이 정도의 솔직함은 소중한 값어치가 있다. 우선 당연한 분별력 속에 저절로 끊기 어려운 미련이 비쳐 보인다. 노인 다이묘의 '잠자는 미녀' 식인 놀이가 아니라 28세의 독신 청년의 극기심과의 싸움이다. 시라카와 체류 중에 그의 가까이에는 나이 든 여자가 둘 있을 뿐('노파 두 사람뿐'이라고 쓰고 있다), 전혀 주변에 여자 분위기는 없었다. 그 직후의 그것도 에도로 돌아온 첫날 밤의 사건을 보면, 이 성적 실험의 냄새가 풍기는 절실함은 의심할 수 없다. 『수행록』은 60대 중반에 썼다고 한다. 그 밤으로부터는 아득하게 삼십 수 년 뒤에 이미 노경에 든 사다노부가 생을 회고했을 때, 곧장 그 세부가 생생하게 되살아날 정도로 인상 깊은 사건이었다.

  이런 실험을 일부러 시도하고 삼십 수 년 뒤에 그 체험을 이 정도로 생생하게 환기할 수 있는 사내는 결코 에로스에 담백한 인물일 수는 없다. 아름다운 하녀와의 자면서 자지 않는 실험이라는 것도, 상대의 미모에 '마음이 흩어져'서 도저히 잊기 어려웠기 때문에 큰 결심을 한 거친 치료라고도 할 수 있을 것이다. 또 죽은 아내와도 좋고, 첩과의 교정(交情)도 좋아, 사다노부는 분명히 여자와 사귀는 방법을 안 남자였다. 그는 젊을 때부터 『겐지 이야기(源氏物語)』의 애독자로 스스로 이것을 필사한 것이 실로 일곱 번에 이른다고 한다. 일찍이 16세 때 '기대하고 본 박꽃 져서 쓸쓸한 그의 집'이라는 '박꽃'에 얽힌 멋진 노래를 짓고 있는 것도 참으로 『겐지 이야기』의 애독자답다. 이 노래 덕분에 교토에 갔을 때 '황혼의 소장(少將)'이라는 별명이 붙었다는 것은 지나친 자화자찬이라고 해도, 헤이안 시대의 '호색(好色)한 마음'의 멋진 감상자였고 공감자였던 점은 의심할 수 없다. 스스로 내적인 '호색(好色)한 마음'를 강하게 의식했기 때문에 자기억제를 위한 '수행'에 마음을 기울였음에 틀림없다. 그래서 그날 밤의 실험을 기술하는 괴로운 생생함도 생기는 것이다.

『수행록』에는 성교의 횟수에 관해서 솔직한 고백까지 쓰고 있다.

성교는 서른 살이 된 이 1년 반 정도 한 일이 없었다. 그로부터 약간 건강해져서 1개월에 두 번 정도 할 뿐이다. 50 가까운 때부터 1년에 대여섯 번 한다. 원래 젊었을 때도 추울 때는 30일, 여름에는 하지 않는다. 55, 6세 때부터 여자를 가까이하지 않고 성교를 안 한 것도 십 몇 년 된다.

이것도 스스로의 담백함, '수행'의 결과로 자유로움을 자만한 말이라기보다도, 자서전을 쓰며 자기에 대해서 말하려고 한다면 에로스적인 면을 생략하면 의미가 없다는 것을 말하려는 인식자의 발언으로 받아들이는 것이 좋다. 그의 『수행록』의 중심 테마의 하나는 분명히 에로스에 있었다. '외설스러운 일 같지만'이라고 적으면서 에로스적 체험을 진지하게 계속 이야기하면서, 단순히 잘난 체하는 정신적 '수행'의 공허함을 지적하고 있다.

선가(禪家) 같은 사람들 무슨 이론으로 마음에 다가오지만, 기분이 맑을 때는 마음도 거리낌이 없지만 기분이 가라앉을 때는 다른 사람처럼 되는 것으로, 술에 취한 사람이 용감한 것과 같은 것으로 겉만의 공리(空理) 수행은 모두 무익하다.

이렇게 주장하는 바는 실행가, 실용주의자의 모습이 생생하게 드러나 있다고 말하고 싶다.

게다가 사다노부는 이들 실행과 인식을 오직 자신에 입각해서 말했다. 추상적인 일반론이나 겉치레만의 이론으로서가 아니라 자서전으로 말했다. 자기결점을 억지로 드러내지도 않고 교훈성으로 빠지지도 않는 단언은 너무 지나친 칭찬일까? 그러나 자서전이라는 형태를 통해서의 에로스적인 것에 대한 이런 접근은 분명히 사다노부가 발견한 것이고 독창적인 것이었다. 약간의 억지가 너무 잘 먹혀서 에로스적인 혼란과 도취는 이야기하고 있지 않다는 불만은 있을 것이다. 그러나 그 대신 억제와 탈각(脫却)에의 노력을 생생하고 구체적으로 이야기함으로써 에로스가 뿌리박은 깊이를 떠올리는 데 성공한 점을 인정해야 된다. 적어도 소코와 하쿠세키라는 무사적인 자서전의 계보 안에 놓고 보면, 사다노부에 이르러서 일본의 자서전의 장르가 하나의 새로운 차원을, 에로스적인 두께를 더한 것만은 분명하다.

일반적으로 이제까지 마쓰다이라 사다노부 또는 시라카와 라쿠옹이라는 이름으로 불리어온 이 인물에 관해서는 위인 전형의 이미지, 전쟁 전의 수신교과서풍의 분위기가 짙게 감돌고 있었다. 근직(謹直)하기만 한 도덕가, 오직 몸을 다스리는 일과 국가를 다스리는 일에 헌신한 유교주의의 상징 같은 인물이라는 평가는 내 마음에도 배어 있다. 실제로 이를테면 1891년, 20대의 미카미 산지가 『일본문학사』의 바로 뒤에 쓴

『시라카와 라쿠옹과 도쿠가와 시대』에 "나는 일본 역사 중에서 인물도 사업도 모두 뛰어나서 일본인의 모범의 하나로 경모할 만한, 또 이로써 역사의 한 시기를 대표할 만한 위인을 꼽고 그 전기를 쓰고 싶다"라고 그 서문을 쓰기 시작했다. 이런 일본의 위인 열전에서 제일 먼저 미카미는 사다노부를 들고 있다.

저자가 아직 어렸을 때 자주 사람들이 사라카와 라쿠옹 공을 말하는 것을 듣고, 그런 이야기에 오르는 일이 많은 사람이라는 것을 느꼈다. 조금 성장한 뒤에 라이 산요(賴山陽, 1780~1832)의 외사(外史)를 읽기에 이르러, 그 책머리에 넣은 산요가 공(公)에게 드리는 글을 읽고, '각하는 지금 시대의 한위공(韓魏公)이라고 할 수 있다'고 쓴 것을 보고, 그가 과연 위인이라는 것을 알았다. 뒤에 일본사를 배우게 되어 대략 그 인물과 사업을 엿보게 되어 점점 그 비범함을 알게 되었다.

이렇게 본문을 시작한다. 라이 산요의 평언(評言)은 사다노부를 다룬 많은 필자가 인용한 것으로, 막부 말기 이후의 베스트셀러 『일본외사(日本外史)』의 저자가 쓴 더없는 경의와 상찬의 각인은 사다노부의 위인 이미지 확립에 커다란 공헌을 했던 것 같다. 이것은 1827년 『일본외사』의 소문을 들은 70세의 사다노부가 일부러 사자(使者)를 보내서 읽고 싶다고 전언을 전할 때의 답장 편지로, 산요 쪽은 일찍이 자신의 책에 주목해준 것에 대한 기쁨과 고위고관인 상대에 대한 예의가 많이 작용하고 있었음에 틀림없다. 이른바 고귀한 후원자에게 보낸 민간 문필가의 헌사이고 감사의 편지였으므로 그 내용은 상당히 감안해서 읽어야만 되겠지만, 『일본외사』의 평판과 함께 '한위공' = 사다노부라는 이미지도 점점 널리 유포되고 정착되기에 이르렀던 점은 확실하다.

미카미의 책에는 그 제목이 보여주듯이 상징적인 인물을 중심으로 시대의 전체상을 파악하려는 목적이 있었고, 사다노부의 자서전을 살피면서 동시에 "간세이(寬政) 시대의 역사로, 백 년 이전의 사회의 모든 모습을 어렴풋하게 독자 눈에 가로막으려고" 했다. 칼라일(Thomas Carlyle, 1795~1881)[10], 매콜리(Thomas Babington Macaulay, 1800~1859)[11]에 자극을 받고, 시사를 받은 젊은 야심적인 시도로, 당시의 역사가로서 신선한 아이디어라고 해도 좋다. 지금 읽어보아도 꽤 신선한 발랄한 책이지만, 그 기조가 위인으로서의 사다노부 현창(顯彰)으로 흐르는 경향은 어쩔 수 없었다.

미카미의 책으로부터 36년 뒤에 『마쓰다이라 사다노부 시대(松平定信時代)』(『近世日本國民史』 제24권)를 지은 도쿠토미 소호도 "시기가 어려워 위인을 생각한다. 나는 만일 오늘날 일본에 마쓰다이라 사다노부 정도의 정치가가 있었다면 하고, 몇 번이나 추모하고 몇 번이나 한탄한다"라고 쓰기 시작하고 있다. 이때 1927년 5월, 다나카 기이치(田中義一, 1864~1929)[12] 내각이 출범한 직후로, 중국 상황이 갑자기 긴박해졌다. 수년 동안의 반식민지 투쟁의 파고가 얼마 뒤에 장제스(蔣介石)와 공산당 사이의 틈을 만들고, 말로(André Malraux, 1901~1976)[13]가 『인간의

---

10 영국의 사상가. 예언적인 필치로 반향을 일으켰다. 저서로 『프랑스 혁명사』와 『영웅 및 영웅숭배론』이 있다.
11 영국의 역사가이며 정치가. 저서로 사학사상 고전적 평가를 받는 『영국사』가 있다.
12 정치가. 산둥(山東) 출병 등 중국침략정책을 수행했다.

조건(La condition humaine)』에서 그리게 되는 쿠데타가 일어난 것이 바로 이해 4월이었다. 또 일본 국내에서는 저널리즘을 중심으로 좌익 무드가 현저하게 높아지는 것이 보임과 동시에 은행에 돈을 찾으려고 고객이 몰리는 일이 계속 일어났고, 벌써 수년 뒤의 경제대공황의 조짐이 보이기 시작했다. 폭풍의 1930년대를 가까이 둔 불안한 소란에 찬 시기로, 역사가로서 시론가(時論家)를 겸한 소호의 눈은, 안으로는 막부체재의 동요와 부패, 밖으로는 러시아 배의 홋카이도(北海道) 내항을 비롯해 '흑선(黑船)'의 보이지 않는 압력이 긴박하게 다가오기 시작한 '사다노부 시대'와의 비슷함을 느끼게 되었을 것이다. [덧붙이자면 아쿠타가와 류노스케(芥川龍之介, 1982~1927)[14]가 '막연한 불안'으로 자살한 것은 이해 7월의 사건으로, 요코미쓰 리이치가 중국에 가서 『인간의 조건』과 일맥상통하는 소설 『상해(上海)』를 쓰기 시작한 것은 바로 다음 해의 이야기이다.] 특히 역사가로서의 소호는 의외일 정도로 평정하고 객관적으로 시대적인 유추를 쉽게 읊어내는 유혹에 빠지지 않았고, 그의 인물 평가는 벌써 하쿠세키의 경우에서 살펴본 바와 같이 뜻밖에 엄하고 대상의 약점에 다가가는데, 사다노부상에 관한 한 전체적으로는 역시 호의적으로 미덕을 현창하는 쪽으로 기울어지는 경향이었다고 판정된다.

그런데 소호가 책을 쓴 뒤 꼭 10년 뒤인 1937년, 미카미 산지와 히라이즈미 기요시(平泉澄, 1895~1984), 나카무라 고야, 세 사람의 공저라고

---

13 프랑스의 소설가, 예술비평가. 중국혁명, 스페인전쟁, 독일에 대항하는 레지스탕스에 참가했다. 대표작으로 『인간의 조건』이 있다.
14 소설가. 다이쇼 시대의 시민문학을 대표한다. 대표작으로 『나생문(羅生門)』, 『지옥변(地獄變)』 등이 있다.

해도 좋을 『라쿠옹 공전(樂翁公傳)』이 나왔다. 이것은 내가 아는 바로는 가장 세밀한 사다노부 전기인데, 이 책의 서문을 쓴 시부사와 에이치(澁澤榮一, 1840~1931)[15]는 다음처럼 말하고 있다(특히 이 서문은 1931년 에이이치 생애의 마지막 해에 쓰였다).

지금 곰곰이 일반사회의 상태를 보자니, 사람의 마음은 드디어 풀어져서 부화음일(浮華淫佚)로 흐르고, 한편으로 정치계나 경제계 할 것 없이 사리를 쫓아서 공리를 버리는 피폐가 대단히 많아서, 뜻있는 사람들이 눈살을 찌푸리는 일이 수없을 정도이다. 이때에 이르러 만일 한 사람이라도 이 책을 읽고, 공(公)이 한 집안의 신명(身命)을 희생해서 국가의 어려움을 구한 지극한 충성심의 큰 인격에 감동하는 사람이 있다면 나 혼자의 기쁨만이 아니다.

이것은 참으로 틀에 박힌 칭찬말로 울리는 겉치레의 인사라고 받아들여지는데, 서문 전체를 공들여서 다시 읽어보면 에이치는 이 전기뿐 아니라 사다노부의 저서까지도 꽤 자세하게 읽고 있다. 표현 그 자체는 너무도 짜인 수사로 흐르는 경향이 있다고 하더라도, 분명히 대상을 살핀 다음에 쓴 서문이라는 것은 인정하게 된다. 이를테면 『우하인언』에 관해서도 일찍이 주목하고, "공이 그 경력의 대강을 스스로 기록한 이른바 자서전"으로서 감상을 적고 있는 것이다. 이 기묘한 제목이 '사다노부라는 두 글자를 분해한 것'도 에이치의 날카로운 착안이었다.

그렇게 지적받고 보니 자서전을 이렇게 이름 붙인 것 자체에서 사다

---

15 메이지·다이쇼 시대의 사업가.

노부의 자아관심, 아니 집착의 뿌리 깊음이 들여다보이는 것 같다. 자신의 이름을 그대로 자서전의 제목에 집어넣는다는 것은 참으로 멋진 착상이라고 할 만하고, 세계의 자서전 역사에도 우선 그 보기가 적은 착상이다. 그 이상으로 중요한 것은 이러한 착상이 집요하고 면밀한 자아관심을 빼고는 생각할 수 없다는 점이다. 제목까지도 자아로 향한 길로 통하려는 빈틈없는 자아침투이고, 자아라는 기축으로 이루어진 일관성이었다. 자아에 끌린 사람이라고 부르고 싶어진다. 에이치는 같은 곳에서 사다노부의 최초의 저서(?)가 12세 무렵의 『자교감(自教鑑)』이라는 점을 언급하고 있는데, 그 교훈성은 그만두고라도, 또 '자(自)'이고 자기교육(自己敎育)에 대한 전념이었다. 그 점에서 흥미롭게 부합되는 일치는 『시와 진실』의 작가가 사다노부와 같은 시대 사람이고, 거의 그 생애가 중첩된다는 사실이다. 괴테는 1749년에 태어나서 사다노부보다 9세 연상으로 사망도 1832년, 사다노부가 죽은 뒤 3년 뒤에 해당된다. 메이지 시대에는 지카마쓰 몬자에몬(近松門左衛門, 1653~1724)[16]과 셰익스피어, 바킨과 스콧(Walter Scott, 1771~1832)[17]이라는 소박한 비교문학, 동서대비론이 유행한 적이 있고, 사다노부에 관해서도 『라쿠옹과 수다인(樂翁と須多因)』(1907)이라는 이노우에 도모이치(井上友一, 1871~1919)의 책이 내게도 있다. 수다인은 프러시아의 재상 슈타인(Heinrich Friedrich Karl vom und zum Stein, 1757~1831)을 말하는 것으로, 프러시아의 훌륭

---

16 에도 중기의 가부키 작가. 사랑과 죽음, 의리와 인정을 재치 넘치는 아름다운 글로 그렸다.
17 스코틀랜드의 시인이며 소설가. 변화무쌍한 줄거리와 인물묘사가 특징이다. 대표작으로 『아이반호(Ivanhoe)』가 있다.

과 근대화의 기초를 만들고, 나폴레옹의 강한 증오의 목표가 되었다는 이 정치가는 J. R. 실리(John Robert Seeley, 1834~1895)[18]가 쓴 전기 (1878) 등을 통해서 한때 일본에서도 꽤 관심을 보인 듯하다. 이 이노우에는 "이 두 사람 사이에 지성(至誠)의 정신이 서로 비슷하다"고 한 메이지 사람다운 말투를 쓰고 있는데, 정치적인 업적으로는 분명히 양자가 일맥상통하는 바가 인정된다. 그러나 자아집착이라는 관점에서 나는 괴테와의 비교에 한층 마음이 끌린다. 물론 연대의 우연한 일치를 너무 진지하게 받아들이는 것은 우습고, 소박한 비교론의 위험함은 잘 안 다음 자아를 기축으로 하는 한 『우하인언』의 저자와 『시와 진실』의 작가와의 거리는 의외로 가깝다고 할 수 있다. 『자교감』을 출발점으로 『수행록』, 『늙은이의 가르침(老のおしへ)』으로 맺는 사다노부의 생애는 자기교육으로 일관되어 있고, 200종 가까운 저작을 포함한 이 생애 그 자체에 저절로 하나의 교양소설이라는 분위기이다. 물론 사다노부의 '수행' 관념과 괴테에서의 '교양'이라는 것 사이의 차이는 무시할 수 없다. '책을 읽고' 또 '말과 검술과 창술'을 배우고, 다시 '궁술과 연극은 참으로 좋아한다'는 사다노부의 교양을 곧장 『빌헬름 마이스터(Wihelm Meister)』[19]의 그것과 중첩시킬 수는 없을 것이다. 그러나 사다노부에게, 출생과 좋은 환경의 혜택을 받아 대단할 정도의 교양에 대한 의욕과

---

18 역사가. '역사는 과거의 정치이고 정치는 현재의 역사'라는 입장을 취했다. 저서로 『이 사람을 보라(Ecce Homo)』가 있다.

19 독일 시인 괴테의 장편소설. 「수업시대(Wilhelm Meisters Lehrjahre)」와 속편 「편력시대(Wilhelm Meisters Wanderjahre)」의 두 편으로 되어 있다. 한 인간이 사회 속에서 어떻게 자기를 형성해나가는가를 주제로 한 독일 교양소설의 대표작이다.

실행이 인정되고, 더욱 그것이 자아의 연마라는 한 점으로 집중되어 있다는 것은 분명하다. 이것을 곧장 괴테 식의 자기 확충과 동일시하는 것은 잘못이겠지만, 이 인물에게는 정치의 실천 또한 그의 자아의 하나의 영역이라는 분위기마저 보인다. 사다노부는 1787년, 30세에 손에 넣은 로추(老中) 수좌(首座)라는 최고 권력의 지위에도 그다지 집착을 보이지 않고, 36세에 일찍이 그 직을 사직한다. 자기의 '수행'에 관해서는 그 정도로 끈질기게 일관하고 있었는데, 정치권력 그 자체에는 거의 담백함에 가까운 태도를 취하고 있다. 분명히 정치적인 업적만으로 사다노부를 분석할 수 없다. 물론 로추 사직 뒤에도 시라카와 번주로 지방정치 일을 그만둔 것은 아니었다고 하더라도, 오직 정치에 바친 생애라는 견해로는 누락되는 부분이 너무나 많다.

일반적으로 사다노부는 정치도 야심과 명예욕의 문제로 파악하고 있었던 것 같다. 일방적이라고는 해도 참으로 철저한 에고이즘의 정치관이 아닐까? 『수행록』의 주제는 에로스와 함께 이 정치적 야심의 처리에 있었다.

특히 명예를 즐기는 욕심은 금은여색(金銀女色)보다도 훨씬 높아서, 이 명예로 선(善)으로도 가고 악(惡)을 멀리하는 것인데, 그것은 참으로 천박하다. 그 명예를 즐기는 욕심에는 아직껏 좋고 영원한 것은 없다. 사물을 접할 때도, 대할 때도, 저절로 중도(中道)를 하는 것, 나는 약간 아는 것처럼 보이지만 그 부처님이 말하는 반야(般若)의 지혜가 없어서 사지(私智)에 방황하기 때문에 때로 중도를 얻지 못하는 일도 있다.

여기에는 솔직하고 투철한 자아의식이 있다. 자아의 용수철로서의 '명예를 원하는 욕심'을 정면에서 응시하고, 그 마력을 충분히 맛보고 온 사내의 자기성찰이 있다. 최초의 문장의 맺음인 '그것은 참으로 천박하다'라는 부분은 약간 애매한데, 명예욕 그 자체는 에로스보다도 더욱 뿌리가 깊다고 단정하고 있으므로, 이 '그것'은 윤리적인 동력으로서의 명예욕의 효용을 말하고 있다고 파악된다. '명예를 즐기는 욕심'을 이용해서, 도덕적 향상이라는 방법은 너무 천박하다. 그런 단순한 것이 아니라고 주장하고 있다. 이렇게 쓴 것은 60대 후반의 사다노부였는데, 이른바 원숙한 노경이라고는 단정할 수 없는 미묘한 마음의 흔들림을 느끼게 된다. '사지(私智)에 방황하는' 마음을 계속 지켜본 인간이 문득 내쉬는 한숨 같은 것이 울리고 있다. 그는 노경의 높이에 서서 인생을 재단하는 일 따위는 하지 않고, 자각한 탁선(託宣)을 내리고 있는 것도 아니다. 오히려 '명예를 즐기는 욕심'의 감당하기 어려운 뿌리 깊음을 조용히 고백하고 있다. 그 바로 뒤에 이어서 "젊을 때는 기억력도 좋고, 결단력도 좋아서, 사물에 방황하는 일이 적었는데"라는 상식에 반하는 주장을 하고 있어, 노인의 특권을 휘두르기는커녕 오히려 솔직하게 노경이 가져온 투철함이 약해짐을 한탄하고 있다. 자아에 끌려서 오직 자아를 의지해서 노경에 이른 인간의 한숨을 듣게 된다.

그렇다면 사다노부를 처음부터 모범인물로 취급하고 또 정치가적인 업적만을 내세우는 견해는, 그 자체가 약간 지나치게 정치적인 메이지라는 시대가 만들어낸 신화이고 허상이었다고 단정해도 좋을 것이다. 메이지라는 시대적 요구에 지나치게 입각해서 덴메이와 가세이 시대의 문화적인 배경과 분위기를 빠트렸다고. 사다노부는 에도 문화의 완숙

기를 완전히 전신으로 살아왔던 사내의 다면성과 풍만함이 있다. 자아에 관한 방황도 포함해서 마지막까지 계속 자아의 인간이었던 사내의 멋진 일관성이 있다.

더욱 이 자아의 사람의 상(像)을 반대 의미로 이상화해서는 안 될 것이다. 그는 멋지고 다면적인 재능을 가지고 있었고, 양육과 환경의 도움을 받아서 오직 자기교육에 힘쓰고 있었다. 그리고 단카와 서예, 사루가쿠(猿樂), 또 나아가서는 건축과 정원, 다도, 아악, 또 회화에 이르기까지 어떤 형태로든지 스스로를 시도해보고 각각 일가언(一家言)을 남기지 않은 장르가 없었다. 저술가로도 그 폭과 다면성은 참으로 주목할 만하다. 상당히 좋은 환경이었다고는 하더라도 그것만으로는 이야기가 성립되지 않는다. 거의 괴테적인 교양인이라고 부르고 싶을 정도로 끊임없는 게다가 유유한 자기도야였다. 그러나 결국은 이 에도 말기의 대교양인의 업적으로 무엇이 남았고, 무엇이 후세의 관심을 받아왔을까? 사다노부 전집은 아직 엮어지지 않았고, 200종 가까운 그의 저작 중에 내가 보지 않은 것이 아직 너무 많다. 그러니 이를테면 고명한 수필집 『화월초지』와 『예원만필오종(藝苑漫筆五種)』(福井久藏編, 1937) 등에 관해서 보자면, 사다노부의 붓은 약간 지나치게 매끄럽게 나아간다. 정원론도 다도론도 아악론도 모두 머무적거린 흔적을 보이지 않는 달필이고, 모두 너무나 쉽게 저항 없이 다루어진 불만을 금치 못한다. 그의 이해력과 필력이 좋은 점에는 의문의 여지가 없지만, 독자적인 관점과 발견을 관철하는 집요함이 결여되어 있다. 이 관심과 취재의 범위는 때로 하쿠세키를 능가하지만, 하쿠세키가 전념하는 예리함과 관철은 볼 수 없다. 하쿠세키의 『독사여론』과 『고사통』, 또 『동아(東雅)』와 비교할 수 있는 본격적인 업적은 사다노부에게서는 발견되지 않는다. 현실정치가로서의 업적을 보면, 기준을 세우는 것이 어렵지만 지방행정에 장기간 실적을 가진 사다노부 쪽이 약간 형세가 좋을 것 같은 느낌이다. 그러나 순수 문필가로 보자면 누구나 주저하지 않고 하쿠세키 쪽에 손을 들 것이다. 사다노부는 그 정도로 몸에 밴 표현능력과 지적이고 예술적인 관심의 폭이 넓음에도 불구하고, 역시 지속적인 집중과 철저함이 부족했다. 그는 18세기 말에서 19세기 초에 걸친 일본의 대취미인이고, 대단한 대호사가였다. 사다노부는 기보시(黃表紙)[20]풍의 희극까지 쓴 일이 있다고 모리 센조(森銑三)는 가르쳐주었다(中央公論社版 『著作集』 제11권 「樂翁公の戱作」).

  서명은 없지만 그의 작품이 분명하다고 확인하고 있다. 게다가 흥미로운 점은 이 희극의 테마는 '다이묘 기질'이라고 한다. 아직 가독을 승계 받기 이전의, 즉 17~18세 무렵의 작품인 듯한데, 당시는 역시 '기질'물의 일종으로 그 풍자와 웃음의 화살이 다름이 아닌 '다이묘'라는 자신이 속한 계층을 향하고 있는 것이 특별히 주목을 끈다. 모리가 말하는 바로는 "조상의 무공을 코에 걸고, 일류 무사인 체"하며 함부로 강한 담배를 피워보기도 하고, 무예도 잘못하는 주제에 얼굴에 호구(護具)를 쓰지 않고 시합을 하고 싶어 해서, 부하는 질색이다. 주군 말을 안 들어서도 안 되고, 그렇다고 지면 호되게 당할 뿐 아니라 비겁자라고 고함친다. 이 다이묘가 점점 기어올라서, 부하의 약간의 실수에도 곧 "할복 자

---

20 에도 시대 소설의 일종. 표지가 황색으로 이런 이름이 붙었다. 어른들을 위한 해학이 주제가 됐다.

살을 명한다. 무사 주제에 배를 가르기 어려운가"라고 소리친다. 그 자신은 뜸도 뜨겁다고 뜨지 못하는 주제에 건방진 '다이묘 기질'이 기분 좋게 풍자되어 있다.

게다가 무예를 무턱대고 좋아할 뿐 아니라 학문을 좋아하는 사람으로 일변해서 건방진 해학, 더욱 연극을 좋아하게 되어서 미녀에게 눈웃음을 치고 멋대로 연극 식으로 행동한다. 그리고 마지막에는 세상에 익숙한 에도의 소상인 투로 긴 이야기에 이른다. 틀에 박힌 이야기임에는 틀림없지만, 이들 풍자가 이를테면 다음과 같이 '다이묘'라는 신분을 비롯해서 사다노부 자신이 알고 있을 법한 이야기뿐이라는 점을 놓쳐서는 안 된다.

…… 강하다거나, 약다거나, 재주가 좋다는 것은 모두 거짓이다. 주인도 같은 물에서 나온 사람이 그렇게 특별히 다를 리가 없다. 말을 타더라도 버릇 나쁜 말을 타지 않아서 낙마한 적이 없고, 창을 사용해도 상대가 지니까 지친 적이 없다. 지치지 않으면 명인인 체하며, 앞에서 인가(印可)를 내니까 모두 예(藝)가 예로 되지 않는다. 게다가 학문이라고 해도 멋대로의 논리를 붙이고 주자도 소라이도 모른다. 다만 성인의 학문이 좋다고 단면을 듣고 성인의 학문이 그렇게 알겠니. 그러므로 네 마음대로 하는 것을 다이묘 예(藝)라고 하는 거야.

여기서는 단지 말로 하는 흉내와 조숙한 재필(才筆) 이상의 유연한 자기비평의 울림이 있다. 적어도 다재다능한 체하는 사람의 결점을 알고 스스로 웃고 경계하고 있는 느낌이다. 아니, 후년의 취미가, 호사가 모습까지 먼저 치고 있는 경향도 있다. 젊은 기분으로 쓴 희극이라고는 하지만 자신과 관련이 없는 남을 비웃는 것이 아니라, 이 정도로 자신에게 절실한 문제만을 다루고 있는 점에, 자아의 인간 사다노부의 면목을 보게 된다. 그에게는 자화상도 있다. 그림을 좋아해서 다니 분초(谷文晁, 1763~1841)[21]의 후원자였던 이야기는 잘 알려져 있는데, 30세 무렵 붓을 잡은 자화상이 『라쿠옹 공전』에 실려 있다. 와타나베 가잔(渡辺崋山, 1793~1841)[22]을 일찍이 앞지르는 착안이고 실행이었다.

참으로 안목이 있었던 사람이고 앞을 읽을 수 있는 사내였다. 이른바 간세이 개혁 때 "이 세상이 이렇게 시끄러운 때는 없다. 문무라고 밤도 자지 않고"라고 비꼰 쇼쿠산인(蜀山人, 1749~1823)[23]이 지은 교카는 유명한데, 이 정도의 비꼼은 사다노부 쪽에서 먼저 살폈음에 틀림없다. 사다노부는 또 희극 작가 탄압을 실시하는 운명이 되었지만, 그 이전에는 고이카와 하루마치(戀川春町, 1744~1789)와 호세이도 기산지(朋誠堂喜三二, 1735~1813)[24], 두 사람의 희극 작가를 초청하여 이야기를 나누려고 한 것을 모리는 쓰고 있다. 두 사람이 사퇴(辭退)해서 이 회담은 실현되지 못했지만, 이 또한 사이온지 긴모치(西園寺公望, 1849~1940)[25]가 한 우성회(雨聲會)를 일찍이 앞서고 있다고 해도 좋다.

---

21 에도 후기의 문인화가. 남화에 일본화와 서양화법을 받아들여서 절충적인 화법을 만들어냈다.
22 에도 후기의 양학자이며 남화가.
23 에도 중기와 후기의 문인이며 희극 작가.
24 에도 후기의 희극 작가. 경묘(輕妙)하고 소탈한 기보시를 남겼다.
25 정치가. 교육부장관과 외교부장관을 역임했다.

일반적으로 사다노부와 사이온지, 이 두 사람 사이에는 이상하게도 서로 통하는 점이 있다. 거의 1세기의 거리를 넘어서 다이묘와 구교(公卿)라는 차이를 넘어서, 서로 미치는 영향이 있다. 그것은 내가 멋대로 붙인 근거로서, 사다노부가 쓴『퇴한잡기(退閒雜記)』가 사이온지가 애독한 책이었다는 사실을 들 수 있다. 사이온지가 애장했던 자세하게 글씨를 써넣은 책이 남아 있고, 이 여백에 쓴 글이『도취공청화(陶醉公淸話)』(1943)에 수록되어 있다. 이것에는 원문도 함께 실려 있어서 흥미로운 읽을거리로 "18일 밤 식사 후 종료" 또 "19일 오전 다시 읽음"이라는 표시뿐 아니라, "이 문장은 주도하고 명확해서 시라카와 라쿠옹의 기사를 능가한다", "라쿠옹은 실로 보통이 아닌 탁월한 사람이다"라는 공감을 표한 글이 눈에 띈다. 아니 동시에 "라쿠옹의 노래는 너무 노골적이다. 대부분은 도가체(道歌體)이다"라든가 "누구라도 있는 일이다. 라쿠옹은 자만한다. 라쿠옹 결국 다이묘임을 면할 수 없다"라는 엄한 평론도 나오는데, 거기에 저절로 동병상련인 사람의 가식 없는 솔직한 응답 같은 즐거움이 느껴진다. 하쿠세키와 사다노부 사이에는 거의 한 세기의 차이가 있던 것처럼, 사다노부와 사이온지 사이에도 마찬가지로 시간적으로 거리가 떨어져 있다. 쇄국시대의 다이묘인 사다노부와 20대를 거의 프랑스에서 지낸 풍류 귀공자와의 사이에는 저절로 커다란 상위점이 생기고, 이것이 여백에 쓴 글로 신랄한 비판을 받기도 하지만, 사이온지의 정성 들인 애독태도는 일관해서 미묘한 친화력의 역할을 느끼게 된다. 전체적으로 이 두 사람, 그 정치에 대한 태도가 참으로 비슷하다. 평생 정치와 인연이 끊어지지 않으면서, 언제나 어딘가 건조한 객관적인 관찰자로서의 거리를 잃지 않았다. 모두 정치적 열광과는 전혀 무관하고, 그 대극에 선 인식자형에 속한다. 로추 수좌인 사다노부의 정권담당은 실은 30세부터 36세까지의 6년간에 지나지 않는다. 그 사이에도 되풀이해서 사직원을 낸 것이 자서전에 기록되어 있다. 『우하인언』은 아마도 사직한 뒤 얼마 되지 않을 무렵에 집필한 듯한데, 그 점에서는 정치적 좌절과 실의의 소산이고 『오리타쿠시바노키』와 서로 통한다. 사다노부로 하여금 자서전 집필에 착수하게 한 것에 이 좌절의 충격이 하나의 역할을 한 것은 쉽게 추측할 수 있는데, 앞서서 살펴본 바와 같이 그 상태가 하쿠세키와는 현저하게 다르다. 과연 이 자서전에는 정치적 체험과 자신의 정치적 방침과 실제의 시책에 대한 기술이 저절로 중심을 이루고 있는데, 하쿠세키의 그 한 방향의 자기정당화, 끓어 넘칠 듯한 '분노'는 여기에는 없다. 물론 이 사직이 30대 중반의 사다노부에게 기분 좋은 체험이었을 리는 없지만, 전체적인 상태는 오히려 담담하다. 자기와 관련된 스스로의 행동이고 결의이면서 그 모든 것을 적어둔다는 태도이다. 정치는 이 인물에게 자아주장의 하나의 채널에 지나지 않았다고 인정하게 된다.

그런 정치권력에 대한 집착의 담백함이 사이온지와 사다노부를 맺어준다. 두 사람의 대호사가에게 정치는 결국 인간관찰과 자기성찰의 수단이었다고 말하고 싶어진다. 30대 중반의 장년 정치가의 사직 직후의 회상이, 의외일 정도로 『사이온지 공과 정국(西園寺公と政局)』의 그 놀랄 만큼 건조하고 투철하며 노숙한 관찰안과 비슷하다. 그런데 그 이상으로 에로스에 대한 관심과 문학 애호, 폭넓은 호기심과 취미를 늘어놓아보면 한 세기를 뛰어넘으면서도 이 두 사람은 거의 꼭 맞는 동종동질의 혼이라고 할 수 있다.

분명히 진짜 무사로 그렇게 노력한 사다노부 속에 이미 이 정도의 구게(公家)적인 것, 아니 한층 보편적인 취미인생, 호사가적인 것이 침투되어 있다면, 에도 시대의 무사적인 에고는 역시 한 사이클을 다 돌아서 도달점에 도달한 것이다. 『수행록』에서 '신무(神武, 일본신화에서 일본을 개국한 초대 천황)의 가르침'인 일종의 신비주의에 대한 접근에는 철저한 자아의 사람에게 그 한계의 통찰이라는 분위기가 감돈다. 대호사가의 지혜의 슬픔이라고 할 희미한 한숨이 퍼진다. 이것은 벌써 칙천거사(則天去私)를 향한 그 나름대로의 모색이 아니었을까? 오가이가 강한 관심을 보이고, 또 아쿠타가와가 근친으로서 친밀감을 담아 작품화한 사이키 고이(細木香以, 1822~1870), 통칭 쓰쿠니야 도지로(津國屋藤次郎)의 에도 말기의 이른바 다이쓰(大通)의 씁쓰레한 근대적 권태조차도 이미 『수행록』속에 선취된 것처럼 느껴진다.

제11장 여류 자서전의 환상

실은 내가 가장 읽고 싶은 것은 에도 시대 여성들이 쓴 자서전인데, 그것을 좀처럼 찾을 수 없다. 『유배지에서 남긴 글』, 『오리타쿠시바노키』, 『우하인언』, 이것들은 모두 남성의, 그것도 약간 지나치게 남성다운 자서전이라서, 여류 자서전을 거의 생리적으로 갈망하고 있었다. 에도 시대의 일본인의 자아의 형태, 이들 무사의 그것도 골라 뽑은 우수한 사람의 자기파악과 자아정착만으로 다 보여줄 수 없는 것이 있는 것은 분명하다. 이들 엘리트 남성이 쓴 자서전과 시기적으로나 태도와 지향상으로, 혹은 서로 중첩되고 혹은 예리하게 어긋나며 반발하는 여성의 자서전을 읽을 수 있다면 쌍방이 서로 비추고 또 서로 부딪치는 점에서 각각의 자서전의 형태가 얼마나 폭과 두께를 더할 수 있을까? 약간 너무 진부한 말투이지만 '의리와 인정'이라는 에도식의 덕목의 편성이 있다. 앞서 밝힌 세 사람의 저자는 모두 공적인 '의리' 쪽으로 그 비중이 많이 기울어져 있다. 공적인 이념과 의무감이 크게 앞에 놓임으로써 오히려 그 그늘에 숨은 사적인 정념과 충동이 분명하게 떠오른다는 점은 인정한다고 하더라도, 그들의 바늘은 공적인 목표를 가리키고 있었다.

그래서 우선 대비를 위해서도 여류 자서전을 꼭 읽고 싶은데 도저히 그것을 구할 수 없다. 결국은 여성적인 자아가 아직 미성숙하고 봉건적인 억압이 너무 강해서라는 것은 너무나 단순하고 틀에 박힌 구분법이다. 에도 시대에는 여류 하이진(俳人)과 가인은 상당한 수에 이르렀다는 점은 새삼스럽게 말할 필요도 없고, 후지카와 히데오(富士川英郎, 1909~2003)가 연구한 바로는 한시(漢詩)를 통달한 '규수(閨秀) 시인들'도 두세 명이 넘었다. 야나가와 세이간(梁川星巖, 1789~1858)[1]의 아내 고란(紅蘭) 여사의 이름은 너무나 유명한데, 야마모토 호쿠산(山本北山, 1752~1812)[2]의 아내 사이토(細桃)를 비롯해 호쿠산의 여제자가 몇 명이나 있을 것이고, 더 한층 로맨틱한 공상을 자극하지 않을 수 없는 존재로 라이 산요의 여제자라고 하기보다 공공연한 여자 친구, 또 애인에 가까웠던 에마 사이코(江馬細香, 1787~1861)[3]가 있다.

후지카와의 즐겁고 빈틈없는 『에도 후기의 시인들(江戶後期の詩人たち)』(1966)은 이들 규수 시인들에게 일부러 한 장을 할애하고 있는데, 이를테면 에마 사이코에 관해서는 '자화(自畵)라고 제목하다'라는 7언 절구가 실려 있다.

독방에서 붓을 만지작거리며 세월을 보내다
한번 인생이 잘못되면 어찌 쫓을 수 있으리
약간 기뻐하며 순결한 정숙함(淸貞)이 그와 비슷함을

1 에도 말기의 유학자이며 시인.
2 에도 중기의 유학자.
3 에도 말기의 여류 한시 시인이며 화가.

그윽한 난 향기와 대나무의 쓸쓸한 모습을 그린다

사이코 여사가 그림을 잘 그리고, 특히 묵죽화(墨竹畵)로 당시 호평을 받은 점은 산요가 친구에 보낸 편지에 등장한다(市島春城『隨筆賴山陽』 1929). "이 여인의 묵죽은 이름이 높지만 옥린류(玉鱗流)의 속죽(俗竹)이다. 내 문하로 들어온 뒤 그 속풍이 고쳐져서 그 화폭이 참된 명인(明人)으로 보인다"고 되어 있어서, 산요가 이 친구에게 사이코의 묵죽화를 한 폭 보낸 것을 알 수 있다. 자신의 제자가 되고 나서 드디어 속기가 빠지고 "참된 명인으로 보인다"라는 부분, 참으로 산요다운 자기선전이 빈틈없이 포함되어 있는 경향이 있는데, 이 편지에는 "이 부인은 특이한 여자로 용모가 대단히 뛰어나서, 그래서 결혼하지 않는 뜻을 맹세하고 있다"라고 그 미모를 칭찬하며 또 독신을 맹세한 특이함을 언급한 데다가, 산요 자신이 사이코에게 보낸 시편까지 써넣고 있다. '형형독거상위(亭亭獨拒霜威), ······'라는 시편을 그대로 인용한 다음, "만날 수 없지만 이 28글자로 만난 것이 된다"라고 교묘하게 빠져나가고 있다.

친구에게 증정한 사이코의 화폭에 한층 관록을 붙이려고 한 산요다운 전략이기도 하겠지만, 동시에 이 여제자에 보이는 산요의 보통이 아닌 애정도 저절로 스며나온다. 속기(俗氣)와 장난기, 사교성과 정분이 구분하기 어렵게 얽혀 있는 곳에서 참으로 산요적인 댄디즘(dandyism)의 멋진 표현을 인정할 수 있을 것이다.

그러나 여기에서 주목하고 싶은 것은 사이코 자신의 시편에서 후지카와가 '말년의 작품으로 생각된다'라고 판정한 일곱 수가 자연히 여사의 생애의 요약이고, 일종의 자서전의 축소판을 이루고 있는 점이다.

"독방에서 붓을 만지작거리며 세월을 보내다"라고 읊으며 시작한 이 시편에는 자신의 삶을 되돌아보며 그 '순결한 정숙함'에 대한 자부와 누르기 힘든 쓸쓸함이 섞여 있고 또 서로 떠받치고 있는 느낌이다. 그리고 그 자부심에도, 쓸쓸함의 뒷면에도 담겨 있는 것은 분명히 라이 산요의 그림자이다. 여기서 "약간 기뻐하며 순결한 정숙함이 그와 비슷함을"이라고 말한 '그'는 물론 산요임에 틀림없다. 산요는 1832년 52세로 세상을 떠났기 때문에 여사의 이 7언 절구는 산요가 죽은 다음의 작품임에 틀림없다. 연인이 죽은 뒤에도 결국 한 번도 '평생을 실수' 없이 살아온 자신을 되돌아보며, 그 '순결한 정숙함'을 '약간 기뻐하며' 동시에 '독방에서 붓을 만지작거리며' 한탄을 누르기 어렵다. 그리고 결론이자 화재(畵材)인 '유란수죽(幽蘭水竹)'은 그녀 자신의 삶의 상징적인 요약일 것이다. T. S. 엘리엇 식으로 말하자면, 이때 난과 대나무의 이미지는 그대로 여사의 생애에 대해서 '객관적인 상관물(objective correlative)'의 역할을 하고 있다. 그리고 이 이미지를(스스로 그림의, 또 시의) '쓸쓸한 모습(寒姿)'으로 요약한 말미의 한마디가 날카롭게 전체를 조인다. '순결한 정숙함'이라고 하고, '그윽함'이라고 하고 또 '뛰어남'을 말하면서, 아무래도 누르기 어려운 쓸쓸함이 결말에 이르러 한꺼번에 분출하고 곧장 '쓸쓸한 모습'이라는 한마디로 응결된 것처럼 느껴진다. 특히 이 '쓸쓸한 모습'은 당돌하게도 첫머리의 '외로운 방'과 서로 이야기를 나누는 취향도 인정되고, 이른바 선택된 자의 자부과 고독이 표리를 이루며 서로 지지하는 참으로 낭만주의적인 자화상이라고 부르기에 적합하다.

소코의 『유배지에서 남긴 글』에서처럼 격렬하고 노골적이며 공적인 드라마를 내부에 포함한 자기극화와는 차원이 다르면서, 여기에서도 역시 드라마틱한 자아정착에 대한 명확한 의지를 느낄 수 있다. 스스로의 고독한 삶을 오직 수동적으로 쓸쓸해하고 한탄하는 것이 아니라 이것을 '외로운 방', '쓸쓸한 모습'으로 압축하고 또 '유란수죽'으로 대상화함으로써 역동적인 자기주장을 울리게 하고 있다. 또 '순결한 정숙함'의 '실수' 없는 '삶'이라는 도표를 한쪽 끝에 밀어놓음으로써 쓸쓸함과의 사이에 내적인 긴장을 불러들이고 있다. 이런 자기표현의 전략은 낭만주의라고 할 수밖에 없다.

게다가 사이코 여사와 산요 사이의 너무 지나치게 친밀한 사제관계에서는 분명히 사제의 영역을 넘는 냄새가 풍겨서 후세의 독자를 약간 억측으로 불러 세우지 않을 수 없는 점은, 바이런 경의 연애관계가 전기작가를 끌어들이는 자력과 비슷하다. 이를테면 『라이 산요 대관(賴山陽大觀)』(1915)의 작가 사카모토 기산(坂本箕山)이 다음과 같이 처음부터 단정하고 있는 것은 그 극단적인 일례일 것이다.

사이코와 산요는 오랫동안 사제로 오갔고, 그 정교는 사제의 영역을 넘지 않았다고 되어 있다. 그러나 이것은 표면상의 일이고, 실은 이 두 사람 사이에는 하나의 비밀이 있다. 그것은 사이코가 애정의 응괴(凝塊)를 몸에 감추고, 아무도 모르게 비밀리에 산요의 사생아를 낳아 나고야(名古屋)에 맡겨서 성장시킨 것이다. 사이코가 평생 아무리 권해도 결혼을 하지 않았던 것은 산요에 대한 절개를 지키고 그의 아이가 귀여웠기 때문이다. 사이코가 세상을 마칠 때까지 이 아이를 위해 고생한 것은 아무도 몰랐지만, 나고야의 서림(書林)에서 오카야스(岡安)라는 사람은 그 비밀을 알고 오카야스가 오가키(大垣)[4]에 올 때마다 2량 3량씩 맡겨서 그 아이에게 보냈다. 그런데 그 재자가인(才子佳人) 사이에서 태어난 이 산요의 사생아는 그다지 똑똑한 아이는 못 되어서 이름도 알려지지 않고, 결혼도 하지 않고 그만 죽어버렸다.

이것이 만일 사실이라면, 바이런과 클레어 클레어몬트(셸리의 연인이었던 메리 고드윈의 이복동생으로, 바이런에게 접근해서 딸 알레그라를 낳았다)와의 정사를 생각하게 하는 흥미로운 일화라고 할 만큼『수필 라이 산요(隨筆賴山陽)』의 저자도 "나도 또 이 주장에 가담하고 싶다"고 말하고 있을 정도인데, 실은 이 주장은 보증할 객관적인 증거는 아무것도 제출되지 않은 채로 끝난 것 같다.

그런데 여기서 내가 주목하고 싶은 것은 사실보다도 이미지 쪽이다. 사카모토와 이치지마(市島謙吉, 1860~1944)를 이런 대담한 추측으로 몰아세운 원동력은 산요의 명성도 있지만, 사이코의 시적인 자기정착과 낭만주의적인 자화상에 있었다고 할 수 있을 것이다. 이치지마가 쓰고 있는 이야기로는[이것도 기자키 고쇼(木崎好尙)에게서 들은 이야기로, 확실한 근거가 없는 이야기이다], 사이코가 산요에게 보낸 편지에 자신의 서명을 '라이 사이코(賴細香)'라고 쓰고, 수신인은 '에마 산요(江馬山陽) 선생'이라고 한 것을 발견했다고 한다. 이 또한 사실보다는 이미지와 관련된 이야기로, 가령 그러한 서명이 있는 편지가 제출되었다고 해도 사실의 증거라고 할 수 없을 것이다. 문제는 사이코라는 여성의 대담한 자기표현 의욕과 능력에 관련되고, 또 그것을 허용하고 감히 하도록 만들었던 산요 쪽의 이른바 사랑 표현의 태도에 관련된다. 객관적이며 생리적인 사

---

4 기후(岐阜) 현 서쪽에 위치한 시.

실은 그만두고라도 이 두 사람 사이에는 그런 표현상의 '유희', 놀이를 적극적으로 향수하려는 태도의 공유가 있었음에 틀림이 없다. 그곳에는 단지 두 사람 사이뿐만이라고 하기보다도 제3자에 대한 의식도 작용하고 있었을지 모른다. 산요와 사이코 두 사람에게는 이제부터 '위험한' 편지와 시의 원고를, 두 사람만 비밀로 감추고 또 처분하려고 한 흔적은 인정되지 않는다. 먼저 보기로 든 산요의 친구에게 보낸 서간처럼 오히려 사이코의 존재를 그 용모까지 포함해서 순진하게 자랑하며 보여주지 않고는 견딜 수 없는 기분을 느끼게 된다. 여기서 바이런이 자기표현으로 시종하며 동시대인부터 후세의 독자까지도 도발해 마지않는, 그 감춤과 자기폭로의 동거, 혼재와 서로 비슷한 점이 일본의 산요와 사이코 두 사람에게도 숨 쉬고 있었다고 단정해도 좋지 않을까. 한편에서는 이복 누이인 오거스타와의 '위험한' 관계까지 스스로 몇 번이나 의미 있게 쓰고 말하면서 다른 한편으로는 어디까지나 암시하면서 감추려고 한 것이 바이런의 낭만주의적인 이중성이었다면, 거의 같은 충동과 경향성이 바이런과 거의 같은 시대에 걸친 산요와 사이코 두 사람을 부추기고 있었던 것처럼 생각된다.

그런데 민우사에서 나온 상하 두 권으로 된 『라이 산요 서한집(賴山陽書翰集)』(1927)에서 살펴본 바로는, 사이코에게 보낸 편지에서 그 정도로 노골적이고 또 변죽을 울리는 애정표현은 보기 힘들다. 그 수는 꽤 많지만 모두 형식을 지키고 예절 바른 필치이다. 그러나 그것도 보는 사람에 따라서로, 산요가 처음으로 기후(岐阜)[5]를 찾아가서 에마 집

---

5 일본 중부 지방 서부 내륙의 현(縣).

안에서 사이코와 알게 된 다음 해의 편지에서 "참으로 지난해의 만남은 내 가슴에 있고, 또 눈에 밟히고 마음에 있지만 이별의 정이 있습니다" 라고 써 보낸 것은 당시 30대 중반의 중년 남자로서 최대한의 애정표현 이라고 받아들여야 된다. 또 그 뒤 사이코는 몇 번이나 교토에 있는 산 요를 방문하게 되었는데, 기후로 돌아간 사이코에게 다시 "참으로 이번 에는 교토에 체류한 시간이 길지 않아서 서로 만난 것이 꿈만 같고 안타 깝습니다"라고 산요는 즉시 편지를 보내고, 상대편 형편이 맞지 않아 상 경할 수 없는 해에는 "교토의 벚꽃도 졌습니다. 참으로 오시지 않아서 유감이었습니다. 압화(押花)를 보냅니다. 그나마 이것으로 위로로 삼으 세요"라고 일부러 압화를 보내는 것을 잊지 않는다. 굳이 감상(感傷)을 개의치 않고, 거의 여학생 같은 배려이고 참으로 자상한 친절에 감탄하 게 된다.

이런 산요의 아마 당시의 일본에서는 발군인 낭만적 연인 태도는 그 로부터 16년 후 50대에 접어들고 나서도 전혀 변함이 없다. 하긴 스스 로 '노부(老夫)'라고 부르기 시작했지만, 상대에 대한 자상하고 우아한 마음 씀씀이는 알게 된 무렵 그대로였다. 사이코의 「서실(敍實)의 시」 를 칭찬하며 '지금 규수(閨秀) 중에서 필적할 사람이 없다'며 이어서 "이 제까지 정조를 지켜온 일, 흠이 없는 백옥으로 노부도 대단히 기뻐하고 있다'고 썼다. 이 부분에 대해서 '정조를 지키고', '흠이 없는 백옥'이라 고 산요 자신이 분명하게 주장하고 있는 이상, 두 사람의 관계도 어디까 지나 순결하고 관능성과는 아무런 관련이 없다고 주장하는 논자도 있지 만, 이것은 또 너무나 소박한 사실주의로 거기까지 하나하나의 표현을 사실과 육체로 직결시킬 수는 없다. 오히려 자신에 대한 애정 때문에 결국 평생 독신을 지키게 된 상대 여성에 대한 찬탄을 담은 위로의 말이라고 받아들이는 것이 타당할 것이다[더욱 이때 사이코의 아버지 란사이(江馬蘭齋, 1747~1838)는 아직 살아 있어서 만사에 신경이 쓰이는 산요는, 이 편지의 추신으로 '노대인에게 별도로 말씀드리지 않습니다. 이 편지를 보여 드리세요'라고 덧붙이고 있다. 그렇다면 앞서의 '정조를 지켰다'는 칭찬도 상대의 아버지가 읽을 것을 감안한 다음 꽤 미묘한 배려와 뉘앙스가 깃들어 있다고 받아들여도 좋고, 단순히 사실적으로 해석할 것은 아닐 것이다].

그런데 산요는 이 편지에 곁들여서 에도의 규수 시인들이 보내온 『신판수원여제자시선(新版隨園女弟子詩選)』이라는 책을 '마침 당신에게 주어야 좋은 것'이라고, 사이코에게 증정하고 있다. 그리고 이렇게 말을 꺼내고 있다.

지금 노부는 여제자가 있지만 당신만 한 사람이 없고, 이 평생의 추억으로 이제까지의 시를 뽑아서 출판하는 것은 흥미롭다고 생각된다. 이름을 세상에 구하는 일은 아니더라도, 스스로의 즐거움으로 삼고, 노부도 함께 즐거워함이다.

『여제자시선』을 상대에게 일부러 보내면서 당신도 시집을 정리하는 것이 어떻까, '선(選)'과 서문, 평어(評語) 등'은 나에게 맡겨주면 남들이 웃을 일은 하지 않을 테니까라고 권유하는 산요의 정중한 관심(gallantry)은 참으로 바이런이 무색할 정도로 멋지다고 할 수밖에 없다. "이름을 세상에 구하는"것이 아니라고 곧장 덧붙이는 부분은 그 자신 문학적 명성에는 특별히 민감했던 산요의 민낯이 오히려 비쳐 보이는 느낌이

들지만 '스스로 즐거워할 뿐' 노부도 함께 즐거워함이라고 다그치는 그 세밀한 마음 씀씀이는 단지 노시인끼리의 애정표현으로도 완벽함에 가깝다.

산요와 사이코의 낭만적인 심리관계에 뜻밖에 끌려서 자서전이라는 중요한 주제를 잃은 것처럼 보일지도 모르지만 반드시 그런 것은 아니다. 일반적으로 이 두 사람 사이에는 35세의 아직 무명 시대의 산요가 미노(美濃)6의 오가키(大垣)에 있는 에마가를 방문했을 때부터, 그 뒤 산요 쪽에서 결혼신청을 했고 사이코의 아버지 란사이가 거절한 것 같다는 과정을 포함해서, 20년 가까운 세월에 걸친 꽤 복잡한 유래와 인연이 얽혀 있다. 그리고 사이코가 죽은 뒤에 출판된 『상몽유고(湘夢遺稿)』를 자세하게 검토한 나카무라 신이치로(中村眞一郎)는 "어떤 시에도 농후한 여인의 정이 감돌고 있다"고 판정하고, "사이코라는 여성은 산요의 애정이 남성답고 순수하고 분방하게 분출하고 있는데 반해서, 끈질기고 녹아나는 듯한 음지에 담긴 애정의 소유자였던 듯하다. 그런 점에서 참으로 여성적이다"라고 말하고 있고(『賴山陽とその時代』, 1971, 71쪽), 표현된 두 사람의 애정관계는 현재도 평자의 관심을 불러일으키는 힘을 아직도 잃지 않은 것을 알 수 있다. 그래서 자서전과의 관련에서 내가 말하고 싶었던 점의 하나는 물론 에마 사이코가 자서전을 남기지 않은 것에 관한 안타까움이다. 뛰어난 미모를 가지고 있으면서도 평생 독신으로 지냈고, 7세 연상의 명성이 화려한 문학자와의 사이에서 특이한 사제관계를 계속 유지하며 그것이 드디어 그녀의 생애를 지배하

6 기후 현 중남부의 지명.

는 중핵적인 정열이 된 규수 시인이, 적어도 '산요의 회상'이라는 추억 또는 일기를 쓰지 않았던 점이 참으로 안타깝다. 이 정도로 미묘하고 곤란한 연애교섭의 당사자인 사이코 여사에게는 고백하고 호소할 만한 체험이 많이 있었음에 분명하다. '고독한 방'과 '쓸쓸한 모습' 안에 갇혀 있기에는 너무 생생한 즐거움과 절망, 기대와 회한이 내부에서 소용돌이치고 있었음에 틀림없다. 엄격하게 정해진 한시라는 형식, 또 남의 눈에 쉽게 띄는 산요에게 보낸 편지에만 담기에는 너무나도 복잡하고 직접적인 정서와 감회가 그녀의 뇌리에 감돌고 있었을 것이다. 그러나 그러한 고백과 자서전을 사이코는 결국 쓰지 않고 마쳤다 — 고 하는 것은 도대체 왜 그랬을까?

　에도 시대의 교양 있는 여성의 신중함, 긍지가 높은 규수 시인의 자존심도 물로 작용했음에 틀림없다. 그러나 아마도 그녀는 스스로의 강렬한 정념과 충동도, 쓸쓸한 고독과 자긍심도, 시집『상몽유고』속에 담는 것으로 충분하다고 생각했던 것이다. 근대적인 자아의식에 눈뜨지 않아서 자서전을 쓰지 않았다는 것은 너무 조잡한 외적인 판단일 것이다. 먼저 보기를 든 시편 하나를 들더라도 나이 든 그녀의 눈에 스스로의 삶이 명확한 하나의 형태로 비치고 있었던 점을 의심하는 것은 아니다. 그것에서 빠진 것, 끓어 넘치는 존재를 의식하면서 그녀는 감히 잘라버리고 떨쳐버렸다. 그곳에서 '고독한 방'이라든가 '쓸쓸한 모습'이라는 이미지가 포함하는 결연한 엄격함과 동시에 부드러운 여운이 생긴다. 명석한 의지적인 조형과 동시에 배후에 감도는 짙은 색의 그림자의 쓸쓸함이다.

　사이코의 애정표현의 질에 관해서 나카무라 신이치로는 '집념이 강하고 녹아내리는 듯한 그늘에 어린 애정의 소유자'라고 추정하고 있다. 그녀의 시집 『상몽유고』를 빠짐없이 읽어본 뒤의 나카무라의 작가다운 판단은 충분히 존중해야 되지만, 나로서는 이 추정을 그대로 납득하기 어려운 점이 있다. 후지카와의 평석(評釋), 또 나카무라 자신이 인용한 시편을 읽어보았을 뿐인 소박한 감촉이지만, 사이코의 작품에는 아무런 미련도 없고 개운함이 있다. 과연 이별과 고독한 삶에 대한 한탄은 되풀이되고 있지만, 이 어조는 '집념이 강하게' 상대에게 계속 호소한다고 하기보다는, 오히려 스스로의 정서에 집중하고 이것을 명석한 형태로 응결시키려고 노력하고 있다는 인상을 받는다.

이를테면 나카무라의 책에서 두 편을 인용해보자.

연꽃 대를 뽑아서 원앙을 치다

두 마리 날아가다 두 마리 헤엄치니, 녹색 물결이 아련하다.
모르리라, 인간에게 이별이 있다는 것을.
장난삼아 연꽃 대를 뽑아서 연못 위에 던지다.
떨어져서 나니, 너희도 알아라, 잠시 서로를 생각하는 것을.

과연 원앙이 너무 사이가 좋은 것을 질투하고 초조해서 그것을 향해서 연꽃을 내던졌다는, 우선은 집요하게 받아들여지는 설정이지만, 이것은 전체적으로 오히려 독자의 웃음을 자아내게 하는 재치 있는 기획이 아닐까? 물론 너무 행복한 원앙 부부여, 세상에 이별이 있고, 서로 헤어져서 생각하는 것이 있다는 것을 생각하는 것이 좋다고 말을 걸고 있고, 약간 강인한 고독의 비애를 강요하는 경향도 있지만, 중점은 오히려 어쩔 수 없는 슬픈 감정에 장난 게임 같은 형태를 부여하고 있는 바일 것이다. 집요하게 내부에 담긴 원념이라기보다는 오히려 객관화한 강한 정신이고, 어떤 건조한 유머의 여유마저도 읽어낼 수 있지 않은가? 이 유머의 가벼움과 장난에는 물론 이별의 탄식이라는 누름돌이 붙어 있지만.

헤어진 뒤 사람에게 보내다

한 점 근심의 등불, 꿈, 자주 놀라다.
귓가에 들리는 것, 모두 정과 관련된다.
평소에 파초에 떨어지는 빗소리 전에 익숙하게 들었는데,
비슷하지 않은 오늘 밤 비 내리는 소리.

또다시 이별의 비애이다. 연인과 헤어지고 온 밤 잠들기 어려워서 꾸벅꾸벅하다가는 곧 눈이 뜨인다. 청각이 극도로 예민해져서 "귓가에 들리는 것, 모두 정과 관련된다"는 한 줄이 선명한 효과를 내고 있다. 초우(蕉雨)는 파초에 떨어지는 비를 말하는 것일까? '한 점 근심의 등불'이라든가, 파초라든가, 계절은 분명히 가을이다. 익숙하게 들었던 '파초에 떨어지는 비'가 헤어진 직후의 오늘 밤만은 평소와 달리 마음에 젖어든다고 청각의 이미지로 일관하고 있다. 여기에서는 헤어지고 온 상대에 대한 강하고 처절한 호소의 목소리가 울리고 있는 것은 확실하고, '오늘 밤 비 내리는 소리'로 파악한 가을밤의 축축한 비는 그 한 방울 한 방울

이 그녀 자신의 쓸쓸함을 예리하게 만든다. 잠 안 오는 밤의 시간의 흔들림을 표현함과 동시에 상대의 마음에 배어들고 싶다고 원하는 연정의 상징도 되어 있다. 이 의미로는 나카무라의 말대로 '그늘에 어린 애정'이라고 받아들이는 것도 가능하지만, 이 정도로 선명하고 투철한 소리의 이미지를 따른 일관성에서는 집요하게 끈질긴 맛보다는 오히려 감각이 그대로 의지로 변했다고 할 수 있는 맑은 투명한 울림이 들리는 듯하다.

나카무라가 말한 '대단히 농밀한 염정(艶情)'임에는 틀림없지만, 불투명하게 고이고 끈질긴 정념이라기보다는 오히려 그 격렬함이 오직 가는 끝으로 모이는 의지적인 집중을 느끼게 한다.

그런데 에마 사이코는 결국 자서전은 쓰지 않았다. 이런 규수 시인이, 이를테면 헤이안 시대의 『가게로 일기(蜻蛉日記)』 같은 집요한 사랑의 호소를 주요 모티브로 하는 자서전적인 고백서를 쓰지 않았던 점을 나는 안타깝게 생각하는 한편, 역시 어쩔 수 없는 일, 자연스러운 일이라고 받아들이게 된다. 맑게 긴장된 한시 형태로 축약하는 것으로 이 여류시인은 스스로 내면의 표현작용의 한 사이클의 완료를 체험했음에 틀림없다. 그녀의 시에는 나중에 꼬리를 남기는 미련보다도 오히려 한 편마다 상쾌한 카타르시스가 느껴진다고 나는 생각한다.

사이코가 산요에 대한 연정으로 애태우며 끈질기게 동경하는 마음 속 깊은 여성이었던 점을 나는 의심하는 것이다. 산요를 평생 계속 사랑해왔던 점은 분명하지만, 표현을 통한 승화에 열중하는 한편 믿음에 이르는, 오히려 의지적인 표현자가 아니었을까? 예민한 감각의 소유자이긴 했지만 감각에 빠지기보다는 그 순화와 결정화를 목표로 하는 오히려 지적인 감각자였던 것처럼 생각된다. 그 점에서 스스로의 생애 중에 하나의 확고한 형태를 인정하기에 이르면서 자서전을 쓰지 않고 끝냈다. 한시는 그녀에게 무엇보다도 소중한 기초였고 골조였고 또 그것으로 애인과 서로를 확인하고, 또 서로 마음이 통할 수가 있었다. 이 이상 없는 매체 아니 촉매였을 것이다. 한시라는 형태를 믿음으로써 그녀는 자서전을 쓰지 않고 마칠 수 있었던 것이라고 말할 수 있을지 모른다. 사이코 같은 경우에는 독자 쪽도 쓰이지 않은 자서전을 허공에 상상으로 그리는 것으로 만족할 수밖에 없다고 나도 겨우 납득하게 된다. 그녀는 그 로맨틱한 연애 행동과 또 한시라는 표현양식 속에, 쓰지 않은 자서전을 봉한 것이라고.

　이야기하는 김에 말하지만, 『라이 산요 서한집』에서 하쿠세키의 자서전을 언급한 곳을 발견했다. 산요가 『일본외사』 집필에 즈음해서 하쿠세키의 『독사여론』에 힘입은 바가 대단히 많았던 점은 자주 지적되어 온 바인데, 『오리타쿠시바노키』의 애독자였다는 점은 나도 처음 들어서 흥미롭다. 1830년 산요가 50세 봄에 숙부 라이 교헤이(賴杏坪, 1756~1834)에게 보낸 편지에서 쓰고 있다.

　　오리타쿠시바노키 같은 것, 전부터 권했습니다. 무엇보다도 첫째로 전해야 할 것이고, 한편으로 유익한 책이니, 일본글로 분명하고 이해하기 쉬운 일본문장으로 해주셨으면 합니다.

　숙부 교헤이는 아주 젊을 때부터 산요를 귀여워했고 하여간에 문제를 자주 일으켰던 그의 성가심을 잘 보아준 은인이었는데, 이 편지를 보자면 교헤이에게는 '전부터' 자서전을 쓰려는 마음이 있었던 것 같다. 적어도 산요는 전부터 숙부에게 그 집필을 되풀이해서 권해왔다.

이때 '오리타쿠시바노키 같은 것'이라고 산요가 갑자기 설명 없이 주장하고 있는 것은, 하쿠세키의 자서전이 이 정도로 두 사람 사이에서는 자주 화제에 오르고 잘 아는 것이었다는 점을 말하는 것이리라. 19세기 초 에도 말기의 일본 지식인에게 자서전 장르가 벌써 일상의 자질구레한 표현의 미디어가 되어 있었다는 것을 알 수 있다. 이것은 에도 시대의 자서전에 보내는 나의 열성이 반드시 짝사랑, 혼자서 하는 망상이 아니라, 앞으로도 뜻밖의 장소에서 발간되지 않은 고본(稿本)이 발굴될 가능성을 보증해주고 있는 것이다. '첫째로 전해야 할 것이고, 한편으로 유익한 책'이라고 산요가 칭찬하고 있는 것은 나이 든 숙부를 격려하기 위한 과장이 포함되었다고 해도, 역사가이며 시인인 산요가 자서전이라는 장르의 가치에 대해 일찍이 안목과 식견을 보여주는 증거라고 해도 좋다. 다시 '일본글로 분명하고 이해하기 쉬운 일본문장'이라고, 일본문장체의 강점을 분명히 인정하고 있는 것은 오직 한문 저술가로 시종(始終)했던 산요로서는 주목할 만한 발언이 아닐까? 이것은 교헤이가 '일본문장도 잘 썼다는' 사정도 있다고 해도, 자서전이라는 개인적인 장르에서 '일본글자, 일본문장'의 유효성을 꿰뚫어본 산요의 비평가적인 유연함을 칭찬하고 싶다.

그런데 산요의 이 정도의 간절하면서 설득력 있는 권유에도 불구하고 교헤이 노인은 결국 붓을 잡지 않아서, 이 경우에도 또한 쓰지 않은 환상의 자서전으로 끝난 듯하다. 적어도 『서한집』 편집자(德富蘇峰, 木崎好尙, 光吉燒華) 세 사람의 해설을 믿는 한 그렇게 된다. 다음과 같이 주석이 달려 있다(이 주석을 쓴 사람은 문체와 필치로 살펴보자면 아마도 소호임에 틀림없다).

교헤이가 군(郡)을 돌아다니는 역할인 미요시마치(三次町) 부교(奉行)직을 그만두었다는 말을 듣고, 드디어 히로시마로 돌아온 것은 금년 1830년 일이었다. …… 여기에서 주의해야 될 것은 산요가 교헤이에게 권해서 아라이 하쿠세키 유의 필법으로 자서전을 쓰라고 했다는 점이다. 유학자 출신으로 정치에도 관여하고, 게다가 국문(國文)도 잘하는 교헤이가 과연 이것을 실행했다면 얼마나 재미있었을까 하고 생각하지만, 아쉽게 그것은 말로 끝나버린 듯하다. 교헤이는 금년에 향년 75세.

이렇게 해서 마치 탄탈로스(Tantalos)[7] 같은 나의 자서전에 대한 갈망은 덧없는 환상을 쫓으면서 좀처럼 진정되기 어렵다. 특히 에도 시대의 여류 자서전에 대한 나의 집념은 상대의 육체에 손이 닿지 않는 탓에 한층 더해지고 북돋워질 뿐이다. 일반적으로 그런 기분으로 바라보면, 이쪽의 욕망과 호기심을 자극하고 도발해 마지않는 여성은 특별히 에마 사이코 한 사람뿐만이 아니다. 이를테면 조금 거슬러 올라간 곳에 오슈(奥州)[8]의 다다노 마쿠즈(只野眞葛, 1763~1825)가 있다. 그녀에 관해서는 다키자와 바킨이 『토원소설(兎園小說)』 속에서 상당히 지면을 할애하고 있다. 1819년 바킨이 52세 때 자작인 『홀로 생각(ひとりがんがへ)』을 바킨

---

   7 그리스 신화에 나오는 제우스의 아들. 신들의 노여움을 사서 추방당했는데, 목까지 연못에 잠기면서 물을 마시지 못했다.
   8 이와테(岩手) 현 남부에 위치하는 지명.

에게 증정하고 비평을 구했다. 그 뒤 두 사람 사이에 편지 왕래가 계속되었고, 직접 만날 기회는 오지 않고 끝났지만 문학상의 사제관계라는 점에서는 한 세대도 차이가 나지 않는 산요와 사이코의 경우와 서로 통하는 점이 있다.

그러나 그 교섭과정과 내실은 현저하게 다르다. 기질과 나이 그리고 표현과 행동양식의 차이가 이 정도로 다른 두 쌍은 다시 보기 어려울 것이다. 바킨과 마쿠즈의 교섭은 간혹 주고받던 편지 왕래로 한정되어 있을 뿐 아니라 애처로울 정도로 조심스럽고 억제되어 있다. 일반적으로 바킨에게는 시마자키 도송을 생각하게 하는 그늘에 갇힌 소심한 정열가라는 점이 있는데, 도송의 억압을 다시 몇 배나 더하여 그것도 여성의 손을 잡지 못하는 경우가 바킨이라고 말하고 싶다. 결국 여성에 대한 관심은 남들보다 배나 있으면서 그것을 내공(內攻)하고, 일단 여성을 만나게 되면 신경질로 격앙되는 경향이 있었다. 산요에게 보이는 편안하고 대담함과 자연스러움은 약으로 쓰고 싶어도 발견되지 않는다. 낭만주의적인 연인 같은 태도는 처음부터 논외였을 것이다. 산요와 비교하면 참으로 안타까울 정도로 무뚝뚝하고 긴장으로 몸이 굳어지는 반응태도라고 해야 될 것이다. 바킨에게 에로스라는 것은 실은 아주 흥미로운 테마로, 바킨의 소설은 과연 간판대로 권선징악의 도덕주의로 이어져 있는 한편, 이를테면 『팔견전』에서 갯강구(船蟲)를 묘사한 것처럼 특히 음습하고 비열한 음부(淫婦)의 모습을 집요하게 덧칠하고 있다. 음부라는 것도 그에게는 일단 징벌해야 될 악의 전형이라서 그런 지나칠 정도의 색조와 끈적거릴 정도의 덧칠을 계속한다고, 도저히 그것만으로 결론지을 수 없는 근거가 있고 힘이 깃들어 있다. 그렇게 말하면 『팔견전』

의 원래의 줄거리에 있는 후시히메(伏姬)와 동물과의 에로스적 관계도 기묘하게 비린내가 감도는 것이다. 바킨의 경우, 이른바 의식적인 이데올로기로서의 유교적 도적주의와 이런 음습한 에로스와는 아무래도 의외로 뿌리 깊게 얽혀 있는 듯하다. 도덕주의라는 상부구조와, 출구를 잃은 울적한 에로스인 하부구조와는 마치 샴쌍둥이처럼 서로 등을 맞대고 붙어 있는 것은 아닐까?

그러나 이런 답답한 경소설(硬小說)의 필자인 바킨도 뜻밖에 동시대의 여성 독자에게 인기가 높은 존재였던 것 같다. 『팔견전』 출판과 함께 팔견사(八犬士) 직물의 금란단자(金襴緞子)가 팔리고 후시히메 형태의 금은 가루를 뿌린 칠기 빗이 만들어지고, 다시 "후카가와(深川)⁹에 있는 기생 7명 중 5명이 종이로 만든 개를 들고 있었다"고 마야마 세이카가 쓰고 있다(『隨筆瀧澤馬琴』, 1935). 실은 다다노 마쿠즈와의 교섭의 내실에 가장 자세한 심리적 분석을 덧붙이고 있는 것도 마야마 세이카로, 끈질긴 바킨에 어울리는 끈질김과 강한 개성으로 마야마는 기이한 대소설가의 내면을 잘 파헤치고 있다. 일본에서 작가 평전으로 굴지의 완성품이라고 해도 좋은데, "따라서 부인들 사이에서는 작가 바킨을 숭배하는 사람이 적지 않았고, 때로 예물을 보내고 방문하는 사람도 있었고, 혹은 바킨을 초대해서 그 모습을 보려는 사람도 있었다. 궁중 하녀 등은 약장사를 가장해서 바킨 집을 들여다보고, 혹은 낚시에서 돌아오는 것을 기다리다가 알리고 서로 속삭이는 장면도 있었다"고 마야마는 설명한다. "다이묘 집안의 측실 또는 후실, 이름난 집안의 부인들로부

---

9 도쿄 에도(江東) 구 스미다가와(隅田川)에 있는 지명.

터 존경의 편지를 보내는 사람도 적지 않았다. 그중에는 소설 따위를 엮어서 첨삭을 부탁하는 사람도 있을 뿐 아니라, 또는 10년간 의지를 굽히지 않고 바킨의 제자가 되기를 원하는 부인도 있었다"는데, 우선 그 대부분은 현대에도 변함없는 순진한 여성 애독자 기질의 표현으로 보아도 좋을 것이다.

그런데 바킨은 이런 팬의 신청과 호기심에 관해서 이상할 정도로 예민한 거절반응을 보였다고 한다. 애독자의 방문을 거절하는 것은 물론이고 선물조차도 일일이 반송했다. 어느 날 조슈(長州) 번의 대감 집 하녀가 억지로 들어오자 바킨은 집사람들과 응대하고 있는 동안에 "광에 숨어서 두 귀를 막고 있었다". 병적일 정도로 결벽스러운 태도라고 할 대단한 여성혐오 태도이지만, 이런 바킨에게 오직 하나의 예외가 마쿠즈와의 교제였다.

마쿠즈가 보낸 편지는 당시 에도에 있던 그녀의 여동생 하기니(萩尼)의 손을 통해서 전해진 듯한데, 이때만은 편집광인 바킨이 신기할 정도로 곧장 답장을 썼다. 특히 바킨의 답장은 진지한 대응이라기보다는 상대가 실명을 밝히지 않은 채로 '바킨 님'이라고 버릇없이 부르고 있는 무례함을 꾸짖는 심한 말투였던 것 같다. 그러자 마쿠즈는 솔직하게 실례에 대한 용서를 빈 다음 "자신의 출생과 조상의 계보, 아버지의 일, 형제의 일, 다른 사람에게 겸손해야 된다는 것까지 고백"했다. 그 마쿠즈의 편지는 안타깝게도 남아 있지 않지만, 바킨은 그 내용을 필사해놓고 있다. 그것을 보면 마쿠즈는 다누마 시대(田沼時代)[10]의 '수완가'로 알려

---

10 도쿠가와 막부 10대 쇼군 이에하루(家治)의 시대에 다누마 오키쓰구(田沼意次,

졌고, 홋카이도 개척이라는 큰 계획을 실행하려고 하다가 좌절한 구도 규고(工藤球卿)의 장녀로 "29세 때까지 센다이가(仙台家) 안에서 일하다가, 36세에 지금의 다다노에게 시집갔고, 5, 6년 전 남편과 결별하고, 지금은 눈 많은 오슈 지방에서 지난 일을 추억하면서 세상을 쓸쓸하게 지내는 과부"라는 것을 알 수 있다. 구도 규고의 정치적 실각은 실은 다누마를 추방하면서 그 뒤를 이은 마쓰다이라 사다노부의 긴축정책 때문이었지만, 사다노부의 등장 이후 규고는 곧 그 지위를 잃었을 뿐 아니라 '사기꾼'으로 세상의 지탄을 받았고, 실의와 실추 한가운데서 죽었다고 한다. 그런 아버지의 정치적 변전을 가까이에서 맛본 체험이라든가, 에도와 지방생활 양쪽을 알고 있는 점이라든가, 다이묘 집안에서의 근무, 결혼, 그리고 과부라는 경력이라든가, 이 사적 고백의 서간은 자세하게 다시 쓰는 것만으로 그대로 귀중한 생활기록, 수가 적은 여류 자서전이 아닐까? 국사를 걱정한다는 시사 논문『홀로 생각』따위보다도 이 쓰지 않은 자서전이야말로 훨씬 산요가 말하는 '유익한 책', '제일 전해야 될 것'임에 틀림없다. 이 편지의 수신인이 가령 바킨이 아니라 산요였다면, 어쩌면 그런 적절한 조언과 충고를 마쿠즈에게 해주었을지도 모른다. 말도 안 되는 공상이라고 알면서도 그런 말까지 하지 않을 수 없는 것도 마쿠즈가 자서전을 쓰지 않았다는 것이 나는 안타깝기 때문이다.

그런데 마쿠즈가 바킨의 지도를 받으려고 한 것은 단지 팬으로 접근하고 싶다는 것이 아니라 좀 더 절실하고 실제적인 것이었다. 아버지의 갑작스러운 정치적 좌절을 비롯해서 이어지는 불행을 몸으로 체험한 이

1719~1788)가 정치의 실권을 잡고 있던 1767~1786년을 말한다.

과부는 어떻게 해서든지 한 집안을 재건하고 싶었다. 특히 다 끊어져가는 구도 집안에 다시 빛을 보여주고 싶고 그 실마리를 얻기 위해 유명한 다이묘 집안에서 일하기를 원했다. 『홀로 생각』도 실은 그를 위한 취직 지원서였지만, 근직파(謹直派)인 바킨은 이런 마쿠즈의 진지함이 참으로 마음에 들었던 것 같다. 그쪽에서 자주 편지를 보내는 것을 혹시 일하시는 데 방해가 안 될까요라고 써 오면, "내 집의 벚꽃 필 때도, 단풍이 들 때도, 바람의 소식은 계속 이어진다"라고 묘하게 들뜬 노래로 대답하고 있다. 또 이것은 하기니와 주고받은 말인데, 『홀로 생각』을 싸온 보자기를 실수로 화로에 떨어트리자, 이것을 돌려줄 때 "마음 조이며 건너간 강배가, 바람이 불어서 더욱 괴롭네"라고 의미심장한 멋스러운 노래를 붙여서 건네자, 상대도 과연 "세상 사람의 종류와 다르게 진실되구나, 오늘 나에게 돌려주는 마음은"이라는 답례하는 노래를 보냈다. 여성을 대하는 콤플렉스에서 매일 자기방어의 갑옷으로 꼭 긴장되어 있던 바킨의 답답함이 문득 누그러져가고 자신도 순간의 해방감을 즐기기 시작한 느낌이다. 그런데 이 과민한 여성 경계자에게 해방감은 역시 순간의 것에 지나지 않았다.

그로부터 몇 개월 지나서 도착한 상대편 편지 속에 "실수가 없이 그대에게 전하고 돌아온 기러기, 안개에 흐려진 편지"라는 노래를 읽자, 바킨은 곧장 절교의 뜻을 굳힌다. 노래의 뜻은 솔직하게 받아들이자면 답장의 재촉에 지나지 않는데, 어쨌든 바킨은 묘하게 마음을 바꾸어 상대가 주위를 염려해서 자신과의 편지 왕래를 괴로워하기 시작했다는 우의(寓意)로 받아들인 것 같다. 한번 그렇게 의심하기 시작하면 바킨은 고슴도치처럼 온몸에 털을 거꾸로 세우고 무턱대고 질주한다. 서둘러 『홀로 생각』의 첨삭을 끝내고 다시 20일이 지나서 마쿠즈의 논문에 대한 엄격한 정면돌파의 반론을 했다. 이런 도가 지나친 반응태도도 바킨다운 편벽(偏癖)의 흥미로움에는 틀림없지만, 아무래도 사귀기 어려운 사내였다. 그리고 "남자와 여자의 사귐은 머리의 눈을 겨울의 □ (한 글자 판독 불명)라고 잘못 보는 것이라며 사람들도 꾸짖는다. …… 그러므로 교제도 이것을 끝으로 생각해주시오"라는 절교장과 함께 곧장 상대에게 보냈다고 한다.

다다노 마쿠즈는 이때 벌써 50을 넘었으니까 바킨의 행동은 도가 지나친 흥분이라고밖에 할 말이 없고, 거의 배반의 히스테리라 생각하게 한다. 그러나 작가로서의 그의 심리적 균형, 상상력의 저울은 도를 넘은 결벽스러움과 과잉의 자기방어 장치로 겨우 유지될 수 있는 것이었다. 이 마쿠즈 여사가 개성적인 '재녀(才女)'였던 점은 바킨 자신도 분명하게 인정하고 있다[센다이에서 엮은 『갈대(浜荻)』[11]라는 백 년 정도 전의 방언집이 있는데, "혹시 다다노 마쿠즈가 아닐까 하고 생각되는 재주가 뛰어난 여성"이 쓴 것이라고 야나기다 구니오(柳田國男, 1875~1962)는 추정하고 있다]. 바킨과 마쿠즈와의 교제는 이 일방적인 절교장으로 완전히 끊어졌다. 그러나 그 고집 세고 제멋대로인 편집광인 바킨이 이 1년 남짓한 편지 왕래를 되돌아보면서 자세한 기록을 남기고, 게다가 이런 연약한 고백까지 하고 있다.

참으로 떨쳐버리기 어려운 생각이고 떨쳐버리지 않을 수 없는 숙명이라

---

11 갈대의 일본어는 아시(葦)이지만 방언으로 하마오기(浜荻)라는 말도 쓰인다. 이 때문에 방언을 상징하는 단어로도 쓰인다.

고 예전부터 생각했다. 그로부터 잠을 이루지 못하는 새벽마다 생각하며 그 다음 날 아침 편지를 꺼내어 볼 때마다 눈물은 가슴에 차오르고 깊은 한숨이 되었다.

이것은 『팔견전』의 소설가가 먼 곳에 있는 '재녀'에게 보낸 사랑의 꽃다발이었다. 산요와 사이코에서처럼 화려하고 농후한 색채는 여기에서는 완전히 결여되었다. 참으로 단단하고 답답한 자기억제의 틈새에서 문득 흘러나온 한숨과 비슷한 검소함이 있고 아득함이 있다. 그러나 그만큼 야생화로 엮은 꽃다발의 소박함과 버리기 어려움을 갖추고 있다. 마쿠즈는 물론 바킨의 이런 각오를 읽을 수도 없었다. 이 발군의 지적 재능이 뛰어난 고독한 나이 든 여인은 바킨의 절교장을 보고 어떤 반응을 보였을까? 극단적인 비꼼과 직정(直情)이 얽힌 기괴한 대소설가와의 교정(交情)에서 어떤 추억의 꽃다발을 남몰래 엮어냈을까? 에도 시대의 환상의 여류 자서전에 대한 나의 탄탈로스적인 갈증은 더해질 뿐이지만 지금은 이제 지난 꿈에서 깨어나 현실로 돌아와야 된다. 다행히도 무대에서 화려한 꿈을 엮어내는 사람들이 약간 흥미로운 자서전을 남기고 있다. 연기자의 눈이 어떤 자아의 이미지를 정착할 수 있는지를 생각해 보기로 하자.

제12장 연기자의 자의식

전쟁 중에 나온 이야기인데 『주샤 예화(中車藝話)』라는 재미있는 책이 있다. 7대 이치카와 주샤(市川中車)[1]는 1860년생으로 1936년 죽은 사람이므로 오히려 현대 가부키 배우라고 할 만하지만, 이번에는 그 『예화』 이야기로 시작하려고 한다. 예화, 예담(藝談)이라는 형태로 자서전 또 자의식과 배우라는 직업과의 관계, 다시 나아가 전통이라는 큰 문제에 이르기까지 몇 가지 매력적인 실마리를 제공해주기 때문이다.

우선 나누어보았지만 지금 든 세 가지 실마리도 미묘한 방식으로 이어지고 서로 얽혀 있다. 이를테면 예담체 자서전이라는 첫 번째 문제인데, 실은 이 타입의 자서전이 일본에는 뜻밖에 많다. 가까운 곳에서 역시 전쟁 중에 나온 『명인 마쓰스케 예담(名人松助藝談)』(1943)부터, 젠진좌(前進座)의 나카무라 간에몬(中村翫右衛門, 1901~1982)[2]이 쓴 『인생의 반(人生の半分)』(1959), 산유테이 엔쇼(三遊亭円生, 1900~1979)[3]의 『요세 성

---

1 다이쇼 시대 전후기의 명배우.
2 가부키 배우로 가부키 혁신을 목표로 극단 젠진좌를 만들었다.

장(寄席育ち)』(1965), 또 시부야 덴가이(渋谷天外, 1906~1983)[4]의 『나의 희극(わが喜劇)』(1972) 등 모두가 그렇다. 순수한 예담이 아니라, 역시 예담이라는 형태를 취한 자서전이다. 이것은 왜일까? 배우라는 직업은 예(藝)야말로 생명이고 연기가 생활의 중심을 이루기 때문에 자신의 생애를 되돌아보면 예담으로 되는 것이 당연하다고 단정할 수 있을까? 우선 당연하게 들리는 논리지만, 그러면 군인의 자서전은 전술담의(戰術談義)가 되고 상인의 자서전은 장사의 비결론(秘訣論)이 되느냐고 반문해보면 역시 아무래도 다르다. 당사자인 필자가 예능에 열심이고 무슨 말을 해도 결국은 예로 이어진다는 모범적인 이야기만으로도 정리되지 않는다. 예담체 자서전이라는 것은 아무래도 일본의 특산물인 듯하다. 물론 세계에 비할 곳이 없다고 단정하려는 것은 아니다. 첫째로 그런 대담한 단언을 할 정도로 외국 배우가 쓴 자서전을 찾아서 읽고 조사하러 다니지도 않았지만, 이제까지 내가 본 한도로는 유럽의 경우는 연기론과 자서전으로 분화하는 경향이 강하다. 연기론이라면 당연히 자신의 체험이나 추억이 들어가고 또 기초가 되지만, 자서전이라는 형태가 저절로 예담과 이어져 구별하기 어려운 보기는 참으로 적다. 게다가 배우가 쓴 자서전이라는 장르 자체가 일본이 좀 더 오래되었다고 말하지 않더라도, 꽤 오랜 기원을 가지고 있고 그리고 거의 일관된 계보를 지니고 있다. 결국 전통이라는 문제와 전통적인 형태가 미치는 힘을 생각하게 된다.

3 라쿠고가(落語家). 에도 라쿠고의 한 파인 산유파(三遊派)의 우두머리로 전대까지의 예풍(藝風)을 잘 이어받아서 대성시켰다. 라쿠고는 일본 만담의 한 종류이다.
4 극단 쇼치쿠신희극(松竹新喜劇)의 좌장(座長).

우선 예담이라는 전래된 형태가 있었다. 이 형태를 따라서 예의 전승에 힘쓰고 있는 동안에 어느 사이엔가 자신의 생애를 되돌아보고 더듬어보려는 충동과 욕구가 싹트고 형태를 이루게 되었다. 예담이라는 형태와 틀이야말로 유력한 선행자가 아닐까? 자서전 충동에서 개성의식과 선행하는 형태를 나누는 것은 닭이 먼저인지 달걀이 먼저인지를 질문하는 것과 비슷할지도 모른다. 혹은 그렇게 분명히 전후관계를 결정할 문제도 아닐 것 같은데, 자서전이 되면 먼저 개성의식과 개인으로서의 자아의 확립이라는 선입관이 너무 강하기 때문에 역시 구애받지 않을 수 없다. 유럽의 경우 아우구스티누스의 『고백』이 자서전 장르의 최초의 단서, 원류를 이루는 작품이라는 것은 오래된 상식이고, 이 책에서도 이미 언급한 바이다. 이를테면 영국의 17, 18세기에 많은 자서전이 한꺼번에 분출되었을 때, 적어도 당초에는 그 거의 대부분이 이른바 아우구스티누스를 쫓아 『고백』의 형태를 따라서 썼다. 대부분이 종교적인 자서전이었고 세속적인 자서전은 겨우 그 뒤부터 쓰이게 되었다. 아우구스티누스 형의 신을 향한 참회와 고백이라는 속에서 껍질을 벗듯이 하면서 겨우 나왔다고 해도 좋다. 처음에는 성과 속이 섞여서 — 라기보다도 성스러운 자서전 모습을 따서 가면을 쓰면서, 그 속에 세속적인 측면의 표현을 몰래 넣는 형태를 취한 것이 많았다. 일종의 보이기 위한 '참회'이고 '고백'이라는 성스러운 형태와 자기주장이라는 세속적인 욕망과의 혼혈아였다. 그런 성과 속의 혼효(混淆)현상이 루소의 『고백』에 이를 때까지 계속 꼬리를 물고 있는 점은 앞서서도 밝혔다.

그런데 이때 성스러운 형태와 세속적인 욕망은 발생적으로 어느 쪽이 나중일까? 자서전 장르를 끌어 올리고 확립하는 데 어느 쪽이 보다

유효한 역할을 보였을까? 이런 문제에 총괄적이고 단정적인 대답을 하기는 어렵다. 개개의 경우에 따라서 여러 가지 조합이 있고, 혼효 정도의 강약도 여러 가지일 것이고, 입장과 시각에 따라서 다른 견해가 가능하다. 형태의 선행이 욕망과 충동의 발현과 정착을 크게 도와주었다. 형태야말로 욕망을 자극하고 끌어내는 역할을 했다. 결국 형태로 인해서 일찍이 자서전이 생겼다는 견해도 가능하다면, 아니 그것은 이야기가 반대로 앞에 있던 답답한 형태에도 불구하고 자서전은 쓰였다. 즉, 원래의 형태의 제약을 부수고 제거하려는 곳에 자서전 충동의 핵심을 인정하자는 견해도 있을 수 있을 것이다. 유력한 형태가 앞서 있던 것이 과연 플러스였을까, 마이너스였을까? 입장에 따라서 평가는 다를 것이다. 형태라는 것이, 또 약속이 인간을 인도하는 것일까, 구속하는 것일까? 지금 갑자기 단정하려는 것은 아니다. 다만 역사적인 사실로 형태의 선행이 인정되고, 이것이 새로운 장르의 발생과 정착에 이르는 과정에서 강력한 하나의 요소로 작용하고 있던 점은 분명하다. 유럽의 경우 '고백'이라는 형태가 먼저 있던 것이 자서전 장르의 탄생과 분출에 대단히 유효한 계기가 되는 역할을 한 것처럼, 일본에서 배우의 자서전의 탄생과 성장에 예담이라는 형태의 선행이, 『화전서(花傳書)』[5]와 『가구라 담의(申樂談議)』[6], 다시 나아가서 『와란베구사(わらんべぐさ)』[7]와

---

5 노(能)를 대성시킨 간아미(觀阿彌)와 제아미(世阿彌) 부자가 1400년경 완성한 노가쿠(能樂) 예술론집.

6 1430년경 제아미(世阿彌)의 담화를 들어서 쓴 것. 여러 주의사항을 구체적으로 말하고 있다.

7 교겐(狂言)의 전서(傳書). 노가쿠(能樂) 일반에 전해오는 전승 등을 자손을 위해 기술한 귀중한 문헌이다.

『배우 논어(役者論語)』이래의 예담 전통이 빼놓을 수 없는 숨은 힘으로 작용한 것은 의심할 수 없다.

또 한 가지 내 관심을 끄는 점은 배우라는 직업, 연기라는 것, 자의식, 개성과의 연결이다. 연기는 자의식을 육성하는 데 플러스가 되었을까, 마이너스가 되었을까? 과연 배우 중에서 개성의식이, 자기표현에 대한 의욕이, 일찍이 또 강하게 자라는 것일까, 어떨까? 사소설가 연기론이라는 것은 이토 세이(伊藤整, 1905~1969)[8], 히라노 겐(平野謙, 1907~1978)[9], 두 사람 이후 일본의 문예비평이 즐겨 하는 토픽이지만, 직업적인 연기자, 따라서 또한 대단히 소질이 있고 선천적인 배우에게 이 점은 어떻게 되는 것일까? 한눈에 자신을 끝없이 내보이는 것, 다른 사람에게 보이고 또 스스로 보이려는 태도와 행위가 과연 자아의식을 기르는 것일까, 없애는 것일까? 이 또한 대단히 미묘해서 한꺼번에 속단하기 어려운 문제이다.

분명히 보이는 것을 의식하고 다른 사람의 보는 눈을 무시할 수 없다는 조건은 당사자에게도 자신에 대한 관심을 자극하고 북돋우는 것이리라. 그래서 이미지로 자신을 재빨리 만들려는 경우도 충분히 일어날 수 있다. 그러나 배우의 보이는 자기는 처음부터 역할로서의 자기이고 꾸며진 허구의 형태이다. 그런 외적인 가면에 일찍부터 익숙해지는 것은 오히려 자기상의 형성을 방해하는 것이라고 볼 수 있다. 타인을 향해서

---

8 소설가, 평론가. 신심리주의 문학을 창도했으며, '조직과 인간' 등 언제나 지적인 문제를 추구했다. 평론집으로 『일본문단사(日本文壇史)』가 있다.

9 문예비평가. 정치와 문학, 사소설, 쇼와 문학사에 독자적인 견해를 보였다. 평론집으로 『예술과 실생활(藝術と實生活)』, 『전후문예평론(戰後文藝評論)』 등이 있다.

보이는 이미지가 먼저 외부에서 주어진 기성품이기 때문에 연기자는 오히려 자기와 격리되어 있다. 자연스럽게 자아의식이 성장되어가기 전에 인공의 플라스틱 베일이 쳐져버린 것 같아서, 배우에게 자아는 하여간에 유아적인 단계에 머무는 경향이 있다는 비유적인 진단도 성립할 것이다. 특히 일본 가부키 배우의 경우 형태의 전승과 이미 확립된 형태의 훈련, 익숙함이 중심을 이루는 일이 많아서 연기도 또한 자기표현이라는 말투도 상당히 유보해야 될 것이다.

그러면 일반적으로 배우에게 개성적인 인간이 많을까 어떨까 하는 소박한 질문조차 간단하게 결론이 나기 어렵다. 셰익스피어와 몰리에르(Molière, 1662~1673)[10]라는 이른바 배우 출신이면서 거물급의 실례는 별도로 치더라도, 배우라는 직업인 사이에 특별히 색채가 선명한 개성적인 인물이 배출됐다고는 생각되지 않는다. 영국의 경우 18세기의 데이비드 개릭(David Garrick, 1719~1779), 19세기에서 20세기에 걸쳐서 헨리 어빙(Henry Irving, 1838~1905), 또 찰리 채플린(Charles Spencer Chaplin, 1889~1977)이라는 눈부신 개성의 보기는 떠오르지만, 이 정도의 수와 질의 개성이라면 다른 직업에 관해서도 쉽게 발견할 수 있을 것이다. 배우라는 직업에서 다양한 개성이라는 것은 아무래도 관객 쪽에서 즐겨 만들어내는 아름다운 환상이고 허상일 것이다.

그러나 지금은 일반론보다는 구체적인 실례로 들어갈 때다. 여기서 제출하고 싶은 여러 가지의 난문에 명확한 대답을 찾을 수 있을 것이라

---

10 프랑스의 극작가이며 배우. 희극을 근본적으로 혁신해서 인간미와 생명감이 넘치는 전형적인 인물을 창조했다.

고는 단정하기 어렵지만, 고찰을 넓히고 파고들어가는 실마리가 그 때문에 소박한 광맥을 파낼 수 있다는 점만은 우선 보증해도 좋다.

『주샤 예화』에 시즈오카(静岡)의 게이샤(藝者)와 동반자살을 시도했던 이야기가 나온다. 메이지 초기의 시즈오카는 한때 상당히 번성했던 적이 있었다. 결국, 다이쇼 봉환(大政奉還)[11]을 한 뒤의 도쿠가와 요시노부(德川慶喜, 1837~1913, 에도 막부 15대 장군)가 시즈오카로 물러나게 되자 그를 따라서 도쿠가와가의 무사도 많이 옮겨 가서 살고, 주샤의 말을 빌리자면 "이른바 에도내기가 들어와서 연극도 번성했습니다만, 마을과 거리도 역시 번창했습니다". 원래 시즈오카에는 도쿠가와 시대 초기부터 일곱 개의 유명한 유곽이 있었고 그중에 다섯 곳이 에도로 옮긴 것이 요시와라의 근거가 되었던 것인데, 이 나머지 두 곳이 그 무렵 다시 번창하기 시작했다. 주샤는 그 무렵 나카야마 쓰루고로(中山鶴五郎)라는 젊은 배우였는데, 호슈루(逢州樓)라는 곳에 단골이 생겨서 자주 다니게 되었다. 그런데 도쿠가와가의 무사로 오쿠보(大久保) 아무개라는 하급무사의 우두머리 격인 사람이 주샤를 편애해서, 어느 날 밤 '유곽 중에서도 유명한 고마쓰루(小松樓)'로 데리고 갔다. 그곳에서 일하는 고마쓰 하루(小松治)라는 여자를 지목하며 주샤를 재우려고 했지만, 이 사람이 '엄격한' 사람으로 "이제까지 배우를 손님으로 맞은 적이 없다"며 거절했다. 오쿠보는 원래 이 집의 단골이었으므로 여러 가지로 밀어붙였지만 주인은 결국 받아들이지 않았다.

---

11 에도 막부로부터 조정으로 정권을 돌려준 일. 1867년 10월 14일 도쿠가와 요시노부는 정권이양을 신청했고, 그다음 날 그것이 인정되어 가마쿠라 막부 이후 이어진 무가정치가 막을 내렸다.

오쿠보는 화를 내면서 아무렇지도 않게 "좋아, 이야기는 알겠다. 그렇다면 만일을 위해서 묻겠는데, 일반인이라면 아무라도 손님으로 대접하는 거야"라고 다짐을 하고 물러났다. 그다음 날 즉시 오쿠보가 불러서 가보니 "잠깐 덴마초(傳馬町, 예전의 역참에 붙여진 이름)의 엔마도(閻魔堂)까지 함께 오게나"라고 했다. 따라가 보았더니 오쿠보는 경내에 많이 있는 거지 중에서 "앉은뱅이, 외눈, 코 떨어진 이, 손가락 없는 이, 절름발이, 나병환자, 고름이 흐르는 종기가 난 사람 등 힘들어 추한 사내를 여덟 명을 뽑고 혼자서 즐거워"하고 있었다. 코를 막으면서 이상하게 생각하고 있자, 얼마 뒤에 포목상에서 유가타(浴衣: 면으로 된 홑옷)와 띠를 가지고 왔다. 이 여덟 명에게 새 옷을 입혀서 고마쓰루로 데리고 가려는 속셈을 알았다. 그다음의 일은 일일이 주샤의 설명을 들어볼 필요도 없을 것이다. 이 여덟 명의 손님에게 유녀를 내놓으라고 명령하는 오쿠보와 "머리를 다다미에 숙이며" 항복하는 주인 사이에 말이 오갔고, 결국은 "그것으로 말은 알겠다. 쓰루고로에게 고마쓰 하루를 보내는 것에 결코 잘못이 없겠지. 또 앞으로 쓰루고로가 혼자서 놀러 와도 딴소리하지 마라"라고 하는 식으로 결말이 났다.

이 장에 주샤는 '풍류객의 놀이'라고 제목을 붙이고 있다. 이 약간 너무 자극적인 방법이 과연 '풍류'의 '놀이'인지 어떤지는 의심스럽지만, 참으로 연극 같은 '놀이'이고 마치 무대 같은 묘사태도임에는 틀림없다. 결국, 주샤는 이미 연기자의 눈과 취향으로 제재를 고르고 또 그려내고 있다. 오쿠보와 주인의 행동과 대사 하나하나가 무대 냄새가 나서 그대로 무대에 올릴 수 있을 것 같다.

그다음 장이 '동반자살 상담'으로, 이런 드라마틱한 경위로 알게 되고 단골이 된 고마쓰 하루와의 사이는 곧장 진지하게 정분이 깊어졌다. 주인이 걱정해서 되도록 두 사람을 만나지 못하도록 하자 "막으면 오히려 더 만나고 싶은 것이 인정"으로 서로 무리한 일을 계속하게 되었고, 어느 날 밤 여자 쪽에서 "요즈음처럼 간섭이 심해지면 두 사람의 약속도 이제 이룰 수 없고 새삼스레 남자에게 버림받으면 나는 설 곳이 없습니다"라고 말을 꺼냈다. "무엇을 새삼스럽게 싱겁다"고 대답한 주샤에게, 상대는 "진실이라면 부탁이 있어요"라며 "'나와 함께 죽어주세요'라며 와하고 울음소리를 긴 옷소매로 참았다"라고 되어 있다.

"너무나 아닌 밤중에 홍두께 같은 주문에 나는 잠시 놀랐지만, 죽음의 신에 끌렸다고 할까 그만 여자의 마음에 끌렸다."

유곽에 있으면 오랫동안 만날 수도 없고, 그렇다고 해서 보잘것없는 하찮은 배우인 내 신분으로는 끌어내지도 못하고, 그동안에 슬픈 이별의 날이 오는 것보다 지금 기쁨 속에 죽고 싶다는 것도 당연한 이야기로, 나도 갑자기 슬픔 마음이 생겨서 "네가 진실로 그럴 생각이라면 서로 나눈 약속을 휴지로 만들지는 않겠다. 죽으면 모두 비록 극락에 가지 못하더라도, 헤어지지 않도록 바늘 산이라도 피의 연못이라도 서로 손을 잡고 가자"(라고 대답해버렸다.)

이때 주샤는 16세, 상대는 19세, 스스로 말하는 대로 '아역 배우'이고 로미오와 줄리엣을 앞서는 젊은 충동적인 사랑이었다는 점을 생각할 필요가 있을 것이다. 더욱 두 사람의 대사도 한층 분위기가 살아서 드디어 연극 비슷하게 된 점은 분명하다. 회상하는 주샤 자신 그 점은 분명히 의식하고 있었고, "여기에 대시대적인 동반자살의 상담이 되는 단계"

라고 주석처럼 덧붙이고 있다.

"나이가 들 만큼 들고서 시시한 이야기를 하는 것 같지만 이제부터 흥미로우니까 들어주세요"라는 그의 말에 거짓은 없다. 이 젊은 두 사람의 동반자살은 이후 점점 무대풍으로 드라마틱하게 되어갈 뿐이다. 이에 이어지는 몇 쪽은 완전히 그대로 인용하고 싶은 긴장감을 잘 살린 묘사로 "같은 죽음이라도 배우와 여자의 동반자살이라 나중에 웃음거리가 될 일은 하고 싶지 않다. 염문을 노래로 읊어서 적어도 유곽에 소문만이라도 남도록, 그것은 어떤 착상의 분위기를 생각하게 되어, …… 여러 가지로 생각한 끝에, 배우의 지혜는 역시 연극처럼, 모든 것을 미치유키(道行)[12] 무대 그대로, 죽는 옷차림은 검은 견직물로 갖추고 두 마리 새가 날개를 가지런히 하는 모양의 하가타(博多) 허리띠에 삼베로 안을 덧댄 신이라는 취향"으로 정했다. 이것을 몰래 주문했는데 좀처럼 주문대로 되지 않아서 그로 인해 동반자살 날을 일부러 늦추었다고 한다.

그 당일 날 밤 결행하는 정경도 어디까지나 무대 조, 가부키 조로 이야기하고 있다.

…… 간 곳은 아베가와(安倍川) 제방, 여기를 무대로 하자면 결국 기요모토(清元)가 한 말, 달이 맑은 종소리도, 어쩌면 내 몸을 쫓아오는가 하고, 무엇이 어떻고 무슨 인형극의 어떤 장소, 고마쓰 하루는 표백한 무명 수건을 반달 모양으로 쓰고, 나는 얼굴을 푹 싸서 남의 눈을 피하고, 주위를 자주 돌아보며, 손에 손을 잡고 가는 요염한 풍경.

12 남녀가 눈이 맞아 도망가는 장면.

이렇게 되어 있는 것이 너무나도 판에 박혔다고 해서 이 젊은 사랑의 도피행이 진지하지 못한 놀이였다고는 할 수 없다. 함께 틴에이저인 이 두 사람이 이 최후를 화려하고 드라마틱하게 만들어냄과 동시에 생각나는 한 할 수 있는 궁리를 다한 것인, 확실히 죽음을 결의하고 떠날 길로 발을 내디딘 것이다. 두 사람의 미의식은 분명히 판에 박힌 가부키의 그것을 모방하고 있지만, 두 사람의 심정까지 연기처럼 되어가고 있다고는 단정할 수 없다. 일반적으로 두 사람의 죽음의 결의 자체, 동반자살이라는 선행의 본보기가 있던 이야기임에는 틀림없지만, 그렇다고 해서 그 결의의 성실함을 의심하는 것은 너무나 근대주의적이고 또 너무 순수하고 도량이 좁은 견해라고 할 수 있을 것이다. 인간의 모든 행위가 그 최초의 독창적인 수행자를 빼고 모두 수상하다고 하는 것이 된다.

이때 이 두 사람은 그 동기와 이치는 하여간에 그대로 동반자살로 빠져 들어간 것이다. 뜻밖의 방해만 없다면.

달에 머무는 두 사람의 그림자는 짧은 생명의 그림자를 길게 끌고, 과연 이 세상에 미련이 남아 서로 눈물로 시간을 보냈는데, 수상히 여겨지면 무슨 방해인가 하고, 합장을 하고 각오는 되었는가 하니, 나무아미타불이라고 말할 뿐으로, 그다지 전에 연습한 것도 아닌데, 만사에 마음이 맞아서, 결국 무대를 그대로 하였습니다.

그때 두 사람의 그림자가 갑자기 다가왔다. 저지를 받게 되면 귀찮다고 그늘에 몸을 감추고 있자니, 이 두 사람이 역시 젊은 동반자살자라는 것을 알았다. 무심코 자신을 잊고 상대를 막으려고 나간 곳에서 사태는 일변했고, 두 쌍 모두 죽지 않고 끝났다는 경위는 이제 더 말할 필요가 없을 것이다. 다른 두 사람은 결국 경사스럽게 결혼에까지 이르렀고, 주샤 쪽은 얼마 뒤에 고후(甲府)¹³ 쪽에서 흥행 이야기가 나와서 고마쓰하루와 "기약 없는 작별을 안타까워하며 떠나게" 된다. 모두가 계획된 듯이 너무 잘 되어 있다. 이야기를 잘하는 남자가 하는 일종의 꾸민 만담, 꾸며낸 이야기라는 의심이 생기기도 하는데, 주샤는 이 부분을 이렇게 맺고 있다.

…… 이때(헤어질 때를 말함)의 진지한 마음만은 지금도 자주 떠올릴 때가 있습니다. 다시 한 번 본명을 부르고 싶습니다. 히비노 유카, 히비노 유카, 그뿐으로 소식을 듣지 못했는데, 인편에 들은 소문으로는 좋은 손님이 낙적(落籍)시켜서 편안한 신분이 되었다는 것, 그렇다면 정말로 다행입니다. 그로부터 60여 년이 지났으니 지금 살아 있다면 상당히 할머니겠지요. 그런 바보스러운 이야기는 그렇게 많지 않겠지요. 실지로 웃음거리로 들어주세요.

분명히 노년의 회상으로 추억함에 미화는 작용했을 것이다. 세부적인 각색은 이루어졌을 것이다. 그러나 나는 여기에 울려 퍼지는 주샤의 어조를 믿고 싶다. 그의 자서전적인 기술이 대개 솔직하고 진실이었다고 받아들이고 싶다. 다만 역시 미묘한 문제가 남는다. 주샤는 언제나 무대의 어휘와 연기의 메타포로 말하고 있다. 죽음을 결행한 순간까지도 '그다지 전에 연습한 것도 아닌데'라고 했고, '무대를 그대로 하였다'

---

13 야마나시(山梨) 현에 있는 시 이름.

고 그리고 있다. 후년의 회상이라고는 해도 어디까지가 생생한 행위이고, 어디부터가 연기인가? 현실과 연기와의 경계는 미묘하게 흔들리고 있다. 참으로 허실피막(虛實皮膜)[14]의 사이라고 할 수밖에 없는 경계의 위험함, 규정하기 어려움이다.

괴테의 자서전 『시와 진실』이 암시하고 상징하고 있듯이 모든 자서전은 허와 실의 미묘한 혼효일 것이다. 이를테면 당사자 또 제삼자의 증언을 모두 모아 맞추어보아도 결국은 여러 가지 '시와 진실'의 다면경(多面鏡)에 지나지 않는다. 자세한 사실을 조사하는 것보다 먼저 솔직하게 자아의 이미지에 주목하고 이미지로 받아들이려는 나의 기본적인 태도 그곳에서 나왔는데, 주샤의 자서전에서 허와 실이 얽혀 있는 점은 이런 일반론과는 역시 수준이 다르다. 처음부터 연기자의 눈과 심정을 지니고 말하고 있다. 아니 다시 말하고 그려진 이미지로 자신 안에 깊숙이 연기자 의식이 완전히 배어 있는 것이다. 생생한 연애와 동반자살까지 저절로 연극 냄새가 풍기지 않을 수 없다. 그런 호흡이 확실하게 정착된 곳에 이 자서전의 독득한 매력이 있다. 부끄러워하지도 않고, 또 칙칙한 집요함도 없이 완전히 연기자로 변한 인간의 삶의 모습이 그려져 있다. 이른바 자의식을 뺀 자의식이 생동하는 모습과 형태가 투영되어 보이는 흥미로움이다.

그런데 이치카와 주샤로부터 거의 반세기 거슬러 올라간 곳에 3대 나카무라 나카조(中村仲藏, 1809~1886)[15]가 있다. 그의 자서전 『자화자찬

14 허(虛)와 실(實)의 미묘한 사이에 예술이 있고 허구의 설치로 진실을 표현한다고 주장하는 지카마쓰 몬자에몬의 예술관.
15 가부키 배우. 새로운 연출을 시도했다.

(手前味噌)』은 1885년부터 1888년까지 ≪가부키 신보(歌舞伎新報)≫에 연재되었는데, 그 무렵 20대 중반의 주샤는 읽었는지도 모른다. 아니 읽었다는 기술은 발견되지 않지만『자화자찬』은 1901년에「속제국문고(續帝國文庫)」에 수록되었으니까 적어도『주샤 예화』를 정리하려고 했을 때까지 읽어보았음에 틀림없다. 나카조 쪽이 훨씬 세밀하고 집요한 화자이고 필자였고, 어조는 꽤 다르지만 연기자의 시각을 중핵으로 하는 예담체의 자서전으로서 두 사람의 혈연은 틀림없다. 그뿐만 아니라 이 두 사람에게는 이미 한 가지 빠트릴 수 없는 공통점이 있다. 그것은 나카조도 주샤도 가부키의 명문 출신이 아니었다는 점이다. 주샤는 솔직하게 그 점부터 이야기를 시작하고 있다. 첫 장은 '도박꾼의 아들'이라는 제목이다.

내가 응애응애 하고 첫 울음소리를 낸 것은 교토 미야카와초(宮川町)의 신마치(新町) 집으로, 이 토지의 수호신이 에비스(惠比壽) 님이었다는 점만이 이상하게도 머리에 남아 있습니다. 게다가 또 하나 말해두고 싶은 것은, 내 아버지는 배우가 아니었습니다. 그것도 수많은 장사 중에서도 특히 단단한 장사라고 일컫는 전당포를 하고 있었다고 합니다만, 어떤 연유인지 내가 태어날 때는 변하여 도박꾼이 되어서…….

이런 식이지만, 3대째 나카조 쪽은 시가야마 세이(志賀山せい)라는 춤 선생의 아들이었으므로 예능에는 인연이 깊었지만 가부키와는 직접 관련이 없었다. 그래서 나카조의 자서전에서 눈에 띄는 점 하나는 1909년의 '나의 출생'의 장이 실로 제27장에 해당하는, 결국 출생 이전의 설

명으로 벌써 26장을 두고 있다는 점이다. '시가 야마가(志賀山家)의 기원'에서 비롯해서, 직접 관련은 적지만 '가부키 교겐 좌좌(座々) 원래의 원조(元祖), [나카무라(中村)] 간사부로(勘三郞)의 유래', 나아가서는 혈연이 아닌 초대 나카조, 또 2대째와 그 생애와 업적을 자세하게 추적해 보인다. 이것은 3대째인 나카조가 기록을 좋아하는 회고벽도 관련되지만, 아무래도 느끼지 않을 수 없는 점은 그의 분발함과 자기정당화에 대한 정열일 것이다. 그는 잡역부인 하급배우에서 출세한 인물로 아역에서 '중급(中通り)', '중상급(相中)'을 거쳐서 간신히 '명제(名題)'[16]로 승진한 것은 46세 때였고, 나카조의 이름을 얻은 것은 이미 57세 때였다. 오직 예의 실력으로 이 이름을 잇게 된 것으로, 그 의미로는 이 자서전은 노력해온 성공 이야기이고, 현대 미국의 비평가 노먼 포도레츠(Norman Podhoretz, 1930~)의 자서전의 이름을 빌리자면 배우판 'Making It'이었다. 그런 억척이 과거의 계보를 조사하고 그 자세한 기록을 하고 있음에 틀림없다. 집안의 약점을 보충하고 자신에게 관록을 붙이기 위한 계보 조사라고 한다면 너무 지나치고 너무 야유적인 견해라고 할 것이겠지만, 그 정성 들인 기록태도가 그의 착실하고 집요함으로 버텨온 출세태도와 서로 유사한 형태를 이루고 있는 점을 빠트릴 수 없다.

일반적으로 나카조를 자서전 집필로 내몬 원동력에는 여기까지 해냈다는 감회와 예에 대한 자신, 나아가서는 오랫동안 쌓여온 인간의 참을 수 없는 자기주장의 집념이 있었다고 생각된다. 그보다 먼저 일본 배우의 최초의 자서전 『월설화침 이야기(月雪花寢物語)』를 쓴 초대 나카조

---

16 간판에 그 예명이 실리는 배우.

(1736~1790)에 관해서도 이런 사정은 마찬가지로 해당된다. 그는 낭인(浪人)의 아들, 혹은 뱃사공 여동생의 아들이라고도 하는데, 요컨대 고아와 마찬가지이고 양친의 신원조차 분명하지 않다.

나는 후카가와(深川) 고마쓰초(小松町) 태생으로 부모와 헤어져 상점에서 양육되고 있을 때는 네 살 때, 이즈미초(和泉町) 신마치에 시가야마(志賀山)와 나카야마(中山)가 함께 부부가 되고, 여기에 무명 겹옷 위아래 각각 다른 색으로 염색한 벚꽃에 말 무늬가 있는 옷을 입고 왔다나, 글쎄 병이 들어서 싫다며, 부모가 없으니 부탁한다며, 사동으로 보내려고 받아서, 일곱 살 때 비장염인가로 죽을 뻔했대. 어머니가 귀여워해주어서 뜸을 떠주었대, 그 뒤 살아서 어느 사이 아들이 되었대, 매일 밤 오줌 싸고 똥 싸고 했대. 그 때 도움이 되지 않을 녀석이라고 옷을 벗기고 무명 겹옷으로 갈아입혔을 때는 싫어했고 아주 싫어했어, 나쁜 짓을 하면 겹옷이 나와서 나를 협박하기 때문에 겹옷이 나오면 나는 위축되었어. 이런 무서운 일은 없었어.

18세기 사람인 초대 나카조의 말투에는 생생한 말투의 싱싱함, 소박하고 솔직함이 넘쳐 있는 점이 각별히 매력적인데, 유년 시대의 병뿐 아니라 고생한 흔적이 역력하다. 특히 심술궂은 양부모는 아니었다고 하더라도, 어머니가 '귀여워해준' 유년시절의 추억이 뜸뿐이라는 것은 불쌍한 마음이 든다. 매일 밤 '대소변'을 계속 쌌다는 것도 애정에 굶주렸기 때문일지도 모른다. 게다가 이 소년에게는 예능의 참으로 가혹한 훈련이 가해진 것이다. "자, 그때부터 일곱 살 때부터 춤을 배웠다. 재주가 없고 기억력이 나빠서 무엇이나 뒤로 처진다. 그때마다 무서운 것이

나왔다"고 하는 것은 물론 벌 받은 이야기로 '막대기'와 '빛나는 칼'로 심한 벌을 받았다. "이 종아리에 오랫동안 멍이 생겨 있었어. 빛나는 작은 칼이 나오면 내 엉덩이를 걷고 찌른다. 그때는 죽었구나 했지"라고 고백하고 있다.

함께 훈련을 받은 동년배 친구가 함께 벌을 받은 이야기도 나오니까 나카조 혼자서 특별히 가혹한 대접을 받은 것은 아니었다. 이런 교사 태도의 어머니를 사디스트로 취급할 수는 없을 것이다. 에도 시대 예능 훈련 실태도 함께 생각해야 한다. 결국 참지 못하고 이 두 아이가 서로 짜고 '도피' 계획을 세운다. 곧 발각되어 한 사람은 시골로 보내지고 나카조는 앞의 '무명 겹옷'을 입혀서 "문밖에 세워졌다. 움츠려지는 10월 추위에 쫓겨나서 문에 서 있었다. 모두가 보고 웃으면 안 되니까 안으로 들어가려고 하자 작은 칼이 죽 늘어져 있어서 안으로는 못 들어가고 친구들은 와서 웃는다. 이런 기분 나쁜 일은 없다. 지금도 생각하면 무서운 일, 무서운 일". '무서운 일'이 그의 유년시절의 추억의 밑바탕을 이루는 키워드였다. 결국은 강 속에 버린다고까지 협박당했다. "어머니가 거적을 가져와서 나를 싸서 강으로 던져버리겠다고 나를 거적으로 말았어." 그런데 처음으로 무대에 나와서 '좋은 아이'라고 칭찬받고 '칭찬 사탕'을 받은 기쁨을 잊지 않았다. '매일매일 칭찬 사탕'이라고 감탄하며 되풀이하고 있다. 초대 나카조의 자서전의 매력은 그 진솔한 말투가 그대로 일종의 투명한 눈으로 바뀌고 감각으로 바뀌는 점에 있다. 그의 회상에는 원망도 없을 뿐 아니라 고생담이 실은 자만이라는 불쾌감에서 벗어나 있다. 유년시절의 괴로움도 기쁨도 그대로 모두 직접 독자의 마음으로 들어온다. 연극을 잘했다고 '좋은 옷'을 받는다.

그리고 점점 좋은 옷이 생겨서 등에 주인과 요시사부로라고 쓰인 겉옷이 따라 나오고, 글자는 마루(丸)에 상(上) 자. 아사쿠사(淺草) 시장에 가서 요시와라에 갔다. 도모헤라는 집의 도모헤라는 여급이 귀여워하며 샤미센 보자기를 나에게 주었다. 그래서 옷이 만들어졌을 때, 줄무늬가 있는 공단, 기뻤다.

물론 그 뒤에도 가혹한 훈련은 이어져서, "춤을 소홀히 했을 때는 뜸이 나왔다. 오늘은 천주(天柱), 내일은 또 다른 경혈에 매일 뜸을 떴다"고 했다. 어떤 때는 도저히 춤이 춰지지 않아서 '앞뒤도 모르고' 잠에 빠져버렸다. 그리고 갑자기 일어나서 무의식중에 춤을 추기 시작하고 마지막까지 다 추고 나면 그대로 또 잠에 빠져서 보고 있던 사람이 놀랐다는 이야기도 나온다. "그때부터 기억력이 좋아졌다. 무엇이나 잊지 않게 되었다"고 하는데 이런 부분에도 교훈적인 냄새와 강요하는 것이 전혀 없는 예(藝)의 고심담과 함께 어린아이의 장난 이야기도 함께 나와 있다. 친구에게 화내고 밥에 모래를 뿌리고 돌아온 일이 발각되어 광에 갇혔다거나, 달밤에 장님 얼굴에 기름을 뿌렸다는 장난도 마찬가지 어조로 말하고 있다. 말하자면 피카레스크 소설의 건조한 솔직함과 교양소설의 외곬적인 모습이 아무렇지도 않게 함께 동거하고 있는 경향이 있다. 투명한 솔직함이 구애되지 않는 객관성과 그대로 손을 잡고 있다. 있는 그대로의 자신에 대한 솔직함과 구애되지 않는 자기 벗어남이 동시에 숨 쉬고 있다고 하면 너무 지나친 칭찬일까?

그래서 나는 생각하는데, 이런 진술하고 게다가 경쾌함을 잃지 않은 나카조의 눈과 말투에는 연기자로서의 자기훈련이 역시 기여하고 있는 것은 아닐까? 『월설화침 이야기』의 유례가 드문 매력이 나카조의 자질과 인품의 소산임은 분명하지만, 이 정도의 자기에 대한 객관성에는 직업적인 수련의 강점도 함께 생각해야 된다. 물론 나카조는 뒤에 되돌아보고 있지만, 춤과 연극의 훈련 이외에 거의 아무런 교육도 받지 않았던 인물의 유치하면서도 참으로 적절한 세부적인 파악과 무엇보다도 자기 객관화의 맑음에는, 역시 자신도 한 사람의 등장인물로 바라보고 연기해온 연기자의 눈이 한 역할을 한 것은 아닐까?

성적인 경험도 솔직하게 이야기하고 있다. 다음은 남색(男色) 쪽이다.

어느 날 밤 구조(久藏) 님과 누워 있는 곳에 무법적으로 잡혀서 비도(非道)를 하게 되었다. 온몸이 불이 붙는 것처럼 되어 뜨거워 뜨거워라고 했다. 사람들이 일으켜서 물어보아도 꿈을 꾸었다고 해서, 감기가 들면 안 된다고 좋은 어머니 옆에 재우고 잠옷을 입혀주었다.

'온몸에 불이 붙는 듯하다'라는 한마디로 정경이 갑자기 살아난다. 연장의 사내에게 갑자기 당한 소년의 놀람과 성적 흥분이 선명하게 떠오른다. "말도 할 수 없고 밤새도록 구조 님이 원망스러웠다"며 그 뒤의 맺음말이 흥미롭다. "이것도 맨 처음 하는 것으로 두려웠다." '맨 처음 하는 것(口きり)'도 뜸 용어로 '개시'라는 뜻인데, 공포는 처음 1회만이라는 함축적인 뜻이 저절로 전해진다.

배우로서의 일도 좀처럼 생각대로 되지 않는다. "첫선을 보일 때부터 무대에 나오라고 한다. 두 번째 나갔다. 7량 급 금(金)이다. 안무를 하다"라고 기쁜 듯한 서두인데, "변성기라서 나쁘고, 무대도 나쁘고, 아이들과 달라서 참으로 창피한 매일이다. 앞에 쓴 것처럼 분장실의 놀림감이 되다"라고 되어 있어서, '팔주비(八舟飛)'라든가 '삿갓 씌우기'라든가 '칼 휘두르기' 같은 분장실에서의 심한 벌의 실례가 자세하게 설명되어 있다. 일본의 옛날 군대에서의 벌이 무색할 정도의 대단함인데, 이때 나카조는 자살할 정도까지 몰린다. "…… 결정하고 료코쿠하시(兩國橋)[17]로 가서 네 길이 넘는 물에 들어갔는데, 어릴 때부터 물 연습을 해서 수심이 있어도 마음대로 되지 않고 알몸으로 들어갔다." 결국 육지로 기어오르게 되었는데 아직 자살은 단념하지 않는다. 가령 홑겹이라도 입고 뛰어들면 몸에 달라붙어서 죽을 것이다라고. '홑겹'을 입었는데 찾으러 온 사람에게 발견되었다. 배우로 출세를 바라는 '목욕재계'라고 그 현장을 얼버무리고 돌아왔다고 한다.

이것도 위험한 일이다. 수영을 못하면 위험하다. 입은 옷이 홑겹이라도 몸이 드러나면 구제된다. 물속에는 알몸으로 들어가는 것이라고 알고 알몸으로 물속으로 들어가서 구제되었다. 물을 알거나 모르거나 생각해볼 문제이다. 이것도 모르는 것이 좋다고 생각되고, 그때부터는 배도 싫어하게 되어서, 이를테면 배를 타게 되어도 지금은 두렵다.

담담하게 이야기하고 있어서, 오히려 이때의 나카조의 막다른 행동 하나하나가 독자의 마음에 배어든다. '위험하다'고 중얼거리며 이 후 배를 타는 것조차 '두렵다'고 하는 술회가 절실한 무게로 다가온다. 그의 경우 어휘가 적고 소박함이 오히려 음영을 깊게 하고 설득력을 더하고

17 도쿄 도 동부 스미다 강에 있는 다리.

있다. 한정된 주제어를 되풀이하는 것으로 풍만함이 생기는 것이다.

그런데 이런 나카조의 배우로서의 성공태도에 관해서는 오히려 3대 나카조 쪽이 자세하게 깊숙이 그리고 있다. 타고난 예(藝) 벌레, '예에 미친 사람'이라고 불리고 있던 나카조 연기의 새로운 궁리와 고심태도를 들고, 특히 일약 그의 명성을 넓힌 〈주신구라(忠臣藏)〉[18]의 사다규로(定九郞) 역에 머리를 짜는 과정을 소설적인 필치로 그려내고 있다. 너무나 의표를 찌른 새로운 궁리에 배우 동료도 관객도 연극이 진행되어도 잠잠해져버려서 오히려 낙담한 나카조가 몰래 밤에 도주했다는 일화까지 넣어서, 그의 이른바 '고금 미증유의 대공적'을 칭찬하고 있다. 스스로 그 이름을 이은 초대의 자랑거리이니까 무의식중에 힘이 담겨 있음에 틀림이 없지만, 일반적으로 묘사력에서는 3대 나카조는 발군의 수완을 갖추고 있다. 호기심이 강하고 여러 가지 조사하는 것을 좋아하고 게다가 편지를 잘 쓰는 사람이었음에 틀림없지만, 그 이상으로 그의 자서전에는 묘사하는 것 자체를 즐기고 있는 붓의 탄력이 분명히 떠오른다. 이를테면 초대 나카조의 사다규로 연기에 대한 다음 일화를 보자.

이날 나카조는 우산을 경대 맞은편에 감추고, 우리의 방은 큰 방의 막다른 곳이라서, 난로 뒤에서 사람들이 보고 있는 것도 전혀 개의치 않고, 몸을 희게 칠하고, 예의 손수 만든 가발에 검은 깃 이중의 우산을 들고 계단을 내려온다. 모두 이것을 보고, 또 예에 미친 사람이 묘한 착상을 하는구나, 비방하고 있다. 나카조는 이거야라고 열심히, 만일 잘못되면 오늘로 에도에는 있

---

[18] 아코(赤穗) 의사(義士) 사건을 제재로 한 조루리.

지 않겠다고 마음을 정한 일이라서, 누가 무어라고 해도 개의치 않고…….

이런 식으로 그려져 있어서 그대로 소설적인 정경묘사가 되어 있다. 누구보다도 필자 당사자가 신이 나서 거의 앞으로 기울어져 이야기 속으로 빨려가는 느낌이다.

자신의 연기태도에 관해서도 다음과 같은 가락의 문체로 그려내고 있다.

오늘은 오사카에서 두 집의 가부키 중에 연극 첫째 날이니, 보통 때도 긴장되는데 하물며 오사카에 에도에서 처음으로 왔으니, 나도 최선을 다해서 온몸에 힘이 가득하고, 그야말로 물이라도 뿌린다면 칙하고 연기라도 날 것 같은 바퀴라서, 유지로(勇次郞)는 칼을 잡고, 나의 왼손을 누르고 얼굴을 베는 것을, 가지고 있는 접은 우산으로 받아서, 탁하고 난투를 벌이며 물려버리는 멋진 모습을 보일 때, 벌린 왼쪽 다리에 너무 힘이 많이 들어가서, 자신의 손으로 자신의 무릎을 꿰뚫어, 앗 하고 생각할 사이에 무릎이 빠져서 그네가 되었다.

이런 상처에도 굽히지 않고, '죽을 때까지 하라고, 정신 점점 왕성해서' 끝까지 공연하고 힘껏 남다른 제스처를 보이자, "구경꾼이 와하고 함성을 지르며 '저것은 어떤 녀석이야, 잘한다, 녀석 녀석' 하는 소리가 들렸다. 나는 정신이 없었지만 칭찬을 받고 있는 것만은 분명히 귀로 듣고 기뻐서 아픔도 드디어 잊어버렸다".

분명히 과부족 없는 묘사력인데 약간 지나치게 매끄럽게 미끄러진다. 초대의 연기도 자신의 그것도 같은 물감으로 그려내 버린다. 모처럼의 자신의 체험의 무게가 옅어져 버린다. 모두가 지나치게 '소설'이다. 아니 지나치게 멋진 저널리스트의 필치이다. 『자화자찬』을 계속 읽어가니 사치스러운 불만이라고 느끼면서도 그런 불평을 하고 싶어진다. 특히 초대 나카조의 거북할 정도의 소박한 말투 다음에는 가락이 붙은 상투어가 눈에 거슬린다.

그러나 『자화자찬』이라고 스스로 제목을 붙인 점에서도 알 수 있는 것처럼 3대째 나카조 속에도 자기를 객관화하는 시각이, 특히 희극적인 여유가 숨 쉬고 있다. 그의 강점은 외부세계로 크게 열린 호기심과 관찰안목이고, 자신도 외부세계의 일부로 받아들이는 객관성에 있다. 그는 참으로 힘차게 보고 다니고 모두를 적어둔다. 기울어짐 없이 카메라를 가지고 찍으며 돌아다니는 여행가와 저널리스트처럼 가는 곳마다 반드시 소재와 대상을 발견하지 않고는 견디지 못한다. 실제로 이 시기의 가부키 배우가 얼마나 자주 지방 순회 공연을 떠났는지 놀라게 되는데, 3대째 나카조는 나쁜 가마꾼한테 놀라거나 야쿠자 두목에게 대접받기도 하고, 한 푼 없이 여행지에서 팬들의 도움을 받기도 하면서, 참으로 마치 피카레스크 소설 같은 사건이 계속 일어나는 것이다. 그런 풍속적인 세부 묘사가 실로 발랄하고 살아 있다. 이를테면, 지금 말한 대접받는 장면은 다음처럼 묘사하고 있다.

강가에 가서 어량(魚梁) 위에 얇은 테두리를 깔고, 그 위에 올라서 진짓상 안에 넣어 온 술과 안주를 꺼내어 늘어놓고, 가져온 풍로에 기름을 넣은 냄비를 올려놓고, 술을 시작한다. 잠시 있자 야나가와(柳川)의 주인, '왔다! 왔다!' 하며 한가운데까지 와서, 어량으로 뛰어드는 은어를 손으로 잡아서 두 마리 가지고 왔다. 그대로 기름 냄비에 처넣고, 튀겨서 무즙에 간장을 쳐서 먹으니 뼈가 조금도 이빨에 닿지 않고, 그 맛은 잊을 수 없다. 다키조(滝藏) 우두머리와 야나가와 주인은 술을 마시고 있는데, 그 사이에도 안타까울 정도로 계속 은어가 뛰어든다.

은어의 맛이 직접 전해지는 듯 필치의 탄력이 있다. 발랄해서 지칠 줄 모르는 관찰자이자 기록자였다. 오시오 헤하치로(大鹽平八郎, 1793~1837)[19]의 반란 직후의 오사카 모습도 그리고 있고, 안세이[20] 대지진(安政の大地震)[21]도 그리고 있다. 도중의 정경을 노래한 하이쿠를 많이 담은 하이카이 일기까지 들어 있다.

나는 전에 『자화자찬』은 하급배우에서 올라온 그가 쓴 자기확인의 출세 이야기라고 썼다. 분명히 그런 일면이 있지만, 이것은 그가 스스로 객관적인 시선을 향하고 자신을 희극화하는 것을 방해하지 않았다. 호소카와 댁에 불려간 유년시절부터 이 인물은 순수한 익살스러움을 연출해서 주위를 웃기는 것을 알고 있었다. 아가씨로부터 "야, 도미야, 여기는 누구네 집인지 너는 알고 있니?"라고 질문을 받아도 소설책에 빠져 있어서 대답도 하지 않고, 다시 물어보아도 겨우 귀찮은 듯이 "뻔하잖아, 여기는

---

19 에도 후기의 양명학자. 빈민구제를 건의했지만 받아들여지지 않자 반란을 일으켰고, 다음 해 자살했다.
20 에도 말기의 연호, 1854~1860.
21 안세이 연간에 일본 각지에서 연발한 대지진. 특히 1855년 10월의 에도 대지진을 말하기도 한다. 이 에도를 습격한 대지진은 사망자가 1만여 명에 이르렀다고 한다.

너의 집이잖아"라고 커다란 소리로 말하자 "아가씨는 그것을 특별히 기뻐하며 와하고 웃으셨다"라고 그리고 있다. 아이들의 순수함 속에 벌써 관객을 의식한 연기가 포함되어 있다. 아니 적어도 뒤에 나카조가 그런 관점에서 쓰고 있다. 보이는 연기자로서의 의식은 『자화자찬』 전체에 스며들어 있다. 그때 희극적인 면에 중점이 있는 것은, '메기입'이라는 별명을 붙이고 배우로서 그 자신 대단히 신경 쓰고 있던 용모상의 약점 탓일 것이다. 얼굴에 관한 이야기는 너무 지루할 정도로 되풀이되는데, 큰 입에 떡 두 개를 넣어서 웃음거리가 된 이야기까지도 "이런 일로 관중들의 즐거움이 된다면, 누구에게나 귀여움을 받고, 집에 있는 것보다 연극하는 것이 재미있겠다"라고 유머 있게 쓰고 있다. 이것은 아마도 자기방어의 몸짓이고, 먼저 자신을 희극화함으로써 조소를 피해 가는 반은 무의식의 전술이겠지만, 일찍부터 이것이 몸에 배어서 오히려 연기자로서의 그에게 강점이 되었다. 앞서서 자신을 남의 눈에 보이고 끝없이 보이는 존재라는 위치에 놓음으로써, 오히려 자신을 단련하고 지키는 방법을 몸에 갖추었다. 이것이 그대로 연기자로서 그의 성장과 성숙에 이어져 있다는 점은 의심할 여지가 없다.

『월설화침 이야기』, 『자화자찬』, 『주샤 예화』라는 일본에서 예담적 자서전의 이른바 세 폭 그림이 모두 밑에서 올라간 배우가 쓴 점은, 무사의 자서전이 소코, 하쿠세키라는 낭인의 아들의 손으로 이루어졌다는 사정과 서로 상응하는 것이리라. 그러나 거기에 보이는 자기확인의 과정, 또 정착된 자아의 형태는 일견 큰 차이가 있다. 소코의 대단한 자기극화도, 하쿠세키의 강렬하게 일관한 자기정당화도 예담적 자서전의 세계에는 보이지 않는다. 그 대신 뜻밖에 맑은 객관성이 있고, 구애받지 않는 유머, 또 허실이 미묘하게 섞인 극적인 도취경이 있다. 후자의 특성을 연기자라는 입장과 배우라는 직업적인 훈련이 만들어낸 것이라고 한다면, 전자도 또한 무사라는 위치와 직업이 만들어낸 것이리라. 그것에 얽히지 않을 수 없는 약점, 불쾌함과 함께 일반적으로 근거가 되는 충동과 동력은 과연 그 정도로 다를까? 자서전의 필자라는 것은 정도의 차이는 있지만, 반드시 어느 정도 연기자임에 틀림없다. 그리고 자아의 형태에 집착하고 그 정착에 열중하고 있다. 그리고 그런 욕망과 노력은 실로 우리들, 독자와도 이어져 있다. 그런 공통된 지반을 인정한 다음, 나는 이른바 근대적인 자아와 개인주의와 관계가 없을 일본의 시대와 직업 속에서 발견한 이들 성과에 강한 즐거움을 느끼는 것이다. 이 상위(相違)와 다양성을 같은 국민으로서 축복하고 싶다. 뛰어난 자서전의 필자는 반드시 어느 정도 특수하고 엘리트이다. 그러나 그곳에 정착된 자아의 형태는 또 뜻밖에 독자의 거울이다. 거울 속에서 자기를 발견하고 기뻐하는 것을 나르시시스트라고 한다면, 우리는 모두 어느 정도 나르시시스트이다. 자기애의 환자로서 우리는 모두 같은 실로 이어져 있다.

글을 마치며

　자서전이라는 주제를 발견하고 추구하기 시작한 것은 몇 가지 요인이 내 마음 속에 얽혀 있었기 때문이다.
　하나는 물론 나 자신의 독서체험으로, 수년 동안 자서전이라는 장르가 너무 흥미로워서 그 독서량도 눈에 띄게 많아졌다. 지금 되돌아보면 4년 전 겨울, 캐나다 토론토의 살을 에는 것 같은 지독한 추위 속에서 혼자 지내고 있을 때 문득 기번의 자서전을 읽었다. 기번은 그때 52세로 『로마제국쇠망사』란 대작을 완성한 직후의 여유로운 편안함 속에 있어서, 이 자서전도 시종일관 담담한 어조로 스스로의 생애를 마치 객관적인 역사의 한 면으로 다루고 있는 듯이 태연자약한 모습이었다. 그렇다고 해서 건조하고 메마른 것과는 거리가 멀었고, 참으로 생생하고 촉촉해서 정말로 선망의 마음을 누르기 어려웠다. 기번 같은 200년이나 앞선 일급 대역사가의 삶과 심경을 새삼스럽게 부러워해 보아도 어쩔 수 없는 일로, 하여간에 나는 풍요로운 독서체험으로 이 자서전에 열중하고 있는 동안 주변의 냉혹한 겨울 추위를 잊었다.
　이것이 하나의 계기가 되고 마중물이 되어 토론토의 헌책방을 돌아다닐 때마다 신경 써서 자서전을 찾기 시작했다. 토론토는 헌책을 좋아하는 사람에게는 정말로 즐거움이 많은 도시로, 마치 운송회사의 대형 창고처럼 넓은 헌책방이 중심가의 한쪽을 차지하고 있어서, 나는 일과처럼 이 상점을 다니면서 상당히 여러 종류의 책을 사 모았다. 처음에는 모처럼 캐나다에 왔으니까 캐나다 작가, 캐나다 문학을 목표로 삼았지만, 이 기쁜 체험 이후 내 마음은 자서전 쪽으로 크게 흔들리기 시작했다. 그리고 영국의 19세기 초의 특이한 역사화가로 자살로 삶을 마감한 벤저민 헤이든(Benjamin Robert Haydon, 1786~1846)의 자서전이라든가, 거의 동시대의 대단한 정치적 실행가이면서 후쿠자와 유키치와 비슷한 왕성한 저작가로 특히 풍요로운 색채의 여행기 작가였던 윌리엄 코빗(William Cobbett, 1763~1835) 등의 자서전을 읽기 시작했고, 그때까지 생각지도 못했던 방향으로 갑자기 시야가 넓어지는 신선한 기쁨을 마음껏 맛보았다.

일본에 돌아오고 나서도 자연스럽게 일본인의 자서전을 심혈을 기울여 읽기 시작했다. 일본은 워낙 바쁜 나라라서, 게다가 문예평론이라는 일도 계속하고 있었기 때문에 캐나다에서처럼 여유롭고 집중된 한가함과는 거리가 멀어 자서전을 탐구하는 것도 마음먹은 대로 하기 어려워졌지만, 한편으로는 일본은 일종의 출판대국이어서 고서 전시회를 들여다보노라면, 특히 다이쇼와 쇼와 시대 이후는 생각지도 못할 정도로 대량의 자서전이 나와 있다는 것을 알았다. 이 대부분은 자비출판으로, 공을 이루고 이름이 알려진 정치가, 실업가 등이 환갑 축하, 고희 축하라는 판에 밖은 것이 많이 눈에 띄어, 자서전 장르가 이미 일본에서는 예전의 평범한 하이쿠의 영역에까지 보급되고 일반화되어 있는 듯했다.

이것은 도저히 같이할 수 없다는 마음도 드는 한편, 일본의 근대문학사에서 '사소설'의 문제가 이제까지 너무 문학적으로만 취급되어온 것은 아닐까 하는 의문이 끓어올랐다. 일본인이 '사소설'을 좋아하는 것은 의외로 폭이 넓고 또 뿌리 깊은 민족적인 기호가 일익을 담당하고 있는 것은 아닐까? 아니 '사소설'을 자서전 장르의 한 부분, 또는 일종의 변종으로 취급하는 것조차 이제까지는 거의 다루지 않은 것은 아닐까? 이른바 순문학의 문제로서 오직 문예평론이라는 틀 안에서만 논해져 왔다. 그래서 세부는 놀랄 정도로 파헤쳐진 반면, 중요한 넓은 시야로 자리매김하고 성격을 규정하는 방법이 간과된 경향이 있다. 하여간에 뻥하니 큰 구멍이 뚫려 있는 모습으로, 이것은 뜻밖에 유망한 어장이다. 이것을 잠자코 내버려 둘 수는 없다는 비평가적인 호기심도 끓어올랐다.

그렇게 생각하고 보니 자서전 장르 그 자체가 실은 큰 구멍이다. 이 정도로 자서전은 계속 쓰이고 있는데, 일본에서는 자서전을 다룬 단행본은 거의 없고 평론조차도 거의 없는 상황이다. 다만 이것은 유럽이나 미국이더라도 그 정도로 대단한 실적은 아니고, 게오르크 미슈(Georg Misch, 1878~1965)라는 독일의 학자가 고대 이래의 자서전을 개괄하여 총괄하려는 독일적인 거사를 시작한 것이나, E. 스튜어트 베이츠(Ernest Stuart Bates, 1876~1944)라는 미국의 호사가인 듯한 인물이 『자서전서설(Inside out: an introduction to autobiography)』이라고 이름을 붙여서 「유년기」, 「성장기」, 「모험」이라든가 또는 「예술가」, 「종교가」, 「직업인」이라든가, 이것도 참으로 미국식으로 눈에 띄는 모든 것을 모으고 분류하려 하는 대저서가 눈에 띌 정도로, 일관된 자서전론은 좀처럼 찾아보기 어려웠다. 미슈의 책은 최초의 「고대편」 두 권을 작년 하와이에 갔을 때 운 좋게 대학 도서관에서 발견하고 대강 읽었는데, 요컨대 고대를 빠짐없이 살펴보고 충분한 자서전이 없다는 것을 증명하기 위해 쓴 대저서라 탄식할 수밖에 없었다. 더욱이 미슈는 그 뒤에도 당당하게 계속 쓰고 있는 듯했고, 속편도 아직 입수 못했기 때문에 아주 조금 앞부분을 들여다본 것뿐으로 독일적인 근면함과 정력을 함부로 가볍게 여겨서는 안 될 것이다. 그런데 베이츠의 책은 토론토의 헌책방에서 발견하고 지금도 소유하고 있으면서 가끔 들여다보는 편리하고 유쾌한 대저서이면서도 참으로 풋내기 같고 호사가 냄새가 강한 것으로 한쪽 구석의 기서(奇書)라고 할 수밖에 없다. 그 뒤 본문 중에서도 언급했 듯이 미국에서 아카데믹한 연구서는 조금씩 나오기는 했지만, 그 방법론이나 취급상으로 특별히 눈을 끄는 것은 안타깝게도 아직 만나지 못했다.

그런 상태로 참으로 멋대로 앞길이 정해지지 않은 자서전 탐색과 독서를 계속 해오던 중, 어느 날 ≪군상(群像)≫의 당시 편집장 도쿠시마 다카요시(德島高義) 군과 잡담 중에 그런 이야기를 흘렸다가 능숙하게 선동돼서 그만 아류(我流)의 자서전론에 착수할 계기가 되어버렸다. 작년 신년호부터 ≪군상≫에 연재하게 되었는데, 그 서두에 분명히 나와 있듯이 참으로 앞길이 위험한 출발로 확고한 전망도 전체적인 계획도 정립되지 않은 채로 시작해버렸다. 처음에는 몇 개월간 단기간 연재할 마음이었는데, 그만 만 1년간으로 늘어나버린 일도 그에 따른 현상이고, 연대순도 아니고 명확한 하나의 주제를 추구하는 것도 아닌 멋대로 방황하는 모습도 그 탓이다. 처음 예정으로는 다시 예전으로 거슬러 올라가서 다시 근대, 현대로 돌아올 계획이었는데, 점점 내용이 많아져서 이것은 또 다른 기회를 마련하기로 했다. 가마쿠라(鎌倉) 시대의 여류 자서전

으로 참으로 매력적인 『도와주가타리(問はずがたり)』부터 헤이안 시대 이후의 여류 일기를 서정적인 자서전이라는 관점으로 일관해서 논하는 일은 꼭 하고 싶다. 또 메이지 이후의 유명, 무명이 섞인 방대한 자서전 군에 관해서 어떻게든지 순서와 전망을 만들어보고 싶다는 것이 나에게는 다음 과제이다. 이번에는 우선 에도 시대의 무사적인 자서전을 중심으로, 이른바 근대화 이전의 일본인의 자아의 이미지를 확인해보는 작업이 되었다. 처음에 확고한 계획을 세워두지 않았던 탓에 보신 바와 같이 이 중심과제조차 마치 위태한 가마처럼 이쪽으로 기우뚱하고 저쪽으로 기울어지는 모습이었지만, 하여간에 연기자의 자서전이라는 곳에서 일단 매듭을 지을 수가 있었다. '공적인 것과 사적인 것', '성과 속', 실행과 표현, 보는 것과 보이는 것, 고백과 이미지라는 나름의 중심 테마조차 일관해서 논하지 못하고 우물쭈물한 채로 끝내버렸다는 후회가 강하다. 그러나 모두 근원적인 큰 주제이고 앞으로도 계속 짊어지고 추구해갈 수밖에 없는 문제이니까, 하여간에 탐구할 목표가 생겼고 출발의 발판을 만들 수가 있었다는 것만으로도 다행이라고 해야 될 것이다.

이 책의 집필과 거의 동시에 「일본의 '나'를 찾아서(日本の「私」を索めて)」라는 연재를 잡지 ≪문예(文藝)≫에 게재하고 있어서, 이것 또한 거의 동시에 다 쓸 수가 있었다. '일본인의 자서전'이나 '일본의 나'나 실은 표리일체의 주제이고 대상으로, 일본인에게 자아의 이미지라는 과제는 마치 신기루처럼, 사막 오아시스의 환상처럼 대강 다 쓰고 난 지금도 내 눈과 마음을 잡아당기며 놓아주지 않는다. 도대체 일본인의 자아관에는 신기루와 비슷한 정체를 알 수 없는 환영성이 있다고 해도 좋을 것 같다. 분명하게 자아라고 하는 것도, 자전이라고 하는 것도 메이지 시

대 이후의 수입된 말이고 번역된 말로, 이 점에서 일본에서의 자아의식의 박약함, 근본이 낮다고 하는 것은 어느 정도 근거가 있을 것이다. 일본에서는 일인칭 단수조차 왠지 확실하게 자리 잡지 못하고 아직도 안정되어 있지 않다는 이야기를 이전에 쓴 기억이 있는데, 긴 문화전통을 가진 나라에서 '나(私)' 표현의 기본이 이 정도로 위태로운 것은 다시 예를 찾기 어려울 것이다. 그러면 그 반면에 일본 근대문학사에서 사소설의 우위와 그토록 범람한 '나'를 도대체 어떻게 설명하면 좋을까? 또 수필이나 하이쿠, 단카나 단시형 등 '사'적인 장르에 대한 그 정도의 집착과 애호는 도대체 어떤 소산인가? 더욱이 헤이안 시대의 여류 일기라는 세계문학사에 앞선 자전적 충동의 분출은 도대체 어떻게 자리매김해야만 되는가? 또 현재도 여행기, 자서전이라는 이른바 사적인 자기표현의 왕성함은 자비출판이라는 영역까지 포함하면 놀라울 정도에 이른다. 나의 불안정 또는 부재와 다른 한편으로 나의 편만(遍滿), 범람이 이른바 표리관계가 되어 있는 기현상을 도대체 어떻게 이해해야만 될까?

「일본의 '나'를 찾아서」와 함께, 이 책은 이런 어려운 문제에 대한 나름대로 해답의 노력이다. 아니 물론 세부적이고 부분적인 답에 지나지 않지만, 이 기현상을 빼고는 일본인론도 일본 문학론도 심화와 전진은 불가능하다는 느낌이 든다. 언젠가는 분명한 구조적인 해답을 내놓고 싶지만, 그것을 위해서도 우선 일본인의 자아 이미지의 질과 범위를 확실하게 규정할 필요가 있을 것이다. 몇 해 전부터 미국 문학을 계속 읽어온 나는 이 문제를 생각할 경우에도 하여간에 미국 문학의 자아관심과 대비적으로 파악하고자 하는 편향을 지니고 있다. 수년 전에 조그만 미국 문학사를 정리할 때 '자아의 행방'이라는 부제를 달았는데, 내가 보기에 미국 문학은 어쩌면 자아에 홀린 문학이고, 17세기의 청교도 시대 이후 자서전이나 일기 걸작이 눈에 띄게 많았다. 20세기가 되어서도 토머스 울프(Thomas Wolfe, 1900~1938)나 헨리 밀러(Henry Miller, 1891~1980)라는 드러나게 왕성한 자아의 괴물적인 작가를 배출하고 있다. 아마도 미국식의 사소설, 사문학이라고 해도 좋을 정도이다. 그리고 그곳에서의 나의 이미지의 질과 지향은 일본의 경우와 매우 차이가 있다. 나에 대한 집념이라는 점에서는 일본과 미국이 서로 통하지만, 그 문학적 성과는 현저하게 다르다. 이 대비는 적어도 양쪽의 나의 본질과 구조를 비교해볼 경우 유효한 반대의 극점으로서의 역할은 수행해줄 것이다. 이 책에서 후쿠자와 유키치와 프랭클린의 비교와 대조는 제기하는 방법이 약간 너무 당돌할지도 모르지만, 그 취지는 여기에 있다.

  1년 동안 연재하고 있는 동안에 나는 하와이에 나갈 일이 생겼고, 잡지에서는 편집장이 바뀌는 변화가 일어났다. 그러나 그사이 전복도 침몰도 하지 않고 어떻게든지 다 쓸 수 있었던 것은 오무라 히코지로(大村彦次郞) 편집장과 계속 편달과 격려를 아끼지 않았던 편집자 나카무라 다케시(中村武史) 군의 덕택이다. 이번에 출판에서 장정과 그 밖의 사소한 일에 자상하게 마음을 써준 마쓰모토 미치코(松本道子) 씨에게도 정중하게 예의를 표하고 싶다.

1974년 3월
사에키 쇼이치

지은이

사에키 쇼이치(佐伯彰一, 1922~현재)

도쿄 대학 출신의 영문학자, 문예비평가. 도쿄 대학 명예교수. 현대 미국을 통해서 본 일본문학의 특징을 추구함.
1982년 비평가로서의 업적을 인정받아 예술원상을 받고 예술원 회원이 됨. 현재 세타가야 문학관장(世田谷文學館長).

저서로 『日本人の自傳』(講談社, 1974), 『近代日本の自傳』(講談社, 1981), 『自傳文學の世界』(朝日出版社, 1983), 『物語藝術論』(講談社, 1979), 『外から見た日本文學』(TBSブリタニカ, 1981) 등이 있음.

옮긴이

노영희

충남 공주 출생. 동덕여대 일본어과 교수. 도쿄 대학 비교문학 비교문화 연구과에서 석사와 박사과정을 수료함.「시마자키 도송 문학 속의 아버지」로 박사학위를 취득함.

저서로는『아버지란 무엇인가』,『시마자키 도송』,『명문으로 읽는 일본문학·일본문화』등이 있고, 역서로는『日本文學史序說 1·2』(공역),『小說의 方法』(공역),『파계』,『봄』,『마테오 리치』,『폭풍우』,『도련님』,『일본 기독교 문학선』등이 있음.

한울아카데미 1796

일본인의 자서전
자서전을 통해 보는 일본인의 자아와 삶

지은이 | 사에키 쇼이치
옮긴이 | 노영희
펴낸이 | 김종수
펴낸곳 | 도서출판 한울

편집책임 | 이교혜
편집 | 임정수

초판 1쇄 인쇄 | 2015년 6월 15일
초판 1쇄 발행 | 2015년 6월 25일

주소 | 413-120 경기도 파주시 광인사길 153-2 한울시소빌딩 3층
전화 | 031-955-0655
팩스 | 031-955-0656
홈페이지 | www.hanulbooks.co.kr
등록 | 제406-2003-000051호

Printed in Korea.
ISBN 978-89-460-5796-8 93830 (양장)
     978-89-460-6013-5 93830 (학생판)

* 책값은 겉표지에 표시되어 있습니다.
* 이 도서는 강의를 위한 학생판 교재를 따로 준비했습니다.
  강의 교재로 사용하실 때에는 본사로 연락해주십시오.